三陸鉄道
情熱復活物語
笑顔をつなぐ、ずっと・・

品川 雅彦 著

三省堂

笑顔をつなぐ、ずっと・・

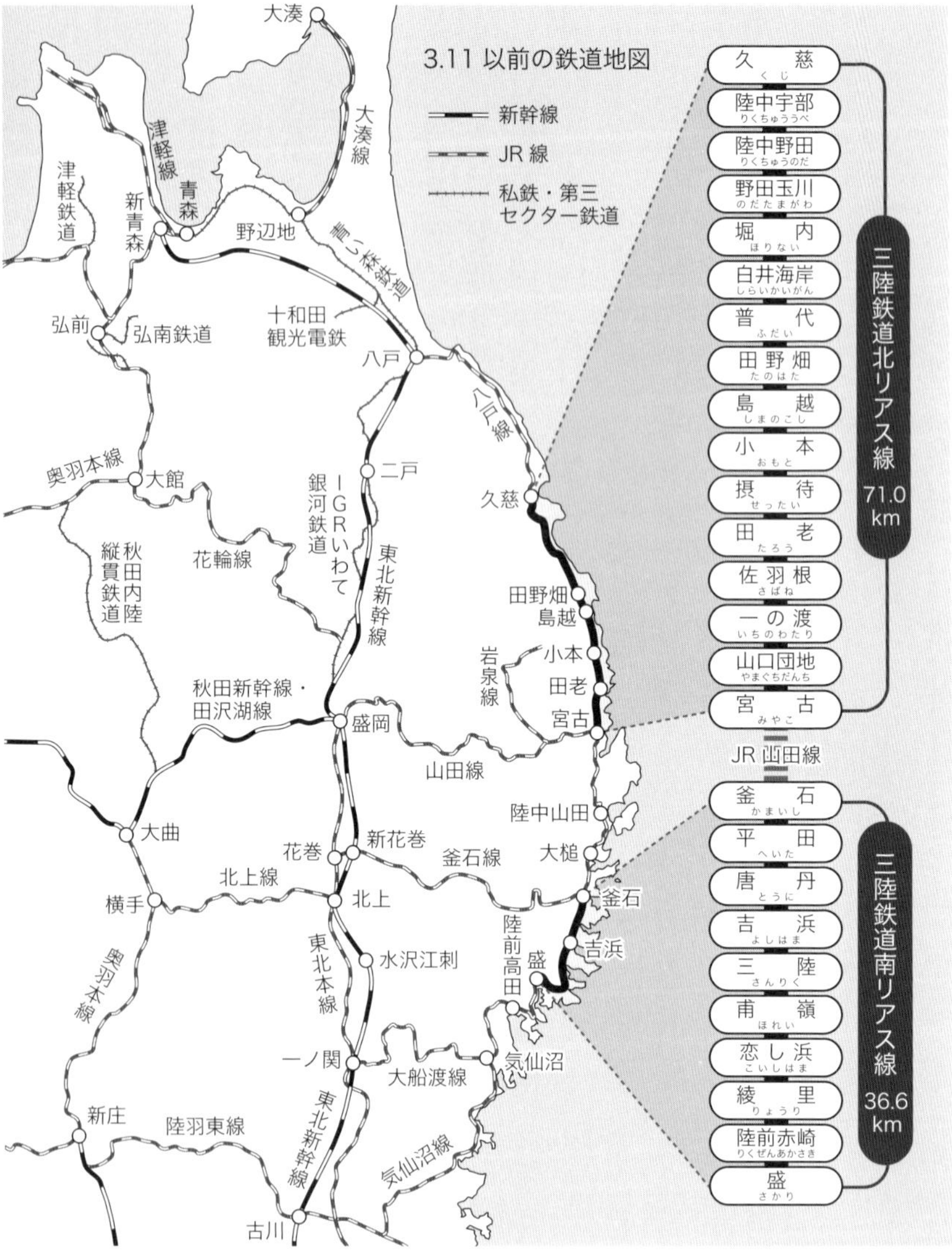

3.11 以前の鉄道地図
新幹線
JR 線
私鉄・第三セクター鉄道
久慈《くじ》
陸中宇部《りくちゅううべ》
陸中野田《りくちゅうのだ》
野田玉川《のだたまがわ》
堀内《ほりない》
白井海岸《しらいかいがん》
普代《ふだい》
田野畑《たのはた》
島越《しまのこし》
小本《おもと》
摂待《せったい》
田老《たろう》
佐羽根《さばね》
一の渡《いちのわたり》
山口団地《やまぐちだんち》
宮古《みやこ》
三陸鉄道北リアス線
71.0 km
JR 山田線
釜石《かまいし》
平田《へいた》
唐丹《とうに》
吉浜《よしはま》
三陸《さんりく》
甫嶺《ほれい》
恋し浜《こいしはま》
綾里《りょうり》
陸前赤崎《りくぜんあかさき》
盛《さかり》
三陸鉄道南リアス線
36.6 km
大湊
大湊線
津軽線
青森
新青森
津軽鉄道
野辺地
青い森鉄道
弘前
弘南鉄道
十和田観光電鉄
八戸
八戸線
奥羽本線
大館
二戸
IGRいわて銀河鉄道
久慈
秋田内陸縦貫鉄道
花輪線
東北新幹線
田野畑
島越
岩泉線
小本
田老
秋田新幹線・田沢湖線
盛岡
宮古
山田線
陸中山田
大曲
花巻
新花巻
釜石線
大槌
北上線
横手
北上
釜石
陸前高田
盛
吉浜
東北本線
水沢江刺
奥羽本線
一ノ関
気仙沼
大船渡線
新庄
陸羽東線
東北新幹線
気仙沼線
古川

もくじ

はじめに

東日本大震災から3年。岩手県三陸沿岸を走る「三陸鉄道」は、誰もがこれほどの打撃から復活するのは極めて困難と思った。発災から間をおかず三鉄は動いた。徐々に「三鉄を救え」の声が広がっていった。その声は全国、世界に届き、やがて大合唱となった。三陸鉄道は3年で完全復活を成し遂げた。

被災沿岸の各地は確かに変貌してきている。家の土台がむき出しとなった荒涼とした風景は3年経っても変わらないが、土埃をあげて疾走する大型工事車両、その横を被災地ツアーの大型観光バスが走る。

住民生活は一層複雑さを増してきている。応急仮設住宅の老朽化も激しく、取り残された住民は苦しい生活を余儀なくされている。高台移転用の造成工事は、美しい山々を削り三陸の景色を一変させている。主要産業の漁業は復活しているように見えるが、収入は依然として厳しい。魅力を失いつつある故郷を離れる人も後を絶たない。

そのような環境の中で、三陸鉄道はなぜ3年で復活できたのか。3年間の社員たちの葛藤はどのようなものだったのか。長くもある3年。短くもある3年。

海外にも報道された東北の片田舎を走るローカル線。全国のメディアが多数その姿を取材報道し続けた。その「三鉄ブーム」を引き起こしたのは、決して高度なマーケティング戦略からではない。社員の一途で真摯な姿勢、何よりも地域を愛する心があったからこそだ。

三陸鉄道望月正彦社長から「支援に大小は無い。この感謝をどうやって伝えたらいいだろうか。全線の再開通は開業から30年にあたる。形にして残したい」と相談があった。

望月に提案した。一般書として作家に執筆を依頼し、復活にかけた3年間の記録をノンフィクションでまとめて頂いたらどうかと。

そこで作家の選定を行った。すぐに決定した。というのは、岩手県商工労働観光部観光課が「JAL機内誌」で岩手県をPRするため依頼した作家品川雅彦と出会ったからだ。緻密で愛情溢れる執筆力と考えが一致した。

品川は、即座に了承した。依頼のテーマは「物ではなく者」。三鉄スピリッツを伝えて欲しいと頼んだ。まさに品川雅彦の得意とする分野だ。また当事者しか知りえない情報は草野が担い、事実を正確に伝えた。周辺取材は三省堂倉又が担当した。品川もまた現場に何度も足を運んだ。

全線再運行開始の4月5日、6日。取材は完了した。「三陸鉄道の復活」は、類稀なリーダーの出現と、温かな心に満ち溢れる社員との強固な信頼関係、手を差し伸べてくれた熱い支援者。何よりも心待ちにして待っていてくれた地域住民。それらの結びつきが不可能を可能にした事実である。

「失敗を恐れるな」望月の発した言葉は、いまなお社員の胸に深く刻まれている。

三陸鉄道総合企画アドバイザー　草野　悟

プロローグ

予兆

２０１０（平成22）年12月。岩手県三陸沿岸部の気候は、例年にも増して寒さが厳しかった。内陸部ほどの積雪はないものの、悪天候に見舞われる日も多かった。強風。寒風。吹雪。暮れも押し詰まった30日、三陸鉄道株式会社は納会を終え、社長望月正彦以下、社員たちは、家族の待つ家路を急いだ。

三陸鉄道の社員には、単身赴任者が少なくない。

望月は妻の待つ盛岡に戻る前に、花巻の実家へ顔を出した。体調のすぐれない母親を見舞うためだった。母親は病の身体を起こし、正月の準備を当然のことどばかりに進めていた。煮炊きの料理の温かい湯気と香りがやわらかく立ち昇り、笑顔が一年の労をねぎらってくれた。外は荒れた気候でも、家の中は暖かい。ひと晩ここで眠って、明日は我が家。望月は穏やかな正月を迎えられることを信じて疑わなかった。

翌、大みそか。早朝、社員から携帯電話に連絡が入った。旅客サービス部長冨手淳からのコールだった。列車運行に休みの日はないから、こういう時期でもシフトを組んで誰かしらが出社している。

「強風と大雪で、列車がストップしました。この先もどういう状況になるか、見通しがつきません。諸々のご判断をお願いします」

望月は携帯電話を握り、即答した。

「わかった。すぐ宮古に戻る」

あわただしく身支度を整え、母親に「行ってくる」とだけ伝えた。外はこんこんと雪が降っていた。

「運転、気をつけて」。母はそれだけを繰り返し口にして送り出した。

望月はハンドルを握り、焦る気持ちをなだめるように、ゆっくりと走りだした。この天候でも、3時間見ていれば到着できるだろうと予測した。

ところが気象状況は想像以上に厳しかった。盛岡から内陸部を貫く国道106号線は大雪で通行止めになっている危険性があると判断し、遠野から釜石へ出て、そこから沿岸を北上するルートをとった。実際、国道106号線は、倒木により、通行止めとなっていた
沿岸部の天候もすさまじかった。昼のさなかにもかかわらず、光は雪に遮蔽された。強風が大粒の雪をフロントガラスに叩きつけてくる。ワイパーは限りなく無力に近かった。帰省の車もあいまって、道路は大渋滞となった。

結局、宮古に着いたのは18時過ぎ。花巻からの道のりは、3時間どころか、8時間を要した。

「乗客乗務員にケガはないか」

開口一番、望月は富手に尋ねた。

「大丈夫です。無事、誘導、避難し、それ以降の列車は運行を中止しました」

望月は道中の合間の短い休憩時間に、指示を出していた。「全員無事」の報告を受け、胸をなでおろした。

外はまだ、冷たい風が逆巻いていた。明日が元日だということなど関知しない無慈悲さだった。

望月は、宮古駅から歩いて数分のアパートに向かった。部屋に入り、花巻の実家と盛岡の我が家に電話をかけた。母親には状況を簡略に説明し、「年始のうちにまた立ち寄る」と伝えた。妻とは長めのやり取りをして、「いつ戻れるか、わからない。おせち、少し残しといてくれな。帰れるようなら、帰る。まあ、明日は無理だけど」と告げた。

年越しは独り。おせち料理も味わえない。電話を切って、テレビを付けた。「紅白歌合戦」が始まっ

ていた。花巻の家から持ってきた、茹《ゆ》でたタラバガニの脚3本をつまみに、缶ビールを傾けながらの年越し。テレビの中は別世界のような華やかさだと、望月はひとり、小さく笑った。

三陸鉄道は岩手県内だけを走る路線。1984（昭和59）年に、日本初の第3セクター方式による鉄道会社としてスタートした。開業（開通）した月日は4月1日。一番列車が出発する宮古駅をはじめとする各駅、ならびに沿線には、過疎に悩むこの地域でこれほどの住民が集った光景は見たことがないという数の人々が、歓声を上げ、小旗を振った。

北リアス線（宮古～久慈）、南リアス線（盛～釜石）。北リアス線最南の宮古駅と、南リアス線最北の釜石駅の間は、JR山田線がつないでいる。

三陸エリアは、かねてから「陸の孤島」との、聞こえの良くない冠語が付いて回っていた。県庁所在地の盛岡から、宮古の中心部に入るにも、同様に釜石、盛（大船渡）に入るにも、陸路ではおおむね2時間は見ておかなければならない。盛岡を拠点に、観光や仕事でそれらの街を訪れたとしても、沿岸を縦に移動する鉄道がなければ、各都市は「点」でしかない。

点をつないで「線」にする。それは三陸に暮らす人々にとって待望久しい願いであった。

「紅白歌合戦」が終わり、「ゆく年くる年」へとテレビ画像は切り替わった。除夜の鐘の厳かな音が、望月のアパートの室内に響いた。

三陸鉄道の社長となって半年。一年のどん詰まりになって、この地域の冬の気候に翻弄されたことは想定外であったが、常々「気象がもたらすトラブルに関しては抗えない」と腹を括ってもいた。それよりも、明日、元日。無事に列車を運行できるかどうか。望月は自らの一年を顧みながら、数分後に迎える新しい年の初めに思いを寄せた。運転疲れと気疲れが覆いかぶさり、いつしか眠りの海に引きずり込まれた。

元旦。望月は雷鳴に叩き起こされた。テレビをつけ、ローカルニュースにチャンネルを合わせる。

「元日の三陸沿岸は大荒れの天候となりそうです。落雷、突風、高潮にもご注意ください」とアナウンサーは繰り返し告げていた。

2011（平成23）年1月1日。三陸沿岸部では多くの地域が停電に見舞われた。

正月早々、人々は不安で不自由な時間を過ごすことを余儀なくされた。

三鉄は運休こそしなかったものの、社員は総出で、線路の雪かきなどの作業に追われた。正月気分には一度も浸れないまま、三が日が過ぎた。天気は引き続き荒れ模様で、七草がゆを食べる日を迎えるころまで、好天は訪れなかった。

それらの騒動が一段落した日の朝礼で、望月は社員に向けて、こう呼びかけた。

「皆さん、たいへんな正月となりました。自然災害というのは、いつ何時に起こるか、誰にもわかりません。鉄道マンとして、日々、しっかりと準備し、いざという時には迅速に対応できるよう、心掛けておきましょう。その準備の一環として、災害携帯電話を各課に装備しています。大きな災害に見舞われた場合、通常の携帯電話はつながりにくくなります。連絡手段の確保は最優先事項です」

この災害携帯電話の導入が、3カ月後の〝見えない命綱〟となることを、当然のことながら誰ひとり予測してはいなかった。

3月9日、マグニチュード7・3の揺れが三陸一帯を襲った。津波注意報の発表。津波の高さは久慈で最大55センチなど。ほどなく注意報も解除され、大きな被害の報告はなされなかった。三陸沿岸に暮らす人たちは、日ごろから、地震とそれに伴う津波に対しては、身構えおさおさ怠ることはない。

しかし。この、予兆とも思える地震と津波が（それが大きな被害をもたらさなかったがゆえに）、微妙な油断を生じさせたのかもしれない。

地と海の悪魔は、密やかに爪を研いでいた。そして3月11日がやってきた。

第1章

激震

3月11日、14時46分。

宮古駅、線路上。


宮古駅長の山崎智巳は、駅に停車している車両の点検をしていた。

白い胴体に赤と青のラインが引かれた、三陸鉄道のベーシックな1両。エンジンをかけ、線路に降り、その音に耳をそばだてる。リズムや音質に異状があればすぐにわかるが、普段どおり極めて正常であることを確認して、ひと心地ついた。

駅長ではあるが、彼は運転士も兼任している。その日は15時07分発、久慈行きの列車を動かすシフトになっていた。腕時計を見た。長針と短針がほぼ真横になっていた。14時45分だった。あとは、ホームに上り、改めて身支度を整え、構内の待合室の状況を見て、乗客を車両に誘う準備に入ればいい。そう思った矢先だった。

揺れた。

敷石同士がカラカラとぶつかり合って、不規則に弾け、転がっていく。32トンほどもある車両も、右に左に揺れている。山崎は、車両が自分の側に倒れてくるのではないかと身構え、這うようにして線路脇に逃れた。

揺れは長く続いた。ある程度の規模の地震には慣れていたが、この揺れは尋常ではない。目の前の景色がいっときも静止しない。

山崎は、市のランドマークである〝ラサの煙突〟に目を向けた。

宮古市は漁業のまちとのイメージが強いが、かつては銅鉱石の精錬でも賑わった所で、それを担っていたのがラサ工業という会社だった。その後、鉱山が廃鉱となってからも、精錬所の煙突は遺された。高さ160メートル。1939(昭和14)年に建てられた時点では、〝東洋一の大煙突〟

と称されていた。

煙突が揺れているのか、自分が揺れているのか、山崎は判断できなかった。

「折れるなよ。折れるなよ」

大煙突は、薄曇りの空を、引っ掻くように揺れていた。


3月11日。

宮古駅2階、本社。

3月11日、金曜日。寒い日だった。三陸鉄道の社長望月正彦は、いつもと同じ時刻、7時30分に宮古駅の2階、三陸鉄道本社に着いた。単身赴任の彼は、駅から5分とかからない場所にアパートを借りている。

宮古駅は2階建て。その本社はお世辞にも美装とは言えない。エレベーターはないから、踊り場をひとつ設けた階段を上る。階段に沿った壁には、観光ポスターの類が何枚も貼られている。2階には会議室兼作業室（イベントのチラシなどを整えるため）があり、運転士の控えの部屋があり、狭い給湯室とトイレがあり、20人分ほどのスチール製のデスクが据えられた部屋がある。すべてのデスクは同じ型で、空間を細かく分けるパーティションはなく、社長室というものも存在しない。

望月はストーブを点火し、マフラーをはずし、コートを脱ぎ、奥の席に座った。

7時30分に出社することを、望月は赴任当初から続けている。いくつかの書類に目を走らせ、決済に急を要するものから、判を押していく。この時間、まだ他の社員は姿を見せていない。上層部のメンバーが集まるのは8時。そこで短い打ち合わせをする。

その面々は、望月を筆頭に、総合企画アドバイザーの草野悟、事業本部長の坂下政幸、同本部長付兼総務部長の菊池吉則、総務課長の村上富男、旅客サービス部長の冨手淳、運転課長の及川修、ツーリストマネージャーの成ケ澤亨。

この後、8時30分に宮古勤務の全員が揃った時点で、朝礼を行なう。

望月正彦は、1952（昭和27）年、山梨県増穂《ますほ》町（現富士川町）で生まれた。その後、父親の仕事の関係で岩手県花巻市に移り住んだ。望月が小学校6年生の時だ。これまで多くのインタビューなどでは「花巻出身」と答えてきたが、それは花巻に移ってからの時代こそが、自身の感受性の醸成に多大な影響をもたらし、物事の判断力を形成したからとの理由による。

少年時代から、父親の影響もあって、自然に親しむ機会が多かった。花巻ではその豊かな自然が望月を迎え入れてくれた。山菜採りのために野山に分け入った。途中で鳥や小動物に出くわすと、自身も自然の一部に同化するように気配を消し、その声や動きに耳をそばだて、目を凝らした。学校の教科書も決して重苦しいものではなかったが、少年時代の望月にとっては自然こそが〝先生〟だった。

山形大学人文学部を卒業後、岩手県庁に入庁した。県庁勤めでは、1年から3年の単位で、さまざまなセクションに配属された。

教育委員会、総合交通対策、農政企画、人事、自然保護、国際交流、秘書、新幹線並行在来線対策、企業誘致、久慈市助役、盛岡広域振興局長。

自然保護課に籍を置いていた頃は、その分野に明るい研究者に同行して、頻繁に県内の山野を巡った。キノコや山菜の宝庫に足を踏み入れることは、県の自然保護行政に携わる者として欠かせない仕事であると同時に、願ってもない適職、適任と心を弾ませた。

山野だけではなく、海も望月には魅力あるフィールドだった。山梨県には海がなく、山形市も、岩手県の花巻も盛岡も内陸部。望月は県庁人事課に何度か沿岸部への人事異動を願い出たことがある。

「休日には海釣りができる。少しばかり海から離れれば、そこは山の幸がある」とのお気楽な理由だった。それをうすうす知っていた人事課では「動機、不純である」と苦笑交じりに却下したが、どこで、どんな仕事に就いても、その任に対して懸命に当たり、いつしかエキスパートとなっていく望月の姿は誰もが認めていた。

これらの中で、総合交通対策の任にあった時はまさに三陸鉄道開業直前であった。また、新幹線並行在来線対策を担当した3年間は、三陸鉄道を含めた岩手県内の鉄道の状況を熟知した。一貫して鉄道畑を歩んできたわけではないが、庁内では「誰よりも鉄道に詳しい人物」と目されていた。

2010（平成22）年の3月、県庁を退職。望月はその年の6月に、三陸鉄道の社長となった。俗に〝天下り〟という。その言葉には、少なからず揶揄《やゆ》、中傷の響きが寄り添う。就任中の数年間、事なかれで物事がつつがなく進んでくれさえすればいい、当人もそう思っているに違いないと、周囲は色眼鏡で見る。

その点で、望月は明らかに異なっていた。県庁時代から、彼は徹底して「現場主義」を貫いていた。顕著な例を挙げれば、農政企画や自然保護のセクションにいた頃、彼は県内を車でつぶさに巡り、農家農業の現状や自然環境のありさまなどを調査した。幹線道路を走るだけでは実のある情報は得られないからと、県道、市道、町道を選んで移動した。単に興味の趣く領域として自然と戯れていたわけではない。

そうこうするうちに、望月は実践的な知識を蓄えていった。

調査の車窓から、桑の木が林立するエリアを視認すれば、「ここは養蚕が盛んだった地域なのだろう。けれども今はそれを生業にしていない。後継者もおらず、産業形態も変わってしまったのだ」と頭の回路を結ぶ。トウモロコシ畑があれば、「これは飼料として栽培しているのだろう。この近くでは鶏舎や豚舎があるに違いない」と直感する。

もとより、釣りや山菜採りを趣味としているから、デスクワークを離れての〝フィールドワーク〟に何の苦も感じなかった。はたから「やれ」と言われて腰を上げるタイプではなく、どのセクションに身を置いても自ら率先して動くことを信条としていた。

三陸鉄道の社長就任が決まったことを、望月は喜んだ。

「三鉄とは開業前から関わっていた。何かしら縁があったのだろう。加えて三陸沿岸は、魚の宝庫。海岸線に近い所でも、山菜やキノコもふんだんにある。休日はたっぷりと楽しめる」と。

単身赴任を余儀なくされるが、元来、料理を手際よくこしらえることを苦にはしない。むしろ、山の幸海の幸を自身で好みの味に調理できる休日を想像することで、心は浮き立った。

その一方で、無論、ジリ貧を続けている三陸鉄道の経営状況には、眉を曇らせていた。

開業から10年間は黒字であったが、それ以降は赤字。少子化が進んだことで安定基盤となる高校生の定期収入が減り、それに反してマイカーの利用者は増え、沿線住民の数は漸減し、と、現状打破に向かうには八方どこを見回しても塞がっていた。

現場主義の血が騒いだ。

6月の社長就任後、望月は三陸鉄道北リアス線（宮古〜久慈）、ならびに南リアス線（釜石〜盛）

沿線を車で回った。幹線道路となる国道45号線ばかりではなく、舗装されていない裏道にも乗り入れた。

この地で、この職を何年務めるかわからないが、地域の足として欠かせない三鉄の経営を、緩やかでも上向きに転じさせたい。

望月は、蛇行する狭い山道を車で走りながら、静かに決意した。

朝礼では最初に「社員行動指針」を唱える。

これは望月が社長になってから手掛けたもので、社員の日々の行動の拠りどころとなっている。

【安全、安心の提供】

私たちは、安全の確保を最優先し、お客様に安心して利用いただける鉄道運行を行います。

【お客様の満足度の向上】

私たちは、常にお客様の視点に立って、満足いただけるサービス・商品の提供に努めます。

【地域振興への貢献】

私たちは、地域の皆様や関係機関と力をあわせ、産業振興や地域の活性化に貢献します。

【社会的責任の遂行】

私たちは、地域の一員としての自覚を持ち、明るく住みやすい社会の実現のために行動します。

【社員力の向上】

私たちは、常に問題意識を持ちながら自己研さんに努め、必要な変革に挑戦します。

こういったスローガンは、今どきのカンパニーでは古めかしいものにも映る。ただし、企業コンプライアンスの徹底をと謳《うた》いながら、実際には数々の偽装や不正を行なった会社のニュースが駆け巡る中、三陸鉄道の「社員行動指針」は愚直なまでの誠実さに富んでいる。

8時30分。定刻に朝礼は始まり、「社員行動指針」の読み上げと、当日の行動予定の確認を済ませ、15分足らずで終了した。最後は望月の「3月も半ばに差し掛かっていますが、まだまだ寒い日が続いています。皆さん、体調に気をつけて業務にあたってください」という言葉で締められた。

寒い、積雪が例年より多い、という以外は、とりたてて変わったことのない一日の始まりだった。9時04分に宮古駅を発車する列車の運転に向けて、担当運転士は階下に降りて準備を始めた。

14時46分。宮古駅2階の本社に6台導入していた災害携帯電話がけたたましく一斉にビービーと鳴った。部屋には望月以下、15名ほどがいた。誰もがあわてた。けれどもその時点では揺れを体感しなかった。

災害優先電話の鳴動から約5秒後。床が突き上げられるような、壁がやわらかい粘土になったような、直方体の空間が一瞬にしていびつな形へと変わった。地鳴りなのか、室内の書類などがなだれ落ちる音なのか、出所のわからない重低音が、禍々《まがまが》しく各人の身を震わせた。

何かにつかまらなければ立っていられない。ガラス窓越しに、街灯がメトロノームのように揺れている。

ロッカーの扉が開き、中の物がバサバサと落ちる。

時間の感覚が崩れていく。1秒1秒がとてつもなく長く感じた。

揺れが収まるまでの時間がどれくらいだかわからなかった。おそらく5分は続かなかったのだろうが、それはそこにいるメンバーにとって、生涯で最も長く感じた数分だった。2日前に起こった地震とは比べ物にならなかった。

望月は、揺れが少し収まるのを待って、ストーブを消し、箱形の大型金庫を押さえて足を踏ん張った。

菊池は、壁の上部に据えた神棚の酒の徳利《とっくり》が落ちないよう、両手でその2本をつかんだ。

及川は、すぐにテレビのスイッチを入れた。画面は刹那の間だけ明るくなって、すぐに消えた。電気はすべて消えた。パソコンはのっぺりとした黒い板面をさらした。ここから、行動のベースはデジタルからアナログに切り替わった。

冨手は、その時点で、三鉄の車両がどこを運行しているかを確認した。ダイヤどおりに動いていれば、北リアス線は、白井海岸駅と普代駅の間。南リアス線は、吉浜駅と唐丹駅の間に車両があるはずだとわかった。「無事でいてくれ」。冨手は祈った。

菊池はラジオを探した。確か、ロッカーの裏手あたりにあったはずだ。足元に書類などが散乱しているのを律儀によけながら、そこまでよろけながら行った。ラジオはあったが、電池が切れていた。ストックの電池を探した。気が動転していたのか、電池の替えを必要とする器具を長い間使わなかったからか、未使用の電池を見つけることができなかった。

14時49分、「大津波警報」が発表された。15時04分、望月は努めて冷静になるよう自らを諌《いさ》め、なすべきことを考えた。

ホームには15時07分に発車予定だった車両が1台ある。それに乗ろうとしていたお客さまが構内にいるはずだ。すぐさま安全な場所に避難してもらうよう、指示を出す。一般職員もその避難所である宮古小学校まで向かわせる。運行中の列車の状況を確認する。今この時点から、ここは災害対策本部に姿を変える。

とはいえ、電気も通じない2階オフィスでは埒《らち》があかない。望月は機転をきかせた。

「ホームに車両が残っているじゃないか」

三陸鉄道はディーゼル。他が停電になっても、車両内では電気が使える。暖房も使える。望月は作業用のジャンパーに袖を通し、防災ヘルメットをかぶって、階段を降りた。ホームにも車両にも、損傷はなかった。

宮古駅は、津波のハザードマップから外れていることを望月は知っていた。浸水想定区域外。けれども今回の揺れは尋常ではない。いつ水が襲ってきてもおかしくない。

それでもしばらくはスタッフ全員で、床に散乱した書類などを机の上に戻す作業をした。望月はその手を休ませることのないまま、頻繁に窓の外に目をやった。「ひょっとしたら、ここまで津波がくるかもしれない」

波がまだ駅までは到達しないのを確認して、菊池は、本社ビルを出て、近くの電器店に走っていた。戦前からその場所に店を構える大越電気店。菊池は電池の束と、新しいラジオ1台を買いたいと伝えた。応対に出たのは同電気店の代表取締役でもある佐々木慶子。彼女は「レジが開かないのでお釣りも出せないし、領収書も出せない状態ですがかまいませんか」と申し訳なさそうに言った。

「もちろん、かまいません。お金はここに置いていきます」

菊池は実際の金額より少し多めに支払い、包装もしていない小型ラジオと電池を持って、駆け出した。


来た。恐れていたものが、来た。

灰色の道路が黒く塗られていく。遠目には、黒い水に見えた。黒い水は、発泡スチロールの箱や、段ボール箱の一群を一緒に運んできた。その奥で波に翻弄されて流されているのが車だと視認した瞬間、望月は念じた。

「止まれ。止まってくれ」

黒い水は、駅から東側100メートル手前の、ガソリンスタンドあたりで止まった。そこから宮古駅までは緩やかな上り坂になっている。「避難だ！」。望月はタイミングを逃さなかった。

総務担当の若手社員前田邦明には、女性社員を中心に、1階の駅構内のスタッフを含めた10数名を避難指定先の宮古小学校へ誘導するよう伝えた。

望月は幹部社員と共に、西側100メートルほど先の〝出会い橋〟へと身を移した。それが15時45分。

橋の上では、三鉄幹部が揃いのジャンパーで駅方向を見つめていた。近隣の住民も不安を露わにして立っていた。菊池は買ってきたばかりのラジオをONにして、音が割れないギリギリのところまでボリュームを上げた。情報を共有してもらいたかった。今、どこで、何が起こっているのか。それを知りたかった。宮古の情報はなかなか流れてこなかった。

夕刻。三陸鉄道宮古駅西隣に建つ、JRのビルのダクトから濃い灰色の煙がもうもうと出始めた。「火事だ」。そう直感した村上は、ホームから火元のビルまで駆け寄り、ドアノブを回そうとした。

動かない。施錠されている。村上は三鉄の宮古駅と隣り合ったＪＲ宮古駅に駆け込んだ。

「おたくの電気系統のビルから出火しているようです。すぐに開錠して消火活動にあたってください」

ＪＲのスタッフも、地震と津波のショックで冷静さを失っていた。鍵は、見つからなかった。

村上は三鉄本社の２階に駆け戻り、用具箱を引っ掻き回した。そこからバールを取り出すや、小走りに、煙吐くビルに向かった。

「電気がショートして何かに燃え移ったに違いない。ほっとくとウチも延焼するぞ」

その声を発しながら村上の後を追ったのは、菊池だった。彼は学生時代に電気工学を学んでいる。その関係には詳しかった。

村上がバールで入口扉をこじ開ける。少しだけ開いたドアノブ部分をバールで叩き壊した。開く。炎は出ていなかったが、室内には煙が充満していた。

「ブレーカーを落とすぞ。たぶん、あのあたりにあるはずだ」

ハンカチで鼻と口を押え、一方の手で煙を払い、視界を確保しながら、菊池が叫ぶ。彼があたりを付けていたところに、ブレーカーはあった。菊池はそれを切った。村上はその背後で、バールを両手で持ったまま、肩で息をしていた。菊池は振り向いて言った。

「とりあえず、これで大丈夫だろう」

村上が返す。

「次から次に災難が降りかかる。いったい何て日なんだ」

菊池と村上は総務の部長と課長の肩書き。上司と部下の関係ではあるが、互いに信頼を寄せ、プライベートでも馬が合う。仕事上で、仮に社長望月を水戸黄門とするならば、菊池・村上は助さん格さん役を受け持つ。几帳面で、何事も熟慮しながらも行動力がある。一転、酒席では主役となって冗談を言い合いながら、場を和ませ、盛り上げる。

ふたりは宮古駅のホームに向けて、歩を進めた。外気は冷たかったが、村上が手にしたバールは、少し熱を帯びていた。

3月11日。

盛駅、運行部。

地震発生時、南リアス線最南の盛駅に隣接した運行部には尾山健二部長以下、司令統括の吉田哲、施設総括の畑村誠ら8名のスタッフがいた。ロッカーはすべて倒れ、物は容赦なく落ち、景色は揺らぎ続けた。ようやく曲線だらけの目の前が直線に戻るのを待って、吉田は、南リアス線を運行中の列車に連絡を入れた。すぐさま余震が視界を揺らす。

「現在地は」

運転士の休石実は答えた。

「鍬台《くわだい》トンネル内に停車しています」

雑音が混じった、途切れ途切れの声が震える。

「こちらから、指示を……しますので、待機して……さい」

それきり連絡の糸は切れた。

吉田は「こちらから指示を出しますので、待機していてください」と伝えたつもりだったが、はたしてそれが届いているか、確認する手段はなかった。現時点で停車している事実が判明したことだけが救いだったが、乗客にケガはないか、それを確かめる猶予を与えてくれなかった通話状況に歯噛《はが》みした。

14時20分過ぎ。盛駅長の金子盛継は大船渡市の職員と構内にいた。沿線の魅力を利用者にアピールするための〝市町村PR列車〟のポスターを貼っているさなかだった。市の職員は、大船渡市の花である椿を飾り付けていた。

その作業を終え、金子はホーム下の洗浄線（車両を洗うための引込線）に移った。そこで揺れに遭った。車両がギシギシと、聞いたことのない不気味な音を立てた。揺れが収まるのを待って、構内に戻った。駅長として、身体に染みついた行動だった。待合室にいた3名の客に避難所へ逃げるよう声をかけ、隣接した運行部の建物に行き、駅に損傷はなく、待合室にいた方々も避難させたと報告した。

大津波警報が発表されたが、ここ盛駅周辺も津波のハザードマップには組み込まれていなかった。港からは2キロ近く離れている。事務所の2階にある運行部であれば大過はなかろうと居合わせた面々は考えていた。

「津波がくるぞー。逃げろー」

ビルの外の、どこか高い所から、男性の叫び声が響いた。

盛川と道路が一本の濁流の川となり、水が粘り気の強いゼリーのようにうねりながら向かってくるのが見えた。軽自動車がゆっくりと回転しながら流されてくる。マイクロバスも重い水流の前にはまったく無抵抗だった。

電気系統が故障したのか、踏切の甲高い警告音が鳴り止まない。そこに車のクラクションや防

水没した南リアス線盛車両基地。写真に見える３両の車両は、車両下部を海水に侵されたため、廃車されることになった（2011年３月11日 15時 41分 撮影）

犯ブザーの音が絡まり、切迫の度合いを高めていく。不快を通り越して、恐怖に至り、その恐怖を麻痺させようと、脳は感情を持つことを放棄し始める。

ビルの前におびただしい数の大小の車が押し流され、ビルをストッパーとして、数台ずつ積み重なっていった。水はビルを取り囲んだ。すでに1階は浸水している。

出るに出られない。

南リアス線は、孤立した。運行部は水に囲まれ、運行車両はトンネル内でしばらくなす術を持たなかった。


3月11日。

南リアス線、鍬台トンネル内。

盛駅発の1両列車は、14時08分にホームを離れ、釜石駅に向けて車輪を回していった。期末試験の時期だろうか、通常よりも一本早いこの列車に、大勢の高校生が乗っていた。

陸前赤崎《りくぜんあかさき》、綾里《りょうり》、恋《こい》し浜《はま》、甫嶺《ほれい》と停車し、三陸《さんりく》駅に着いた時点で学生たちは降車した。車内の乗客は成人男性２名を残すのみとなった。

次の吉浜《よしはま》駅を定時に発車した。そこから唐丹《とうに》駅の間には鍬台《くわだい》トンネルがある。全長３９０６メートル。列車のヘッドライトが闇を照らす。その１４００メートル部分に差しかかったあたりだった。

揺れた。車体は黒いチューブの中で、上下左右の感覚がなくなるほどに揺れた。

休石運転士は、右手で運転レバーを握りしめ、急ブレーキをかけた。車輪とレールが金切り声を挙げる。２名の乗客は座席にしがみつく。つり革が激しく弧を描く。

脱線は免れた。盛の運行部と連絡は取れたものの、すぐに交信不能となった。ただし、「この車両がとりあえず無事である」ということを運行部に認識させることができたという事実だけが、決して絶望の極みではない状況をつくりだした。

それでももちろん、安閑の状況とはほど遠い。

とてつもない規模の地震が起きたことだけは、車内の3名が等しく認識した。

休石は乗客を安心させるべく、運転席を離れ、座席へと向かった。

「大きな地震により、列車を停車させました。運行部からの指示があるまで、申し訳ありませんがしばらくこのままお待ちください」

列車は立ち往生したが、ディーゼルゆえに照明は点く。暖房も切れない。トイレもある。ひとりの乗客はその説明に頷いたが、もう一方の男性は細かく身を震えさせながら、小さなノートを差し出した。そこには、「自分は耳が不自由なので、筆談でお願いします」と書かれていた。

休石はゆっくりと首を縦に振った。

最初の揺れがきてから、2時間ほどが経った。その間にも大小の余震が続いた。トンネル内の列車の中で、3名はそのたびに身を固くした。

休石は決断した。

「トンネルの外の状況を確認してきます。戻りますまで、お待ちください」

声と文字とで乗客に伝えた。本来、運転士が車両に乗客を残して行動することなどありえない。ただし、この状況下でマニュアルを順守することは意味を持たない。

休石は懐中電灯を手に、車外に出た。吉浜駅側に歩く。列車の進行方向とは逆の向きだ。車両はトンネルの中、約3分の1の所に停まっている。釜石方面側の出口も見えてはいるが、吉浜側の方が断然距離が近い。休石はそう判断した。

1400メートルほどの線路脇を、乏しい輪光を頼りに進む。余震が足元を揺らす。枕木に足を取られ、転ぶ。懐中電灯が転がる。それを手に取る。

出口まで30分近くを要した。トンネル右手の民宿へ休石は向かった。この宿の方に「今、何が起こっているのか」を教えてもらうために。

マグニチュードの規模はニュースのたびに高い数値へと訂正されていること、大津波が来たこと、を知った。幸い、こちら側の道は崩れてはいない。休石はまた30分かけて列車に戻り、声と文字で乗客を車外へと促した。

「歩いて、トンネルの外に出ます」

ふたりの乗客はホッとした表情を浮かべた。このままここにいても埒《らち》が明かない。休石を真ん中に3名は身を寄せ合って出口へ向かった。息が詰まるようなトンネルを抜けた瞬間、全員が深呼吸をした。冷気が肺の隅々に行き渡った。

休石は通りかかった乗用車を止め、三陸(道の駅)まで便乗させてもらった。そこからまた別の車に頼み込み、避難所となっていた大船渡市役所まで2名の乗客を送り届けた。

休石は市役所から、津波が引いた後の瓦礫だらけの道を歩き、19時47分、盛の運行本部に到着した。

憔悴《しょうすい》はしていたが、外見上は無傷の姿を見て、運行本部には歓声が上がった。乗客の無事の報告がなされると今度は一同、胸をなで下ろした。

(3・11の極限状況にあって、乗客を勇気づけ、無事に避難所へ送り届けた功労者休石は、その後たびたびマスコミの取材を受けた。持ち前の真摯さをもって対応し続けていたが、ヒーローのように持てはやされることに違和感を覚えたのか、心労が重なったのか、翌２０１２年４月末日付で三陸鉄道を退社した）。

3月11日。
久慈、運行本部。

久慈の運行本部長、金野淳一は、仙台に出張中だった。東北管内の鉄道各社が参加している「東北鉄道協会」のアドバイザー会議に臨んでいた。場所は第４合同庁舎の２階。13時に始まった会議の休憩タイムに入るところだった。

緊急地震速報が鳴った。細かな震動の後で、大きな揺れが堅牢な建物を嘲笑うように続いた。全員テーブルの下にもぐり、揺れが収まるのを待って、金野は携帯電話での通話を試みた。どこにも通じなかった。金野は運行の責任者であるから、気が気ではなかった。会議は否応なく、打ち切られた。

「橋上、大在家、小田。そちらに戻るまで、何とか凌《しの》いでくれ」

金野は留守の間を委ねた営業総括の橋上和司と、同じく技術総括の大在家辰也、施設管理部長の小田文夫を思った。

橋上はその日、非番だった。久慈の市街地から車で5分ほどの自宅でくつろいでいた。強い揺れの後、すぐに「津波がくる」と確信した。

車で久慈駅に向かった。道中、余震によってアスファルトが幾度も波を打った。視界が揺れ、ハンドルを御するのに精一杯だった。駅に着いた時、軽く目まいがした。普段は縁のない、車酔いに似た症状だった。

駅勤務の女性社員と、待合室にいた10名ほどの客を、巽山《たつみやま》公園に避難させた。その足で事務所に行ったが、鍵がかかっていた。災害警報が発令された場合の避難場所である巽山公園にスタッフは向かったのだと安堵《あんど》し、自身もそこへ歩を進めた。早足で移動しながら、公園の下にある保育園に立ち寄った。橋上はそこに子供を預けていた。保育士さんから「奥さまがお迎えに来られましたよ」との言を聞き、胸をなでおろした。それさえ確認できれば、全精力を仕事に注ぎ込める。

大在家は、久慈の運行本部事務所で大揺れを受けた。机にしがみついて揺れが収まるのを待った。指令総括の内舘昭二は、真っ先に指令卓の無線を握りしめ、北リアス線の白井海岸〜普代間にいるはずの車両に向けて叫んだ。

「止まれ！　止まれ！」

列車の運転士は下本修。運転席の下本は雑音混じりの声を聞きながら、冷静に減速した。列車を走らせている時には、往々にして地震の揺れを感じることは少ない。下本も列車の速度が低速になって初めて、樹木の揺れを見て地震発生を知った。体感では中程度の揺れだと想像した。

「現在地は」

「白井海岸と普代の間、三陸水産付近に停車中。乗客15名。ケガ人の有無は確認できておりません」

「こちらからまた指示を出します。乗客の状況を確認してください」

その後は、内舘と大在家が久慈の運行本部の無線窓口となった。下本は「これは通常のレベルの地震ではないんだな」と直感した。発信者が複数名であり、しかも早口であることがそう思わせた。通常は、指令の人間がひとり、明確に一言一句を口に乗せる。

「何が起こったんだ」

北リアス線、陸中野田駅と野田玉川駅間の十府ヶ浦周辺。何千本もあった松が数十本となっている。幸運にも、築堤がコンクリート張りであったために、線路は流されたが、この築堤を再び活かすことができた

下本は、無線の音声の背後から伝わってくる久慈運行本部のあわただしい様子に、尋常ならざる状況を感じ取った。

3月11日。北リアス線、線路上車両。

乗客15名と共に停車。

15時02分。下本は緊急停止した車両運転台から指令に無線を入れた。

「乗客15名、乗務員1名、負傷者なし」

内舘からは「大津波警報3メートルが発表」とのアンサーが返る。

「現在の停車位置は30メートル以上の高さにあります。安全な場所と思われます。この場所に待機したまま、新たな連絡を待ちます」

「了解しました。運行部で停車位置の安全確認をします。そのまま待機していてください」

下本は乗客のところにあえてゆっくりとした足取りで向かい「東北地方沿岸部に大きな地震が起こった模様です。現在、大津波警報が発表されていますが、ここは高い位置にありますのでご安心ください」と伝えた。

乗客はこわばった表情ながら、パニックになることもなく、静かに成り行きを受け入れた。

15時12分。内舘から無線が入る。

「運行本部にも避難命令が出されました。全員避難します。列車は安全な場所にあります。そのまま待機。場合によっては運転士判断で乗客の避難誘導をしてください。避難命令が解除されるまで、連絡不能となります」

下本は「了解しました」と返したものの、無線機を握りしめる左手に力がこもるのを感じた。

それ以降の連絡は途絶えた。「この場の全責任を持つ」。自らを除いて15名の命が託された。下本はまた乗客のそばに行き、はっきりとした語調でこう伝えた。

「この車両にはトイレも、飲み物の自動販売機も備わっています。久慈を発つ前に燃料も満タンにしておりますから、車内の温度も明日の午前中いっぱいまでは確実に暖かく保たれます」

車内には多少なりともホッとした空気が流れた。

それでも、無線は途絶えたまま、1時間、2時間と何の進展もない時間が重なっていく。当初はトランプなどをして気を紛らわせていた高校生たちも無言となった。時折トイレに入ってドアを閉める「ガチャリ」という音だけが響く。

「情報を得たい。けれどもお客さまを残したまま車外に出ることは鉄道マンのコンプライアンスに反することになる」

下本は自問自答を繰り返した。

全員が鉛の上着を身に着けているような、重苦しい空気が車内を這う中、長椅子に座っていた女性が下本に向かって、他者から悟られないようにパスケースのようなものを呈示した。自衛官の身分証明書だった。

その若い女性自衛官は「何かお手伝いします」と声をひそめて言った。

「ありがとうございます。その時が来たら、お願いします」

下本は目礼をし、また時を待った。無線はいつ、つながるか。救助の手は差し伸べられるのか。下本はタイムリミットを5時間と考えていた。そこから先はお客様の精神状態を支えきれなくなる。空腹が増してくればなおさらのこと……。

19時を過ぎた。外には雪がちらついていた。遠くに小さな明かりが揺らいでいるのが見えた。その明かりは幻視ではなく、少しずつ少しずつ光量を増してきた。地元の消防署員と分団の方々だった。運行本部からの連絡が消防署に成されていたのだ。乗客の表情にも一気に明かりが差した。

三鉄の施設副主任　櫛桁孝男と、施設係の中田浩行もわずかに遅れて到着した。改めてケガ人のないことを確認し合った後、避難の段取りを打ち合わせる。

「線路を歩いていただくにしても、この停車位置では１００パーセント安全とは言い切れません。お御足の悪いご老人も乗っていらっしゃいます。宮古方面側に２００メートルほど移動させれば、安全は担保されます」

櫛桁は即答しかねた。緊急時に停車した車両を、運行部の指示なしに動かすことはご法度だからだ。けれども、マニュアルに縛られていては、事は進まない。下本は決断した。

「責任は私が取ります。車両を動かせる線路状況にあるか、点検をお願いします」

櫛桁と中田は一度顔を見合わせてから、外に出た。櫛桁が長い経験に基づいた保線の目利きであることを、下本は知っていた。視認するだけでミリ単位の異状を指摘できるプロ中のプロだ。

「レールにはクセがある。暑い夏と寒い冬でも大きく異なる」

そう言っては、レールと枕木をつなぐ特殊な釘（犬釘）を大きなハンマーひと振りで見事に打ち込むさまを、下本も間近で見たことがあった。櫛桁の両眼はパソコンが弾き出す数値データよりも信頼がおける。

地盤が崩落している個所はなく、線路にも異状はないことを２００メートル分、視認した。

「オッケー」

櫛桁は車両脇まで戻り、運転台の下本に告げた。下本は乗客のそばに歩み寄り、これから少し車両を移動させること、その後に救援隊の指示のもと、車外に出て、避難所へ向かう旨を説明した。

車両の客室出入口に脚立がかけられた。脚立の両脇を消防署員、分団員、櫛桁と中田もガードして、乗客全員が線路上に降り立った。乗客は救援隊に誘導され、道路まで出た。消防関係の車数台と、三鉄の社用車に分乗して、避難所となっている普代村の管理センターに向かった。

列車にはただひとり、下本だけが残った。これもまた〝列車監視〟という鉄道マンの決め事だ。運転士と列車は、一心同体の関係にある。乗客の救助が無事に行われたこと、当日は朝4時起きであったことも相まって、下本は客席の長椅子にへたり込んだ。

エンジン音が背中をマッサージするように感じた。目を閉じて、エンジン音に耳を澄ます。眠れはしなかった。ただ、三鉄の運転士としての責務を果たせたことだけが、気を安らがせてくれた。

櫛桁と中田は、帰宅不能の方々を避難所で降ろした後、高校生4名を田野畑村と岩泉町の自宅までそれぞれ送り、下本が残る列車へと戻ってきた。

「わざわざ戻ってきていただいたんですか」

「ひとり残して帰れるもんか。腹も減っただろう。ほれ、さっき避難所でもらってきた」

櫛桁は普代村の管理センターで配給されたクラッカーとペットボトルのお茶を差し出した。余震が不規則な間隔で地面を揺らした。

「いずれにしてもしばらくの間、1週間や10日というレベルではなく、おそらく長期間運行はすべて無理だ。車両を離れて避難すべきだ。マニュアルに囚われている状況じゃない。明日の午後にもなれば、車両の燃料も切れる。寒い中、食料もない中、ここに留まるつもりなのか」

櫛桁は下本の鉄道マンとしての遵法本能を一時的に解除するよう、強い口調で進言した。

「わかりました」

下本が櫛桁、中田と車両を後にしたのは、23時過ぎだった。

3月11日。釜石駅。

虎舞は、しばし封印。

三陸鉄道釜石駅長の菊池弘充は、自席で激震を受けた。机にしがみついても、身体は大きく左右に振れた。揺れがいったん収まった後、駅構内にいた女性スタッフひとりと、列車待ちの3名と一緒に、避難先に指定されていたイベント用大型テント「シープラザ遊」へ向かった。その施設は駅と同じ並びにある。距離にして100メートルほど。そのわずかな距離が、数十倍にも遠く感じた。

菊池駅長はそこまで4人を誘導して、駅に戻り、扉に施錠した。隣り合って建つJR釜石駅の顔なじみの総務課長が、菊池の背に向けて叫んだ。

「津波がくるぞ。逃げろ」

その言葉が終わるか終わらないかのうちに、足元にじんわりと水が寄せてきた。側溝に目をやると、そこにも水があふれていた。

シープラザ遊も浸水の恐れがあるからと、避難先は山側の「教育センター」へと移った。釜石駅の業務は駅長以下6名が受け持つ。駅のスタッフ3名と、企画営業の2名。菊池は全員の無事を教育センターで確認し、その夜はそこで浅く眠った。

釜石駅長を務めて、延べにして8年近くが経つ。菊池は黙って立っているだけでも見る者を癒すような相貌をしている。駅に立てば、客から挨拶され、それににこやかに応える。

「この仕事が天職」と菊池駅長は心底から愛着を持っていた。

臨時運行のイベント列車内では、釜石市や大槌町の伝統芸能「虎舞《とらまい》」を披露した。彼は三鉄社員でただひとり、県が認定する〝いわて観光おもてなしマイスター〟の称号を持っている。木作りの虎の面と、布製の胴体部分からなる獅子舞ならぬ虎舞は、神社での奉納の儀として、あるいはよろずの祝い事の席で舞われてきた。その発祥には諸説があるが、「虎は一日に千里を走り、千里を戻る」との例えから、漁師家庭の間で〝無事の帰還〞を願ったものとされる。また一方では「虎には火伏せの霊力が備わっている」との言い伝えから、それにあやかって舞うのだともいわれる。

「人が喜んでいる顔を見るのが何より好きだ」とかねがね公言していた菊池弘充は、釜石駅長となった頃に、施設本部の岡本準から虎舞を直伝で習った。岡本は大槌町の出身だ。

「菊池さんはオラみたいに怖え顔してないから、虎舞にはぴったりだ」

指南当時、岡本は菊池に向けて、その〝筋の良さ〞を買った。

「顔は面の中だから見えねえべ」

「いんや。外のモンからしてみれば、見えるんだぁ。舞い手が笑っていれば、虎も笑ってるように見える。んだから、菊池さんは虎舞にぴったりだぁ」

教育センターでの浅い眠りの谷で、菊池弘充は8年近く前の岡本とのやり取りを思い返していた。

「祝い事のおめでたい席でやるのが虎舞とすれば、しばらくはできねえかもしんないな」

3月11日、宮古駅ホーム。

車両内「災害対策本部」。

定時に出発することなく宮古駅ホームに残された1車両に、望月は上層部のスタッフと共に乗り込んだ。ホワイトボードを持ち込み、「情報を共有する」ことを徹底させた。時刻は18時ジャスト。外は、「寒い」というよりも「冷たい」と感じる気温だった。ディーゼルの暖房が、冷えた身体と焦る気持ちをわずかばかりでも救ってくれる。

「ここが災害対策本部だ。災害携帯電話を駆使して、関係者と連絡を緊密に取り、迅速に動く。絶対に電話を離すな」

望月は、宮古、久慈、盛、それぞれの拠点の担当者を即座に決め、通達した。その場（宮古）にいる者には直接。離れている久慈と盛のオフィスには災害携帯電話を使って、任にあたる担当者を指名した。

宮古では、菊池総務部長に社内と県関係の連絡窓口とを任せた。冨手旅客サービス部長は運輸局連絡窓口に。久慈の北リアス線運行部は小田文夫施設管理部長。盛の南リアス線運行部は畑村誠施設総括に、乗客、乗務員、非番のスタッフ、社員の家族を含めたすべての安否確認を指示した。線路の被害状況の把握と、復旧手順の検討も、それに続くテーマだった。

望月は、未使用のノートを一冊持ち出し、皆にこう言った。

「状況共有のため、連絡が取れたら、ここに逐一書き留めてくれ。パソコンメールで一斉配信とはいかない状況だ。誰々とこんなやり取りをした。誰々の安否が確認された。すべてだ。時刻は分単位で明確に記してくれ」

災害によって生じる混乱は、たいてい〝情報の錯綜《さくそう》〟によって起こる。「言った」「聞いてない」といった、仲間内のとげとげしい揉《も》め事にも悩まされかねない。望月は〝手書きのノート〟を活用することで、その無用な混乱を遠ざけた。

ノートの記入はおもに菊池総務部長が担当した。彼は酒の席ではジョーク巧みな、すこぶる陽気な人物だが、仕事中には持ち前の几帳面さを発揮して、事を着実に遂行していく。総務部長はさっそく記した。

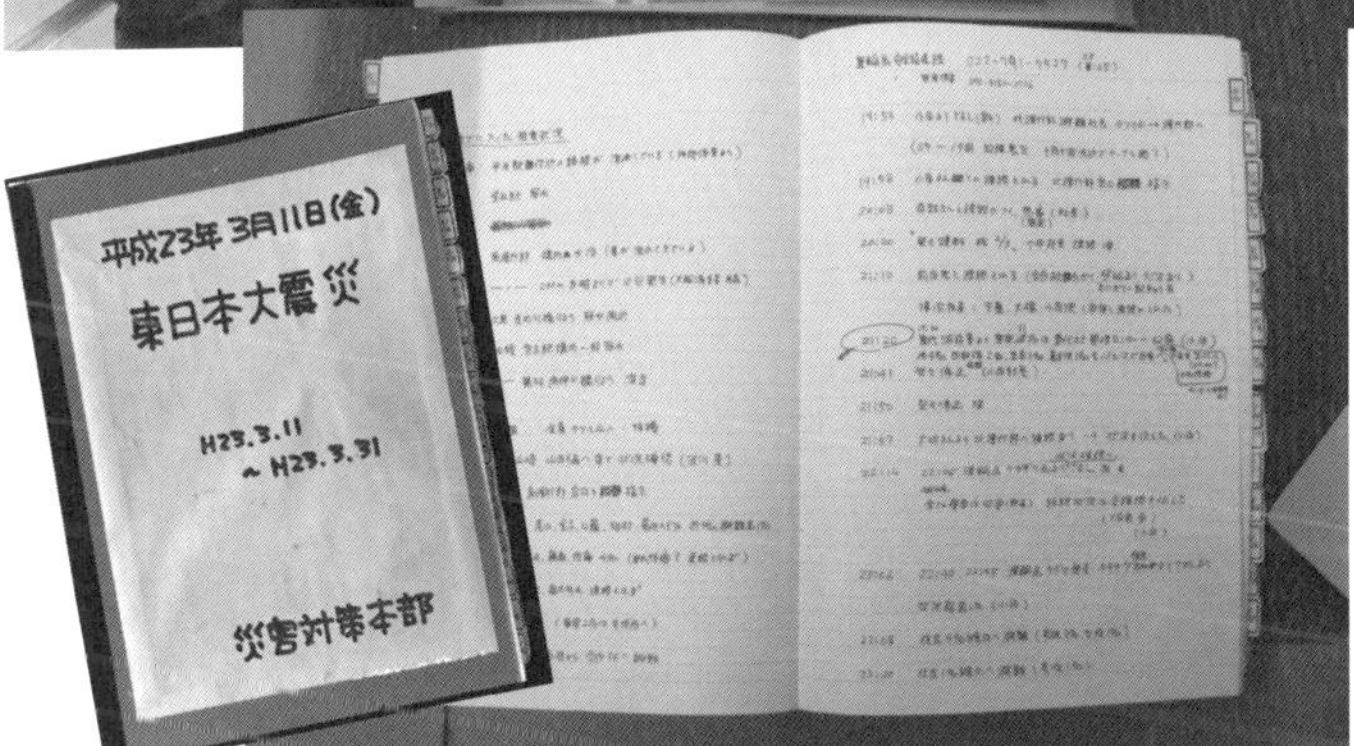

上は、車両内の「災害対策本部」。左から、望月社長、村上総務課長、菊池総務部長。
下は、全てのやり取りを記録したノート。3月11日のページが開かれている

【これまでに入った被害状況。18時現在】南／平田駅付近の線路が湾曲している（施設係員より）。釜石駅、冠水。運行部構内、水没。車が流れてきている。運行部より200メートルほど赤崎寄りのあたりで火災発生。北／久慈、長内川橋梁、冠水間近。

車両内でのあらかたの伝達事項や役割分担が完了した頃、外は真っ暗になっていた。街灯も信号も、手足をもがれた案山子のように弱々しく立ち尽くしている。ただ、空には冴え冴えとした星が煌《きら》めいていた。この日、何が起こったのか、まったく意に介していないかのような、憎たらしいほどの星空だった。


菊池は、各地からの電話連絡を受けるたびに、ノートに記していく。

【19時47分】休石運転士、南リアス線運行部到着。乗客2名は無事、市役所へ。

【19時48分】前田、他社員は、小学校から合同庁舎3階へ移動。

【21時20分】19時30分、普代消防署より「乗客11名、普代村管理センターへ」無事到着の報告。小田、受け。他4名の乗客（田野畑2名、岩泉1名、真本沢1名）を車にて自宅へ。

【21時57分】大坊さんより北リアス線運行部へ連絡有。小田が状況を伝えた。

【22時14分】運輸局ナカギリ氏より、状況確認のTEL有。「乗客は全員無事。線路状況は未確認」の旨、伝える。

【22時40分】運輸局ヤジマ課長よりTEL有。状況報告。

【22時45分】運輸局タキサワ係長よりTEL有。状況報告。

以降の日々、三鉄と県との間でとりわけ頻繁なやり取りがなされた窓口は、岩手県政策地域部地域振興室 交通担当 主任主査の大坊哲央。

大坊は望月が県庁勤務時代に、一時期、直属の部下でもあった人物だ。

大坊の立場からすれば、沿岸部の鉄道路線がどういう状況にあるか、リアルな情報が欲しかった。

乗客が無事であったことに望月は安堵した。23時過ぎ、望月は車両を出て、駅前の広場に足を運んだ。外の空気をゆっくりと吸い込みたかった。

普段は仕事のONとOFFとの線引きを明確にするのが望月の信条だが、ここからは常にスイッチを入れ続けた状態になるだろうと、自らを奮い立たせた。

広場には30代前半と思われる男女5名が、途方に暮れた表情で立っていた。

「三陸鉄道の者です。大丈夫ですか。身を寄せる所はありますか。ホームの車両にいらっしゃいますか。そこならば電気も点いていますし、暖房も利いていますよ」

望月は矢継ぎ早に問いかけ、速やかに車両へと面々を誘った。

駅の売店には菓子パン、カップラーメンの類が並んでいたから、それを当座の食事とした。飲み物も、売店用にストックされたペットボトルで、差しあたって数日分はまかなえる。水さえあれば、プロパンガスと鍋で湯を沸かして、カップラーメンを食せる。

スタッフも、避難してきた男女5名も、空腹をささやかに満たし、のどを潤した。銘々は車両のボックス席で身体を折り曲げて横になった。新聞紙が毛布の替わりとなった。

望月も目をつぶった。疲労がすぐに睡魔を引き連れてくるかと思ったが、意識の芯は覚醒していた。眠りは浅く、短いサイクルでぶつ切りにされた。実際、たびたび地を揺らす余震が睡眠を妨げる。

三陸鉄道の社長として、何をするべきか。優先順位を頭の中に巡らせる。現時点では連絡のついていないスタッフもいる。それぞれの家族や家そのものの状況も確認させてやりたい。そして、線路、沿線の被害状況を知りたい。


3月12日、未明。

いち早く線路調査を依頼。

久慈の運行本部には、小田、岡本、内舘が詰めていた。自家発電機から配線したLED電球1個を頼りに、3人は肩を寄せ合った。時刻は22時過ぎ。北リアス線を運行していた列車の乗客は無事に避難させたとの連絡は櫛桁から受けていた。

「乗客、乗務員に死傷者はない。ここまでの心配事はクリアした。あとは〝今〟どうなっているかだ」

施設管理の長でもある小田は、三鉄の線路状況がどういう具合にあるかをいち早く確認したかった。

日付が12日へと変わった深夜1時30分。小田は、考え事のために閉じていた目をはたと開いて、ある会社に順に電話を入れた。仙建《せんけん》工業盛岡支店、大館桂《おおだてかつら》工業。

「こういう事態だから、先方も緊急体制を取っているに違いない」

コール音は1回半で止み、先方の声が送られてきた。

「もしもし、仙建工業さんですか。三鉄施設管理部長の小田です。この地震と津波を受けての弊社の線路状況を一刻も早く調べたいんです。社内の体制をそれに向けて組んでいただけませんか」

同様の内容を大館桂工業にもお願いした。両社ともすぐにその体制を取ることを確約してくれた。

仙建工業とは、東北地方を中心に土構造物・土木工事・鉄道建築工事・軌道敷設・鉄道線路の保守工事などを行なう総合建設会社。大館桂工業は、秋田県大館市に本社を構える、鉄道信号、鉄道通信工事を担当するカンパニー。東北地方全域の、踏切の警報器や遮断機の設置等を行なっている。

「現状では我々の力だけではチェックできませんからね」

岡本が、電話をし終えた小田に声をかけた。

「ああ。夜が明けたら、東北エリアのすべての鉄道会社が仙建さんと大館桂さんに連絡を入れるだろう。その後では遅いんだ。先方の人員にも限りがある。津波警報が解除になったら、すぐに調査に着手してくれる。復旧のシナリオはそれからだ」

ふたつの会社にいち早く調査を依頼したことは小田の機転。これは殊勲だった。

鉄道会社ではおしなべて「脚光を浴びるのは運転士。線路や信号の管理をする施設部は裏方」という感覚を持っている。黒子に徹することで主役が安心して舞台に立てる。その自負がある。職人気質の人物が多い。小田も岡本も典型的な施設マン。自らの任務に自らが目を光らせ、事に当たる。

3月12日。

宮古駅、災害対策本部、早朝。

4時10分、菊池吉則総務部長の災害携帯電話が鳴った。久慈の施設部の小田からの連絡だった。

「仙建工業と大館桂へ線路調査依頼をお願いしました。津波警報解除後、速やかに来てくれるとのことです。現時点でのこちらの調査では、陸中野田駅は冠水。十府ヶ浦《とふがうら》付近、津波が築堤を越え、内陸部に達した模様」

「了解しました。引き続き、沿線状況が分かり次第、連絡してください」

菊池は小田とのやり取りを丁寧な文字でノートに記した後、口頭でも望月に報告した。

皆、電話のコール音が鳴る前に目覚めていた。正確には皆、ほとんど眠っていなかった。

望月は、菊池の報告を受けた後、幾度か頷いて、こう発した。

「連絡のついていないスタッフ、並びにそれぞれの家族の安否が確認できないままでは、落ち着かないだろう。まず、そこから始めなさい」

【6時03分】南リアス線施設担当4名、ならびに畑村、熊谷と連絡取れず。宮古駅、パン28個、カップラーメン14個。

【6時58分】前田よりＴＥＬ。「保久田のコンビニ、入店制限をかけ、商品販売中」とのこと。「食料はほとんどなし」の報告。

この時、コンビニエンスストアでは混乱を避けるため、一度に入店させる客を5名程度とし、買い物時間も5分ほどに設定していた。1グループが出たら次のグループが入る。それぞれ買い求めるものは食料品に集中した。コンビニの棚からは羊羹《ようかん》やスナック菓子類に至るまで底をついた。

家族の安否確認。村上は気を揉んでいた。

村上の家は大船渡市にある。宮古には単身赴任。妻のことが心配になる。ラジオから、陸前高田が壊滅的な被害を受けたことが伝えられてくる。村上の次女は陸前高田で働いていた。

「南リアスと連絡がうまく取れない。村上課長、盛に行って状況を見てきてくれ」

望月が村上に命じた。言外に「家と家族の状況を見てきなさい」との意味合いが含まれていることを村上は感じ取った。

9時37分。及川が「山口団地駅近辺の状況を見てきます」と望月に告げて出かけようとした。望月も同行し、宮古駅から徒歩で20分ほど離れた同駅近くの長根トンネルをチェックした。希望の芽がそこにあった。

「このあたりは何事もなかったような感じですね。元のままです」

及川はあわてることなく言った。

及川は鉄道用語で言うところの「筋屋《スジヤ》」である。定規とペンとで運行ダイヤを作成する、その線《スジ》を引くことから自らをそう呼ぶ。三陸鉄道では震災の6日前、3月5日にダイヤを改正したばかりだった。過密ダイヤとなる首都圏や関西圏などのJRや大手私鉄などではコンピュータによるダイヤ作成がなされているが、「筋屋の真骨頂は、コンピュータが稼働しないような緊急時にある」と及川は常日頃から考えていた。

過疎地の小学校の校長先生を思わせる朴訥《ぼくとつ》とした趣の及川は、つい先頃まで苦心して作成したダイヤが短命に終わったことを嘆くことなく「また新しい筋を引かなきゃならないなあ」と呟いた。

「ああ、頼むよ。運行再開にはダイヤの作成が不可欠だからな」

望月も嘆息を吐かずにそう言った。

3月12日。

南リアス線、盛駅、運行本部。夕刻。

同日の夕方、村上は盛まで車を走らせた。沿岸部は道路が封鎖されており、南下できない。内陸部を迂回して盛の南リアス運行部へ向かう。

盛の駅周辺の水は引いていたが、おびただしい数の車が折り重なって、異形の物体となっていた。宮古駅前にはこのような様相は見られない。被害は明らかに南リアス線のほうが大きい。

運行部の建物の2階に上がる。尾山部長は沈んだ面持ちで、動揺していた。

「もう、南リアス線は絶望的だ。三鉄も終わりだ」

その日の午前中、尾山部長は施設統括の畑村と共に、沿線の被害状況を見て回っていた。陸前赤崎など惨憺《さんたん》たる有り様だった。さらには、何かの手立てで連絡を受けていたのだろう。尾山部長の実家は流されていた。その所在地は宮古市の鍬《くわ》ヶ崎地区。宮古市内では最も津波の被害を受けたエリアだ。

落ち込むのも無理はない。村上は元気づけの言葉をかけるのを断念した。どんな言葉を口に乗せようとも、何の励ましにもならない。そして我が身を思えば、こちらも家族の安否がわからない。部長の家は宮古で流された。自分の大船渡の家は、家族は、どうなのか。

村上は努めて穏やかに伝えた。

「宮古では南リアス線の状況がわからずに心配しています。スタッフは皆、無事ですか」

的確な返答はなかった。

村上は、宮古の災害対策本部に電話を入れ、盛駅周辺の状況を説明した。その後、車で家に向

南リアス線、陸前赤崎駅ホーム上から駅周辺の状況（2011 年 3 月 12 日 撮影）

かい、妻の無事を確認した。ほどなく、陸前高田の次女からも無事の知らせが届いた。

その夜、村上はまた内陸部を通って、宮古へと戻った。明かりのない暗い道だったが、家族の無事を知り得たことで、村上の目には希望の光が灯っていた。


【21時45分】村上課長、着。南リアス線の状況報告、受ける。


目で見てきた盛駅周辺の光景の報告を耳にして、望月は表情を固くした。

「南は長期戦になる」

その日も望月以下、上層部の面々は、紺色のジャンパーを着たまま、車両のシートに身体を折り曲げ、新聞紙を掛けて浅く眠った。誰もがギリギリの精神状態で仕事と向き合っていた。


3月12日。

運行本部長、金野淳一。

仙台出張中の金野は、そこから宮古、久慈方面へ向かう道路や鉄道が寸断されていることを知り、日本海回りで戻るルートを余儀なくされた。

自身が運転してきた車は盛岡に置いたまま、会議に同席していた会津鉄道のメンバーの車で福島県会津若松市に向かった。そこからはタクシーで新潟へ。カーラジオのニュースは、東北の太平洋岸の被災状況を繰り返し伝えてくる。気が気でならない。大回りしなければ戻れないことがもどかしかった。

12日の深夜2時に、新潟駅に着いた。そこは地震とは無縁の景色だった。ビジネスホテルに入って少し眠り、翌朝レンタカーで北上し、山形県、秋田県を経由して宮古入りする計画を立てた。

早朝4時、新潟にも地震がきた。身体はへとへとに疲れていたが、揺れはひと時も眠らせてくれない。「早く、戻りたい」。金野の勤務地は久慈だが、三陸鉄道全体の運行本部長でもある。気が急《せ》いてどうしようもなかった。いくら気が急いても、離れた場所にいるから何ひとつできない。胸がザワザワと騒いで、それを抑えることができなかった。

レンタカー店が開く時間を待って、すぐにハンドルを握る。途中、猛烈な眠気に襲われ、幾度かサービスエリアで短く仮眠を取った。新潟を抜け、山形へと車を走らせ、秋田県に入る。秋田は地震による直接の被害はほとんどないとニュースで関知していたが、ガソリンスタンドには車の列ができていた。ここから太平洋岸に暮らす親族や友人知人に援助の物資を運ぶための列だ。

由利本荘から内陸部に入る。このあたりからは各所で停電していた。闇に向かって車を走らせているような、得体のしれない不安が募る。

【22時07分】金野本部長よりTEL有。「明日、宮古本社へ向かう」旨。冨手、受け。

岩手県出身者が多数を占める三鉄社員の中にあって、金野は札幌の出身。岩手大学を卒業後、鉄道好きという動機も相まって三鉄に入社した1期生だ。入社後は、車掌、運転士、指令の任務を順々に経験した。その真摯で、人当たり良く、誰に対しても安心感を与える雰囲気と理路整然とした語り口に、若い頃から、同僚や上層部からの信頼が厚い。長く宮古勤務にあったため、家はそこに構え、現在の勤務地久慈には単身赴任している。

繰り返し押し寄せる眠気と闘いながら、金野は何とか盛岡まで辿り着いた。時計は23時を回っていた。友人宅で一泊した。また明日早朝、ハンドルを握る。宮古の本社に出向き、現状報告を聞く。その段取りだけを頭の中で反芻《はんすう》して、金野は眠った。敷布団に身体が貼り付き、沈み込むほど、泥のように眠った。

第2章

不屈

現場の状況を知りたい。
すべては、それからだ。

「線路の状況や駅の状況を見に行きたいんですが」

3月13日、朝8時過ぎの緊急対策本部内で、冨手が望月に申し出た。冨手は大柄な体躯《たいく》ながら、顔はコアラのように優しい。常にソフトな語り口で、その朝の申し出の言も柔らかかったが、表情は固く締まっていた。

与えられるニュースには限りがある。現場を見たい。現場主義の望月もそれに乗った。

「オレも行く。すぐに出よう。昨日は長根トンネルをチェックした。それ以外の沿線を見たい」

望月は万事、グズグズしているのを嫌う性分だ。

「坂下さん、ちょっと出てくる。留守を頼む」

望月は事業本部長に後を任せ、緊急対策本部となっている車両からホームに降り、裏手の駐車場に向かった。冨手がカメラを首から下げて後に続く。

前年の12月に、それまで保有していた社用車6台を払い下げ、リースではあるが同じ台数の新車に更新していた。以前の車は「1週間に一度は何らかのエンジントラブルを起こす」代物であった。新車導入は偶然のタイミングではあったが、これが役立った。

ガソリンは満タン。三鉄では震災以前から「いつなんどき非常事態が起こるかもしれないから、社の車のガソリンは満タンにしておくように」という不文律があった。これも役立った。3月13日の時点では、近隣のガソリンスタンドはまったく機能していなかった。

ハンドルを握ったのは望月。冨手は助手席に身体を折りたたむようにして座り、シートを少し後ろにスライドさせた。

望月は脇道、山道を熟知している。幹線道路が閉鎖されていても「あの道」は抜けて行けるだろうと考えていた。

「すいません」

冨手はその言葉とともに小さく頭を下げた。

「気にするようなことじゃない。道はわかっている。できることをできる奴がやればいいんだ。オレたちは肩書きで仕事をしているわけじゃないんだから」

望月は緩やかにアクセルを踏み、ハンドルを回した。

水は引いていたが、道路には禍々しい黒さの土砂がまだらにこびりついていた。視界の先には漁船が見えた。車道に船が流れ着いていた。

宮古の次の駅「山口団地」前に着いた。ここは前年の暮れに設けられた新駅。駅舎はなく、コンクリートのホームだけが3階建ての市営団地群の奥に横たわっている。

団地の中に人がいるのかいないのか、生活音はまったく漏れてこなかった。停電は続いたままであったから、テレビからの音も流れてはこない。静まり返った団地の敷地を突っ切り、ホームに出た。ふたりは線路に歪みがないこと、ホームにも欠損がないことを視認した。

「よし。大丈夫。次だ」

1分といなかった。望月は際限のある時を惜しむように、踵《きびす》を返し、車へと戻る。ホームの写真を撮ろうかとカメラを構えかけていた冨手も、シャッターを切らずに足早に車へ向かう。この駅は何の支障もないのだから〝証拠写真〟を撮る必要はない。他者に向けての余計なエクスキューズは一切必要ないのだと冨手は再認識した。

冨手もまた、大の付く鉄道マニアで、三鉄開業時の社員募集に迷わず参画した1期生だ。小中高生の時分から鉄道写真を撮っていた。関東の大学では鉄道研究部に所属し、その方面への精通の度合いはますます深まっていった。撮り鉄。乗り鉄。鉄道をこよなく愛するマニアはその領域をさらに細かく分けて深みを極めていくというが、冨手はオールマイティに、鉄道に関することであれば何であっても興味を持った。「どこそこの駅弁は秀逸の一語」というような話題もお手のものだ。

今もなお鉄道をテーマに据えた雑誌等に写真を提供する。ある雑誌の表紙に抜擢されたこともある。原稿を寄稿することもある。賞を受けたことも一度や二度ではない。休日はカメラを携えて旅をし、鉄道の写真を撮り、パソコンに取り込む。独身ということもあって、周囲からは「女性と話すよりも鉄道に寄り添っているほうが楽しいんでしょ」と再三からかわれるが、実際にそうであるのか、にんまりと笑っては「そのとおりかもしれません」と控えめに肯定する。

それでも、今この現状での写真撮影は趣味の領分ではないから、緊張していた。私情も詩情も挟まずに、記録のための写真を撮っていく。

次の駅は「一《いち》の渡《わたり》」。そこへ向けては蛇行した狭い林道を通った。雪が残っていた。轍《わだち》はなかった。時折、対向車がくる。そのたびに互いが減速するか、どちらかが若干広くなった車寄せまでバックするかして、すれ違った。

一の渡駅の周辺に、人家は1軒しかない。望月は社長就任直後、沿線各駅を今日のように裏道を使いながらリサーチした際に「何故、こんな所に駅があるのか」といぶかった。駅のそばにはちろちろと流れる小川があり、よくよく調べてみるとその1キロほど上流の箱石地区に10数軒の集落があるのを知った。「その人たちが利用してくれているのか」。そう思い至ると、採算性よりも使命感が胸に広がったという。

「鉄道は企業ではなく、事業なんだ」

望月は震災2日後の一の渡駅ホームに立って、改めて当時の思いを噛みしめた。

一の渡駅も、何の異状もなかった。即座に車に戻る。風は冷たかったが、歩くスピードが速いがために、身体は温かだった。吐く息の白さだけが、気温の低さを教えてくれる。

次の駅。「佐羽根《さばね》」へ。右手に杉木立が続く林道を車は走った。このあたりに入ると、対向車も来なかった。

清流、田代川の川面に朝の光が映えている。佐羽根駅へはこの川に架かる赤く塗られた鉄の橋を渡る。

佐羽根駅ホーム上の簡素な待合室も、線路も異状なし。このあたりの線路は震災前に、枕木をコンクリートに替え、補強を施していた。枕木すべてをコンクリートにするのではなく、木とコンクリートを交互に並べる「一丁置き」というメンテナンス方法。強度の理想としては全部をコンクリート枕木にするに越したことはないが、それだと費用もかさむ。一丁置きならば、同じ費用で倍の距離の線路を補修できる。

「次は、『田老《たろう》』だな」

「田老ですね」

望月は声のトーンを少し落として言い、冨手も復唱するように低くそれに応える。

山口団地、一の渡、佐羽根までは海から離れた高台に線路が敷かれ、駅がある。しかし田老は海が近い。1896（明治29）年に起きた「明治三陸津波」と、1933（昭和8）年の「昭和三陸津波」の2度に及ぶ天災でも甚大な被害を受けた地区。その教訓から〝万里の長城〟と称されるほどの巨大な防潮堤が築かれてはいるものの、危険ゾーンであることは疑う余地がない。

1954(昭和29)年につくられた「田老町民歌」にはこんな歌詞がある。

〝手をとり共に幾たびか　津波の中に起ち上がり　いま楽園を築きたる〟

「田老一中校歌」にも似たようなフレーズが記されている。

〝防浪堤を仰ぎ見よ　試練の津波　幾たびぞ　乗りこえたてし　わが郷土〟

(いずれも作詞 駒井雅三)

田老の町で現実を見た。
線路の上には人が行き交い。

田老の駅には近寄れなかった。車をかなり手前の橋のたもとに止め、そこから歩いた。おびただしい量の瓦礫《がれき》が、行く手を阻んでいた。防潮堤はその役目を果たせなかった。望月も冨手も言葉を失った。

予想をはるかに超えた虚無。

家。車。形があり、心地よく機能していたそれらが、へしゃげ、廃物と化し、この世から消え、過去となっていた。時間というものの概念そのものが崩壊した。

時間は停滞することなく流れていくものということを、(乳幼児以外の)ヒトは当然の感覚として持っている。過去という「記憶」。今という「現象」、未来という「予想」もしくは「希望」。それらが混然一体となって、主に視覚を通じて脳に信号が送られ、「感情」というものを醸成する。けれども望月たちが目の当たりにしたのは、「過去」と「未来」という時間軸が寸断された、

田老駅付近の線路上を歩く人々（2011年3月13日撮影）。宮古―田老間を「災害復興支援列車」が運行し始める3月20日まで、人々の「生活道路」の役割を果たすことになった。線路上を歩いて、田老から宮古に行った人もいた

視界には捉えているが理解しがたい「今」だけだった。

過去は思い出せず、未来は描きようがなかった。

過去も未来もなく、受け入れがたい今しかないという状況は、底のない虚無をもたらす。

望月と冨手は、しばらく無言のまま立ち尽くし、そこからおもむろに田老駅のホーム側に目を向けた。

田老駅のホームと線路は、盛土をした高い位置に据えられている。明治時代と昭和初期の大津波の歴史を踏まえ、〝第2防潮堤〟ともいうべき役割を果たすべく造られた。

望月は見た。線路の上をたくさんの人が歩いていた。

「行くぞ。冨手」

望月は虚無の亡霊を振り払うように力強い声で冨手を促し、駅へ向かって歩を進めた。瓦礫がバリケードとなって立ちはだかる。回り道を探した。瓦礫が乏しい脇道に、盛土の上の線路側から、1本のロープが吊り下がっていた。

望月、冨手の順に、ロープを使ってよじ登った。

津波が線路を越えたことがまざまざとわかった。砕石は流され、それが元々どこにあった家屋なのかわからないが、屋根が線路を覆っていた。

見るも無残な有り様ではあったが、レール自体に歪みはないように思えた。

住民は線路に覆いかぶさった屋根を踏み越え、乏しくなっている砕石に足を取られながら、無言で下を向き、ただひたすらに、歩いていた。

買い出しに行くのか、ストックしていた食べ物を入れているのか、リュックを背負っている人が多かった。

中には知り合いの顔を見かけては「良がったなぁ、良がったなぁ」と互いの両の腕を背中に回し、手のひらで何度も叩きながら、無事であったことを讃え合っている人たちもいた。

「線路上の障害物を撤去して、線路の砕石を補充すれば走らせられるぞ」

望月は努めて冷静に、本来のミッション遂行に舵を戻した。

冨手は角度を変えて、何枚も写真を撮った。

「よし。次だ。『摂待《せったい》』を見に行こう」

望月と冨手は、またその順番で、登ってきたロープを使って路上に降り、車中の人となった。

摂待の駅周辺までが行政区分では宮古市。このあたりの線路も、防潮堤の任をまかなうべく、築堤の上に敷かれている。海から駅まで3キロほど離れていることもあって、激しい被害はなかった。ただしそれは駅と線路に関することだけで、震災以前の視界には収まっていたはずの数軒の家はなくなっていた。

摂待まで普通に国道45号線が使えたとすれば、宮古駅からならば30分強で到着できる。この日はここまで、走行時間だけを足し算しても2時間ほどがかかっている。

摂待から次の駅「小本《おもと》」へ。この両駅を結ぶ区間の国道45号線は走行可能だった。それでも途中のトンネルを抜けた先の集落は、「記憶」の像の半分ほどしか残っていなかった。

小本駅は「小本観光センター」も併設された、大きな2階建ての造りとなっている。日本三大鍾乳洞に数えられる名勝地「龍泉洞《りゅうせんどう》」への定期路線バスも発着するため、観光拠点ともなる駅だ。1階は近隣の野菜を使ったお土産用の加工食品や、パン、菓子、飲み物なども販売されている。

もちろんその日は誰もいなかった。

望月は鍵のかけられていない引き扉を開け、中に入った。ひと気のない建物内はひんやりとしていた。冨手の咳払いひとつが、こだまするように響き、静寂を際立たせる。

ふたりは階段を上り、ホームへ出て、線路が無事であることを確認した。ここは大丈夫だろうと楽観していたが、それでも自らの目で確かめられたことに安堵した。

「腹が減ったな」

唐突に、望月は冨手に声をかけた。

「人間って変な生き物ですね。こんな時でもお構いなしに腹だけは減る」

「生きてれば、腹が減る。それが道理だ。こんな時だからこそ、腹が減ることを喜ぶべきだろうな」

時刻は11時半過ぎ。ふたりは1階に降り、菓子パンをふたつと、煎餅の詰まった袋を取って、無人の切符売り場の前に1000円札を1枚置いた。万が一、風でも吹き込んでお札が飛ばされないように、傍らのボールペン立てを重石《おもし》代わりにした。

駅前に置かれた長椅子で食事を摂ることはせず、ふたりは車に戻った。望月はエンジンをかける前に菓子パンの袋を開け、ひと口齧《かじ》ってからすぐに発進させた。

小本から次の駅の「島越《しまのこし》」までの道路は封鎖されていた。地元の消防団が「この先は通れません」と旗を振って車を停止させた。

「三鉄です。駅と線路をチェックしているんです。通していただけませんか」

望月はウインドウを下げて、消防団員に頼み込んだ。切迫した口調で畳みかけたわけではなかったが、望月の無駄のない言い回しが功を奏したようだった。

「三鉄さんですか。ご苦労さまです。この先はくれぐれも気をつけて行ってください」

「わかりました。お気遣いありがとうございます」

望月はそう言ってウインドウを閉じ、先を急いだ。もうここから先では、動いている車は1台も見かけなかった。

「今、絶対に通行できないと言われたらどうしました」

菓子パンを食べ終えた助手席の冨手が、顔を横に向けずに望月に聞いた。

「少し戻れば旧道があるからそこを通る。もしそこもダメなら、内陸の細い道に入って大回りして向かう」

望月は間髪を入れず、別の２つのルートを頭に描いていたことを告げた。

カルボナードは詩碑を残して、消えた。

島越の駅舎は、沿線随一ともいえる人気を博していた。

テラスを設けた南欧風の瀟洒《しょうしゃ》な２階建てで、棟の正面右側には、ねぎ帽子を想わせるドームが乗っかっていた。郷土岩手県が生んだ才人、宮沢賢治が著した童話『グスコーブドリの伝記』に登場する火山島の名に由来する〝カルボナード〟が、駅の愛称として地域住民に広く浸透していた。軽食メニューを備えた喫茶スペースもあり、列車に乗るためではなくても駅自体を目的地として利用する人たちも少なくなかった。

これらの説明を、すべて過去形で記さなければならないことがやるせない。

駅の背後には高架橋があり「津波がその下を抜けて行ったとすれば、少なくとも線路は残っているんじゃないか」。望月の、願いに近いその希望的観測は、絶望的な現実に打ちのめされた。あるべきものがなくて、ないはずのものがあった。

防潮堤がない。駅舎がない。高架橋がない。線路がない。立ち並んでいた家々がない。

それに代わって、海が見えた。

本来ならば様々な建造物に遮蔽されていた、見えてはいけない海が、何事もなかったかのように陽光を浴びていた。海だけがのっぺりと平らかで、それ以外は無秩序混沌のさまを晒し、声なき悲鳴を挙げていた。

望月は、悲しみと腹立たしさが同時に湧き上がっている己が心に混乱していた。その悲しみと腹立たしさは沸き上がり逆巻くばかりで、行き場がなかった。

その時ふと、駅舎のあったあたりに目をやった。駅のコンクリート階段が下から9段分残されている。そのほど近くには、宮沢賢治の詩篇「発動機船 第二」を刻んだコンクリート碑板が、左上部の一部をわずかに欠損させただけの状態で立っている。

上にも下にも行き先を持たない階段は、果たすべき機能を失っているという理由からいえば廃物である。けれども賢治の碑板は、津波の面と直角に交わったからか、奇跡的にほぼ原形を留めたまま残った。

この詩は、1925(大正14)年の1月、賢治が船でこの地から宮古に向かった時の三つの作品の内の一篇を、一部省略した形で碑板に刻んだものだ。

望月と冨手は、改めてその詩に目を走らせた。

発動機船　第二　　宮沢賢治

船長は一人の手下を従へて

全て破壊された島越駅舎と橋梁、住宅（2011 年3月 13 日撮影）。橋梁は、左端中央から、中央右奥のトンネルへ架かっていた。橋桁の一部が残っている。トンネルの先が久慈方向。人気のあった駅舎は、中央に残る橋桁の右側に建っていた

手を腰にあて
たうたうたう尖ったくらいラッパを吹く
さっき一点赤いあかりをふってゐた
その崖上の望楼にむかひ
さながら挑戦の姿勢をとって
つゞけて鉛のラッパを吹き
たうたうたう

いきなり崖のま下から
一隻伝馬がすべってくる
船長はぴたとラッパをとめ
そこらの水はゆらゆらゆれて
何かをかしな燐光を出し
近づいて来る伝馬には
木ぼりのやうな巨きな人が
十人ちかく乗ってゐる

「そこらの水はゆらゆらゆれて　何かをかしな燐光を出し」のくだりに胸がさわさわと騒ぐ。望月は大きく深呼吸をしてから、「ここはかかるな」と呟いた。

「かかりますね。列車を走らせるということだけで考えれば、田老は早めの復旧ができそうで

奇跡的に残った「発動機船　第二　宮沢賢治」の碑板

すが、島越には線路も高架橋もないわけですから。時間がかかります」

冨手が望月の短いフレーズの意を咀嚼《そしゃく》して、言葉をつないだ。

「復旧」。短いフレーズの意は、一心にこの思いだった。

復旧計画を胸に。ポジティブに前を向く。

島越の次の駅は「田野畑《たのはた》」。ここは島越駅と一対となったような存在で、「カンパネルラ」の愛称が付けられている。カンパネルラとは、宮沢賢治の童話「銀河鉄道の夜」の主人公ジョバンニの親友の名前だ。ヨーロッパ風の駅舎であった島越とは対照的に、和風の2階建てで、地元の公民館としての役割も担っている。

高台に位置しているから壊滅的な被害はこうむっていないだろうと、冨手は車内で希望的観測を持っていた。

田野畑駅前にも、瓦礫が散乱していた。希望的観測はガラガラと崩れ去った。

「駅舎は大丈夫そうだな」

望月は可能な限りポジティブな個所に目を向けた。確かに駅舎は倒壊を免れていた。ただしそれは〝奇跡的〟ともいえた。駅舎への道は坂になっており、押し寄せた水流はかろうじて駅舎を直撃せずに、その脇を抜けていったのだった。ただし、田野畑近隣の家々は甚大な被害を受けていたことを望月と冨手は後から知ることとなった。

「よし、行こう。次の普代《ふだい》の駅をチェックして宮古に戻るぞ」

望月は冨手に言った。普代の先の駅、白井《しらい》海岸や堀内《ほりない》あたりは高い位置の橋梁を走る区間もあり、大きな被害はないと踏んでいた。逆にその先の野田玉川《のだたまがわ》駅近辺はもはや近づくこともできない状態との情報を得ていた。

普代の駅周辺に、目立った損傷はなかった。望月と冨手は車に戻り、ここまでのルートを辿って宮古に向かった。望月は本社の緊急対策本部で待つ上層部スタッフを前に、いち早く現状を伝え、復旧への準備に邁進《まいしん》するよう告げたかった。

「宮古から田老までは早いうちに復旧させられる。田老周辺の線路には障害物があるが、撤去作業が速やかにいけば、復旧区間を宮古から小本へと延ばせるはずだ。久慈から陸中野田までも行ける」

望月はひとりごちるように呟き、自らを焚き付けた。冨手も同様のことを思い描いていたが、その時点では望月の想定する復旧予定日よりもはるかに後の月日が浮かんでいた。

望月は普代の村役場に車を停めた。災害携帯電話がその時は通じなかったからだ。村役場ではNTTが衛星電話の無料サービスを行なっていた。災害での緊急時、行政関係の所にはこういった回線が利用可能になることを県庁出身の望月は熟知していた。

県の運輸局と、宮古の本社に連絡を入れた。電話待ちの大勢の人たちが並んでいたため、長話はできない。望月は見てきた事柄のうち、惨憺《さんたん》たる様は口にせず、ここからここまでの区間は大丈夫、と、前向きの姿勢を声にした。

それが17時過ぎ。宮古の本社に戻った時は20時近くになっていた。車中では望月も冨手も無言だった。時折、望月が「大丈夫だ。いける」とひとりごとを口にする以外は。

望月が金野に懇願した。

「頼む。走らせてくれ」。


仙台から新潟、秋田、盛岡と回って宮古の本社に顔を出した金野は、災害対策本部となっていた列車内に入った。

そこには社長の望月がいた。

「運行本部長、一日でも早く、走れるところから走らせるぞ」

その意味も、勢い込んだ口調も、金野にとっては想定内だった。

「はい。一日でも早く、走らせましょう」

「まずは4日後。16日には久慈から陸中野田を走らせるぞ」

金野は耳を疑った。

「それは無理です。復旧への段取りは、レールの状況、盛土の確認、駅舎の按配、それらすべてを順に確認してからでなければ安全上問題があります。失礼な物言いになるかもしれませんが、鉄道を動かすということに関して社長は素人です。プロは、そんな熱情だけの思いでは動きません」

「私は実際にこの目で見てきたんだ。宮古から田老までは大丈夫だ。そこから小本までも応急処置をほどこせば走らせることができる。久慈と陸中野田の間はすぐにでも行けるだろう。明日には小田が仙建さん、大館桂さんと線路点検に向かう。運行再開が困難な場所は大筋でつかめている。部分復旧になるのは織り込み済みだ」

「できません。三陸鉄道運行本部長として、そのご判断は無謀だと断言できます。危険が伴います。少なくとも数ヵ月先でなければ無理です」

日頃は柔和で穏健な金野が、気色ばんで詰め寄った。

「やってくれ」

「できません。可能か不可能かの問題ではありません。安全が100パーセント担保されなければ鉄道マンとして首を縦には振れません」

望月も重々それは承知の上だった。

上気した金野の顔を見つめ、眼鏡の奥の強いまなざしに対して、ひるまずに言った。

「素人かプロフェッショナルかの問題ではないんだ。鉄道は動かなければただの鉄の固まりだ。速やかに、部分的にでも復旧させなければ、三鉄不要論も湧いてくるだろう。『どうせ赤字路線なのだから要らない』となったら、三鉄マンが職を失うだけでは済まない。一番困るのは、置き去りにされる沿線の利用者だ。オレたちを待っている人たちがいる。三鉄が動くことを待ち望んでいる人たちがいる。頼む。動かしてくれ」

望月は頭を下げた。

金野は一度深く鼻から息を吸い込み、ゆっくりと吐いた。自らの気持ちを落ち着かせるためだった。

このふたりのやり取りの一部始終を、同じ空間ながら一歩離れて目の当たりにしていたのは三陸鉄道アドバイザーの草野悟だった。

草野は冷静に、ふたりのぶつかり合いを咀嚼《そしゃく》した。

望月は強権的な命令を下すというスタンスではなく、〝懇願する〟気持ちを込めながら一歩も引きさがらず、金野は金野で鉄道マンとしてのしかるべき手順を踏まえ、感情としてではなく理論的な意味合いから引き下がらなかった。

社長から「頼む」と頭を下げられた金野は、その身を投げ打った熱意に言葉を飲み込んだ。

短い沈黙の数秒が、ふたりの間を横切った。会社の存続、三陸鉄道の運行が意味するメッセージ、沿線住民への愛情。それらは混然となり、どれひとつ欠けても成り立たない。

暗黙の数秒間に、互いは互いの内なる心を理解した。

「わかりました。16日ですね」

「頼む」

「久慈に戻って小田や橋上とも話をします」

金野は、望月に頭を下げ、災害対策本部を出て、久慈に向かって車を走らせた。

望月は車両から出て、ホームの端の喫煙所で煙草を1本喫い、また戻った。そして、上層部スタッフが集う災害対策本部内で、ホワイトボードにも文字を書きながら、改めてこう告げた。

「復旧運行できる区間から、順に列車を動かす。順番は、一番に久慈から陸中野田、二番に宮古から田老、三番に田老から小本。一番は16日からの運行だ」

異論は出なかった。できるのならばやるべきだと、誰もが思いをひとつにしていた。その中で、及川が進言した。

「運賃は無料としませんか」

「ああ、もちろんだ。かなりの徐行運転にならざるをえないし、こんな事態の時に運賃などいただけない」

「ダイヤを作成します。通常運行の時速90キロは出せないでしょうから、25キロ程度での運転を想定します」

3月14日。久慈運行本部。部分復旧へ動き出す。

朝8時。久慈の運行本部では金野がスタッフ全員を集めた。20名ほどが硬い表情で金野を見つめる。

「明後日。16日に久慈から陸中野田間の運行を再開します。社長の決定事項です。それに関しての疑問、質問は今この席でのみ受け付けます」

金野の口調はきっぱりとしていた。

「質問があります」

施設の岡本が詰め寄るように口を開いた。

「何故、そんなに急ぐ必要があるのですか。安全は担保されるのですか」

金野は努めて穏やかな口調で、諭すように岡本に返答した。

「このミーティングが終わったら、仙建工業さん、大館桂工業さんと共に線路状況の調査に入ります。被害甚大な南リアス線や、北リアス線でもムダと思われる個所は後回しです。久慈から陸中野田間は運行に関してほとんど支障がないはずです。鉄道会社として〝安全〟は最優先されるものですが、それと同等に〝安心〟を沿線住民の方に感じてもらいたい。安心というのは、列車が走るということ。この絶望的な状況に風穴を開けるということです。1日でも早く、倒れてもすぐに立ち上がって見せることが、沿線の方々の希望につながると確信するからです」

その言を耳にして、岡本も刀を鞘《さや》に収めた。やるしかないんだと岡本は腹を括った。

「わかりました」

金野は無言で、一度だけ頷いた。

「そのほかに疑問、質問がなければ、各自、職務に当たってください」

皆はその後、速やかに持ち場へと散った。復旧運行までおよそ48時間。

8時55分、小田は仙建工業、大館桂工業のスタッフを伴って、トラックで沿線調査に向かった。トラックには3台の〝レールスター〟を積み込んだ。

レールスターとは、ゴーカートに似た、ガソリンエンジンによる軌道自転車。重さは90キロほどある。これを現場のレール上に4人がかりで持ち上げて乗せ、分乗して線路をチェックする施策を取った。

仙建工業のスタッフは土木関係と構造物を点検し、大館桂工業の面々は電力関係と信号システムをチェックした。

久慈～陸中野田間は運行上、何の心配もない状況だと確認した。小田らは午前中に一度久慈に戻り、その報告を金野にして、小本～田老間の調査に向かった。

金野はつくづく、小田が先手を打ってふたつの業者の調査スタッフを確保していたことに感じ入った。この調査依頼が遅れていれば、ＪＲを含めた他の東北の鉄道に業者の人員も取られていたに違いなかった。そうなれば16日の運行再開は大幅にずれ込んでいただろう。

午後、久慈の運行本部から田老方面へと向かった小田たちは、線路上に民家の屋根をはじめとする瓦礫の山積を目視した。

その足で小田は田老総合事務所へ向かい、所長と面談した。小田は現状を報告し、瓦礫の撤去さえなされれば、田老と宮古の間で列車運行再開のメドが立つと伝えた。

所長はそれを聞き、線路とは別に、自らが把握している道路状況に言及した。

「道路も津波の影響で、真崎トンネル入り口から神田川橋梁までが歩行もできない状況となっています。現時点ではその間の区間、並行する三鉄さんの線路が唯一の〝生活道路〟です。実際の道路が使用できるまで、住民の線路の通行を許可してください」

「了解しました。線路歩行の安全確保のため、その区間の線路はしばらく〝閉鎖処置〟とします。ただし、ウチとしても一日も早く宮古と田老間の運行再開を考えていますから、道路の瓦礫撤去も早急に行なってください」

「わかりました」

誰もが、時を急いでいた。無慈悲な現実に対してうなだれている暇はなかった。小田たちは久慈に戻った。時計は20時を過ぎていた。翌朝は同じメンバーで田老から宮古間を調査に向かう。

3月15日。宮古市役所。自衛隊の出動を要請。

8時30分。望月は冨手とともに宮古市役所にいた。市役所内も緊急体制が敷かれ、職員はあわただしく立ち働いていた。山本正徳市長と望月、冨手は互いに腰かけることもなく、向かいあった。市長は田老にあった実家を流され、自身、極めて大きな心労を抱えていた。3日間ほどほぼ徹夜状態であったからか、少しむくんだような赤い顔をしていた。

「1週間以内に、宮古から田老間の運行を再開させます。ただし、田老近辺の線路、道路には瓦礫が散乱し、我々の力だけでは撤去もままなりません。自衛隊の出動要請をお願いします」

望月は澱《よど》みなく、市長に伝え、頭を下げた。市長は、予想外の速さで行なわれるという復旧計画に横槍を入れることはないと、即決した。

「わかりました。こちらからすぐに出動要請をかけます。お互い、できることを速やかに遂行しましょう」

(要請を受けた自衛隊の動きは素早かった。4日後には、田老駅の線路上の瓦礫すべてが撤去された)。

望月と富手は本社に戻った。望月の元には、県の窓口となっている大坊の上司にあたる担当部長から「復旧運行に関して話がしたい」との旨の連絡が入っていた。

14時51分。望月は県の政策地域部長宛てに電話を入れ、早期部分復旧運転のあらましを告げた。担当部長は明らかに怪訝な口調で、勇む望月の語調に対した。

「まだ余震も続いていますし、そんなに急いで列車運行を再開する必要性があるんですか。燃料の備蓄は十分にありますか。もしあるのなら、列車運行のためではなく、その他の復旧に回すことも考えていただけませんか」

望月は、このまま話を続けてもラチが開かないと判断した。

「そちらのお考えも理解できますが、差し当たり私共のプランを知事に上げてください。その上でまたお話ししましょう」

電話を切った。

16時03分。大坊から電話が入る。

「知事にはそちらのお考えを伝えました。判断が下され次第、すぐにご連絡します」

大坊の声は緊迫していた。

組織体系では、岩手県知事が三鉄の〝取締役会長〟であり、県が最大の株主という立場にある。

知事＝取締役会長の鶴の一声（ゴーサイン）が出されれば、万時がスムーズに運ぶ。けれども「まだ列車運行再開は認めない」と判断が下されたら。

「その時は三鉄を畳む時だ」

望月は俎板《まないた》の上のコイの心境だった。

17時05分。また大坊からの電話が入る。

「知事からの指示をお伝えします。運行再開の要旨、了解しました。ただそちらのプランの1日5往復を3往復としてください」

大坊の声は快活だった。

望月は電話口の向こうに悟られないよう息を吐き、3往復案を承諾した。

東北運輸局に運行再開予定を電話で報告した。局からは「試運転だけはきっちり行なって、安全の確保をお願いします」と念押しされた。

その後には久慈市と野田村の行政の長と連絡を取り「防災無線による運転再開の広報」を頼んだ。

言葉でやり取りする道筋はクリアされた。後は実際に列車を動かすだけだ。

田老駅近辺の線路状況の調査に入った小田たちは、その区間の一部では砕石などが流出し、そのままでは運行ができない状況にあることを見て取った。砕石の補填発注をしなければならないが、この状況下ではそれがいつ届くか見当がつかない。

小田は、ゆっくりと線路を見つめた。妙案がポッと閃いた。

三鉄は単線だ。一部の駅近くでは上下線車両が交換できるように複線となっている。さしあたってその部分は使用しないのだから、そこの砕石を移せばいい。

「そうか。その手があったな。よし、すぐに取りかかろう」と金野が同意した。

夕刻、小田は宮古の本社に出向き、調査内容を望月に伝え、田老駅周辺の砕石移設処置のプランも進言した。

「土木と軌道の関連ではその処置を施すことで何とかなりそうですが、電気系統はかなりやられています。一《いち》の渡《わたり》の電源ユニット、通電不能状態です。佐羽根は自動点滅器不良のため、照明が点灯したまま。田老構内は電力受電設備が全壊しています」

「信号系統も使えないということか」

「そういうことです」

踏切などでの安全確保のためには信号機が作動しなければ、運行がむずかしい。遮断機も下りない。望月は小田の報告を聞いて「手旗信号」の採用を思い描いた。


3月16日、8時。

久慈発、陸中野田行き、出発。


「災害復興支援列車」と名付けられた、震災後の一番列車がホームを離れた。1両での運転。乗り込む人々は運転士に向けて、無言で頭を下げて行った。「ありがとう」の意味だが、この地域の人たちはシャイな部分があり、それが無言の会釈という形を取らせる。

車両は10名の客を乗せた。運転士は橋上武司。営業総括橋上和司の弟にあたる。運転士という仕事は、動く列車があって初めて必要とされる。震災後は運転士全員が自宅待機となっていた。

橋上武司は陸中《りくちゅう》宇部《うべ》、陸中野田間を時速25キロで走行しながら、仕事に復帰できた喜びをしみじみと感じていた。

8時30分に陸中野田駅に到着。折り返し運転は9時ジャスト。その後は久慈発12時、16時。陸中野田発は13時と17時。いずれもわかりやすい定時出発だ。

運行中、沿道で瓦礫の撤去をする人々が手を振っていた。その表情には微笑みが浮かんでいるように見えた。運転士はマスコン（アクセル）とブレーキ管から手を離すわけにはいかないから、相手に見えるか見えないかはわからないままに、微笑みと会釈で応えた。自身も、自分以外の誰からも、笑顔が浮かぶ表情を見たのは震災以降初めてだと橋上武司は思った。

宮古本社では、次への準備に余念がなかった。夕刻17時過ぎ。電気が通じるようになり、車両の災害対策本部は本社へと移された。車両内に持ち込んでいた石油ストーブを消し、菊池総務部長がホームに出した。ディーゼル燃料（軽油）をロスしないよう、日のあるうちはストーブで暖を取っていた。そのストーブは、自宅待機となっていた女性社員のひとりが自宅から運んできたものだった。

「次は宮古から田老間だな」

望月は宮古市長に要請した自衛隊による瓦礫撤去の報を心待ちにしながら、策を練った。

「問題は燃料だ。燃料をどう確保するか」

車両基地のある久慈にはそこそこの備蓄があるが、運行再開した以上、今後のことを考えるとそこから持ってくるわけにもいかない。

宮古駅の車両には２８０リットルの燃料しか残っていなかった。宮古から田老、そこからまた小本まで運行を再開した場合、３日間しかもたない。

三鉄の車両を動かすにあたっての燃費はリッター2キロ。宮古～小本間の走行キロ数から計算すると、もって3日。はなはだ心もとない数字が浮かんだ。業者からの調達しようにも、あらゆる業種が燃料を求めているだろうから当てにはできない。

宮古から久慈、久慈から盛、盛から宮古へ、燃料移送。

3月17日。本社で望月以下、上層部スタッフが燃料問題をテーマに話し合った。

「久慈と陸中野田の部分は無事に運行を再開した。宮古から田老間も瓦礫撤去が済み次第、速やかに走らせる。ただし、燃料が確保できなければ、絵に描いた餅になる」

その時点で、望月の頭に打開の案は浮かんでいなかった。

菊池総務部長がしずしずと発言した。

「南リアス線は当面の間、復旧のメドが立っていないんですよね。であれば、盛《さかり》の燃料は使えるということになりませんか」

「ああ、確かにそうだ。けれども盛には搬送するトラックがない」

「久慈にありませんでしたっけ。施設管理用の4トントラック」

望月は、菊池の思い描いていることがわかった。

「久慈にそれを取りに行き、カラで盛に行き、そこで燃料を積んで宮古に入る。そういうことか」

「はい。おっしゃるとおりです」

「燃料は何に入れる？　ポリタンクが10や20あっても用をなさないぞ」

「ドラム缶を調達しましょう。5缶もあれば1か月は持つでしょう。その間にはこのエリアの燃料の流通も好転していることを期待するしかない。とにかく差し当たり、それで凌《しの》ぎませんか」

「よし。そうしよう。久慈の金野、盛にいる村上にその旨を伝えてくれ」

望月は〝燃料移送作戦〟を菊池に委ねた。総務部長という肩書からすれば、ごく当然のことと菊池は胸を張った。

菊池は、金野と村上に電話を入れ、ドラム缶の調達を頼んだ。

翌18日。自衛隊による田老駅周辺の線路の瓦礫撤去が完了したとの連絡が入った。望月はそれを受けて、翌19日中に田老駅周辺の修復点検作業を終え、20日の午前中に試運転、正午ジャストに宮古〜田老間の運行を再開することを決めた。

県の担当者と東北運輸局にその旨を報告し、了解を得た。驚くほどの早さで運行再開を実現していく手際を、先方のそれぞれが讃えていた。

19日、朝。金野は「ドラム缶5つ、確保した」との連絡の後、宮古〜田老間の運行再開のために宮古へ。菊池は久慈に燃料移送のための4トントラックを得るために久慈へ向かった。リースの新車が頼もしくエンジンをふかした。

菊池は10時前に久慈に着いた。クレーン付きの4トントラックのシートに菊池は座り、受け渡しに出た橋上和司との会話もそこそこに、ハンドルを握った。大型車両の免許は持っていたものの、その手の車両を運転するのは20代前半以降久しぶりだった。

14時過ぎ、トラックは盛に着いた。盛の運行部でもドラム缶5つが用意されていた。村上が出迎える。スタッフ総出で、荷台から久慈で載せたドラム缶を降ろし、地下タンクに貯蔵してある軽油を組み上げる準備に入った。通常ならば電動ポンプを使用するが、停電が続いていたため、それはできない。非常用の手押しポンプが持ち出された。２００リットルのドラム缶ひとつを満たすためには、手間と体力を要した。ポンプの押し手を交代しながら、10のすべてに軽油を注ぎ込み、菊池が盛を出発したのは17時前だった。

盛から釜石、宮古へとつながる国道45号線は通行できないから、内陸の遠野を回って4トントラックは走った。どこもかしこも燃料がないと言っている時に、ドラム缶を積んだトラックを三鉄のジャンパーを着た男が運転している。菊池はハンドルを握りながらそう考えると、後ろめたい気分にも襲われた。

21時前、鉄道車両にとっての〝生命の水〟は宮古に着いた。

「任務、無事完了しました」

菊池は軽演劇風の言い回しで、望月に言った。

「で、このドラム缶、どうしますか」

本来はドラム缶10個分の軽油は紛れもなく〝危険物〟扱いとなる。保管するには危険物取り扱いの届を出し、その取り決め事に則って、それを順守しなければならない。けれども、今の今ではどうしようもなかった。もはや軽油の詰まったドラム缶がここにあるのだから。

「『県北倉庫』にトラックごと収納しよう。後先になるが消防署には明日以降、列車が動いてからこちらから申し開きをしておく」

望月は大胆だった。非常時にあっては、杓子定規な決め事にしがみついていてはすべてが後手に回る。時には無視せざるをえない。そう考えていた。

南リアス線から要員確保。人海戦術で、列車運行へ。

宮古から田老間を走らせるにあたっては〝閉《へい》そく〟の要員確保がなされなければならない。閉そくとは、鉄道の専門用語。衝突事故を防ぐために線路をいくつかの区間に分け（これを閉そくという）、ひとつの区間に1本の列車のみが存在している状態に保つことを意味する。鉄道は逃げ場のないレール上を走る。ブレーキ距離も車より長い。万が一、人為的なミスによって正面から対向列車が来れば、衝突は免れない。

これが上下線一方通行の複線であれば心配も限りなくゼロに近いが、単線では（しかも信号機などの電気系統が作動していない状況では）ひとつ間違えれば大惨事となる。

宮古から田老間には踏切が1か所ある。宮古駅から200メートルほど離れた場所。形式上、JRとの共用物だ。しかし、震災当日のJR信号機器室の火災の影響で、踏切は下りない。そのためここに交代要員も入れて踏切係4名が必要となる。

また、宮古駅にも4名、田老駅にも4名を配さなければならない。しかもその要員は誰でもよいわけではなく、その任に当たれる資格がなければならない。

宮古の本社には有資格者が7名しかいなかった。

そのため、南リアス線から3名ずつ、3泊4日のローテーションでの宮古派遣勤務が採られた。久慈からは2名を出すよう指示した。

ゴーならば緑色の旗、ストップならば赤い旗を上げ、踏切に列車が差しかかればロープを張って人や車を止める。地味だけれども電気の助力を得られない状況下では欠かすことのできない作業だ。

3月20日、正午。
宮古発田老行き、運行。

早朝、菊池総務部長は宮古駅近くまで4トントラックを運転し、富手らとトラックからドラム缶を下ろした。地面に古タイヤを敷き、そこに軟らかく着地させ、そこからゴロゴロと転がして車両のそばに運び、給油した。

午前7時。運行部の大在家、運転士の下本らが試運転の準備をした。車両そのものはしばらく動いていなかっただけで、別段異常な個所はなかった。問題はこの先の線路だ。入念な調査が入ったとはいえ、実際に走るとなると不安も残る。

午前9時。試運転列車は宮古駅を出発した。

望月はひとつだけ大在家に指示を出していた。

「警笛を鳴らしっ放しにするように」

それにはふたつの理由があった。

線路を歩いている人がいるかもしれない。もうひとつは、三鉄が動き出すことを知らせるためだ。

時速20キロ。列車は警笛を鳴らしながら、ゆるゆると動いていく。

ここでも、沿線の人たちが手を振って、笑顔を見せてくれた。警笛は危険を知らせるためのものだが、この時のそれは希望の笛となっていた。

正午。乗客30名を乗せた車両が宮古駅ホームを発車した。北リアス線が途中分断され、1両だけ残ったその車両。4日前までは災害対策本部であった大事な車両だ。

今は春休みの時期だから学生たちは少ないが、新学期を迎えれば1両運行というわけにもいかない。車両故障でも起きようものなら、ひとたまりもない。どこかのタイミングで、久慈の車両基地から最低限でも1両は移送しなければ、乗客を捌《さば》ききれない。

3月29日に運行再開区間は小本まで延びた。

同日、久慈から施設管理部長の小田が、業者と共に南リアス線の線路状況の調査に出た。ここまでの運行再開の予定がすべて成就はしたが、小田の立場からすれば浮かれてはいられなかった。打てる手は矢継ぎ早に打たなければならない。

覚悟はしていたが、南リアス線の被害損傷の箇所は想像を大きく上回っていた。調査には3月いっぱいかかった。小田はその後、数日かけて、三陸鉄道路線トータルの復旧に必要となる金額を弾き出した。最大ならば、180億。

望月はその試算報告を聞いて、くちびるを噛《か》んだ。県の支援が必要だ。いや、国からの支援を取り付けなければ、三鉄は沈む。三鉄が沈むということは三陸沿岸部全体がレールという動脈を失って孤立する。

3年で全線を運行させる。望月の鬼気迫る決意。

「震災5日後には運行させる」。この決断こそ、国交省を感動させ、県や自治体が三鉄への熱い

３月 20 日、宮古駅で出発を待つ元災害対策本部であった「災害復興支援列車」。宮古駅と田老駅間を１日３往復（初日は２往復）。３月中は被災者無料という運行となった

思いを抱かせたルーツとなった。

東北運輸局鉄道部長の岸谷克己は、震災前より恋し浜駅の名称変更や東北鉄道協議会などでたびたび三鉄と接触していた。いわば東北の鉄道すべての管理人的存在であった。

「望月社長から5日間で運行を再開させると聞いた時は、本当に驚いた。日本中が悲惨なニュースを毎日見ている中、しかも電気やガソリン、軽油などの手配がままならない中、どうやってと率直思ったが、望月社長の迫力は凄く、僕はただ『試運転だけは慎重にやってください』と伝えるのが精いっぱいだった」と述懐している。

岩手県交通対策室の野中課長と、その部下の大坊哲央もキーパーソンだ。

三鉄の担当は大坊。望月が県庁勤務当時「ＩＧＲいわて銀河鉄道」を担当していた時の直接の部下でもあった。大坊は望月のことを「鉄道に関するイロハを教えてもらった尊敬する上司」と言い切る。その大坊にしても「5日で動かす」には度肝を抜かれた。当然上司に報告しても「嘘だろう」との驚きの言葉が本音として飛び出した。類を見ない悲惨な情報が錯綜する中、「はい、そうですか」と言えないのは当然だ。

後日、大坊は年度替わりによる人事異動で他の部署へ移ることになった。しかしこの大震災である。新任の担当では再建計画のシナリオを描くことは出来ない。大坊は急いで3月末までに再建素案をまとめる作業に入った。もっとも重い決断を迫るシナリオは、「廃線にしますか、存続しますか」の一点にあった。それも含めた県のプランを持って、彼は4月上旬、三鉄本社へ向かった。

街のいたるところに震災の生々しい光景が残っていた。4月7日、三陸鉄道宮古本社の会議室で、大坊は望月と向き合った。幹部社員も数人いた。

再建への素案を広げ、大坊は、いざ説明へと顔を紅潮させ、口を開いた。その第一声を聞くや否や、望月は大坊の説明を遮った。大坊が「5、6年かけて」と発した瞬間のことだった。

「説明しなくていい。再建計画は私が今から言う。ポイントを明確に言う」

大坊にも、野中課長の顔にも緊張が走った。大坊の次の担当者となる小笠原は目を丸くして望月を見た。

「5、6年？　長すぎる。2年か3年でやる。ポイントを話す。一つ、3年以内の全線再開を目指す。二つ、被害や工事の難易度によって3期に分けて復旧させる。三つ、ルートは変更しない。もうひとつ、社員の首を切らない。以上」

口を挟むことは出来なかった。大坊の素案では、三鉄には収入の見込みが全くなくなるのであるから、当然社員のリストラも織り込んでいた。

望月が続けた。

「今言った計画を進めるためには、莫大な費用がかかる。これは国に頼るしかない。そのランニングは県がやってほしい」

復旧費用の青写真はすでに描いていた。

大坊が「3年で大丈夫なんですか」と聞いた。

「5年も6年もかけていたら、三鉄は忘れ去られてしまう。人が乗らない鉄道になってしまう。この大きな震災を受けても、地域の人の足は絶対に失くしてはならない」

このやり取りが、後の国との交渉の席に準備する総経費の算出へとつながっていく。

これに関しては三鉄の小田施設管理部長が試算していた。見積業者もいない中、経験から約80億か90億と出した。さらに見えない修復や安全なバリヤフリー対策なども含めていくと180億近い数字も飛び出した。破壊された鉄路を復旧する費用90億の2割を加え、およそ

110億程度という根拠がこの時に決まった。

東北運輸局鉄道部長の岸谷は、その後の望月と国との交渉の裏方を努めた。

ひとつ大きな問題があった。それは「補助制度の補助率」だった。災害復旧の場合、国が4分の1、自治体が4分の1、2分の1を鉄道事業者が負担する。年間3億の収入しかない弱小企業の三鉄には天文学的数字となる。

望月正彦、東京へ。0泊3日の強行軍。

4月に入った。望月のもとに、仙台の、国土交通省東北運輸局鉄道部長、岸谷克己から「4月6日に、政府が東北の鉄道会社の状況をヒアリングする席を設けます。東京に行きませんか」との連絡が入った。

拒絶する手はない。望月は「うかがいます」と即答した。即答はしたものの、どうやって上京するか。東北新幹線はまだ首都と東北とをつないではいなかった。

宮古発の東京行き深夜バス。考えうる移動手段はそれだった。ふたり掛けのシートに身を置いての夜間行。小柄な望月の隣には、丸々と太った男性が座った。望月は身を縮めて理不尽さと不運とを心の中で笑い飛ばしながら、途切れ途切れの睡眠をとった。

国会議事堂内での災害対策ヒアリングでは、沿線の写真を数多く持ち込み、熱く語った。「北リアス線は一部運行再開に漕ぎ着けることができましたが、島越駅周辺などいまだ手のつけようもない区間もあります。南リアス線は全線にわたって被害甚大のままです。当社だけでは手の施しようがありません。国からの支援をよろしくお願いします」

話を聞いた政府関係者は、誰も何も言葉を発することのないまま、何かを固く決心するかのように何度も頷いた。望月の迫力、沿線住民、三陸沿岸住民のために一日も早く全面復旧させたいという言葉のエネルギーが、会議室に充満した。

その夜、今度は東京発宮古行きの深夜バスに乗った。到着は明日の午前中。ブラジルにワールドカップを観戦に行く弾丸ツアーでもあるまいに、０泊３日のハードな移動をこなした。

４月14日。東北鉄道協会の会社社長10名が国交省鉄道局長室に入った。不便な交通事情の中、銘々が苦労しながらの上京であった。メンバーは、望月をはじめ、東北鉄道協会会長を務める津軽鉄道㈱澤田長二郎、八戸臨海鉄道㈱田村幸雄、岩手開発鉄道㈱須藤薫、仙台空港鉄道㈱齊藤進、仙台臨海鉄道㈱横田重雄、阿武隈急行㈱佐藤幸男、福島臨海鉄道㈱河野志郎、会津鉄道㈱大石直、秋田内陸縦貫鉄道㈱若杉清一の面々。

望月は宮古からの長距離バス。０泊３日の強行だ。作業服のまま、ひげは伸びほほもこけていたが、目は力強く光っていた。

望月は、久保鉄道局長に必死に訴えた。どのような現場の状況か、地域の希望のためには不可欠な鉄道、そしてそのためには補助率の引き上げが欠かせない、と力説した。

久保は「今回の被害は特別であり、まさに未曽有。国交省としても復旧に向けて最大限の努力をしたい」と答えた。望月には何にも代えがたい言葉だった。

その後の望月の交渉、国への要望は鬼気迫るものがあった。

５月17日。岩手県選出の国会議員である平野内閣府副大臣が宮古を視察。案内した望月に「状況はわかった。出来る限りのことはする」と答えた。

5月22日には枝野官房長官が来た。島越駅の破壊現場を説明し、官房長官は「よくわかった」と明言した。

6月16日には、鉄道・運輸機構の石川裕巳理事長が視察した。石川理事長は「国の支援が決まったら、機構としては全面的に協力する」と力強く言った。被災地全てが膨大な復旧工事の最中にあって、工事の進行には欠かせない後押しの言葉でもあった。

7月23日には大畠国交大臣と久保鉄道局長。

10月6日には国土交通委員会一行が視察。伴野委員長は、「大変でしょうけど、とにかく頑張っていただきたい」と温かなねぎらいの言葉を送ってくれた。

翌10月7日には、民主党岡田前幹事長などが訪れた。八戸市の小林市長は、「三鉄が進めている地域応援企画『駅―1グルメ』に八戸も参加させてください。一緒に盛り上げていきましょう」と熱いエールが寄せてくれた。

多くの応援者、支援者が次々と被災地を視察。望月はその都度時間の許す限り丁寧に案内し、現状を訴えた。

多くの犠牲者を出し、生き残った人たちのニュースが溢《あふ》れる中、三鉄は前向きな情報を発信し続けた。それが地元の人たちにも励みとなり、やがては〝復活への希望〟へとつながっていった。

国交省ばかりでなく、財務省や復興庁の担当者もそれぞれが「三陸鉄道は地域の全体の復興のシンボル。国も全体で支援しなくてはならない」というムードが広がった。

11月21日。「国と自治体が2分の1を負担。被災している自治体は当然苦しいので復興特別交付税を充てる」ことで決着がついた。

望月の「必ず復活させる」と言う強い決心が国を動かした。

こうして、震災から8カ月で、望月の方針は実現することとなった。3年後の全線再開へ向けて、社員総力戦の復旧へと向かっていくのである。

国交省は、6月29日「がんばろう三鉄の集い」を行った。三鉄ばかりではなく、岩手沿岸の多くの被災者の方々へ前に向かって進む勇気を届けたいとの思いで企画された。東北運輸局鉄道部の職員も総出でこの企画をサポートした。慣れない緻密な段取りのため、徹夜も厭わないほど徹底して準備に取り組んだ。

ゲストは豪華だった。杉良太郎・伍代夏子夫妻、瀬川瑛子、山本譲二、スピードスケートの清水宏保。被災地支援には多くの芸能関係者、文化人、ミュージシャンが慰問をしているが、これほど豪華な布陣はこのエリアでは貴重なことだ。

三陸鉄道宮古駅前にある市民広場には、避難所からも多くの住民がかけつけた。正午の開幕にも関わらず、早朝7時には準備した客席の半分が埋まっていた。大半がご高齢の方々。この日は大変暑い日だった。待っている人たちの体調を心配し、三鉄職員と市民有志がそのケアに奔放した。10時には３０００名を超える観客で駅前が埋まった。宮古市始まって以来の人出であった。

東北鉄道協会の幹部も集結した。各鉄道会社が趣向を凝らし、自慢のショーを繰り広げてくれた。津軽鉄道のアテンダントの津軽弁によるパフォーマンスは会場一杯に笑いを広げ、震災後初めて「笑い」が町中に響いた。

東北鉄道協会の澤田会長は「三鉄の復活は私たちにとっても希望。お互い小さな鉄道会社だが、手を取り合って頑張っていきたい」と我が事のように感涙していた。

この頃のことを、岸谷はこう語っている。

「望月さんは発言にブレがなかった。媚《こ》びるでもなく、おもねることもなく、一心に沿線住民とその置かれた地域的な環境を、繰り返し述べていた。休みなしの状況で身体的にはツラかったと思いますが、とにかくパワフルだった」

沿線各市町村長に復旧計画の道筋を伝える。

国を動かすためには、まず地元の思いをひとつにしなければならない。4月18、19の両日、望月は動いた。三鉄沿線8つの市町村長を個別に訪問し、自らの復旧プランを明言し、了解を取り付けるためだった。

8つの市町村とは、宮古市、大船渡市、久慈市、釜石市、岩泉町、田野畑村、普代村、野田村。いくら国が支援するといっても、現行の補助率が適用されたままでは各自治体に負担がかかる。それを嫌う自治体があれば、地元が一枚岩となっている姿を国に伝えることができない。伸《の》るか反《そ》るか。望月はそれぞれの長に3つの項目を掲げて、内諾が得られるよう、説得した。

①3年以内の全線復旧を目指す。
②被害の大きさや工事の難しさに応じて、3期に分けて復旧させる。
③ルート変更はしない。

すでに北リアス線では部分開通を実現していたから、南リアス線管内の大船渡市や釜石市の市長も望月の言を力強いものとして受け取った。

(上写真) 4月14日、東北鉄道協会に所属する9社の社長と共に国土交通省へ要請する。後列、右から3人目が望月社長。(下写真) 5月9日、沿線の8市町村長と共に達増岩手県知事へ「緊急要望書」を提出する望月社長

「で、沿岸市長村長の総意を取りまとめた後には、また上京なさるのですか」

「いいえ。県知事の元に参ります。順序と筋道を間違えてはいけませんので。まずは県知事に会います」

最終的にこの総意は、5月9日に、8市町村長と三陸鉄道による連名にて、岩手県知事に「三陸鉄道の復旧に関する緊急要望書」として提出した。

久慈から宮古へ。深夜の車両移送作戦。

沿線の学校が新学年新学期を迎えたのは、ゴールデンウイーク明けだった。通学時の朝便、宮古へ到着する車両は、高校生が増えたことで立錐《りっすい》の余地がない状態となった。宮古〜小本間には1車両しかない。そこに多い時には150名近くの乗客が都会のラッシュ並みにすし詰めとなった。

「体調が悪い」と、青ざめた表情で列車を降りてきた乗客もいた。早急に手を打たなければならない。

5月26日。県の支援を得て、久慈の車両基地から2両を移すこととなった。大型のトレーラーが準備された。2台のクレーンが前後左右のバランスを取りながら、ホームから少し離れて止められた車両を慎重に持ち上げる。その作業は日中に行なわれた。

久慈と宮古がレールで結ばれていれば、移送も簡単だが、寸断された状態ではトレーラーに載せて道路を走らせるしかない。

久慈の車両基地から宮古への車両移送。夜中、45号線で移動。翌朝、宮古の北1kmの所で2台のクレーンにより再び線路に設置された

22時から明朝4時半にかけて、三陸鉄道の車両は深夜から未明の国道45号線を移動した。宮古駅近辺では車両を持ち上げてレールに下ろすという作業が困難なため、北に1キロほど離れた広がりのある場所がトレーラーの停車位置に選ばれた。

1両ずつ、日を分けて行なったため、作業は28日までに及んだ。

2両が加わり、宮古〜小本間には計3両が配備された。これならば、混雑が予想できる時間帯には2両連結で走らせられる。仮に1両が定期検査などで運行不能となっても支障はない。

南リアス線、瓦礫撤去。自衛隊による「三鉄の希望作戦」。

北リアス線は着々と目に見える復興を続けていたが、南リアス線はいまだ手つかずの箇所が多く、面々の意気は上げようにも上がらなかった。

信号や踏切要員の助勤《じょきん》として北リアス線に赴いた時は仕事を得た充足感に浸れるが、また盛に戻ってくると悶々《もんもん》とする。その繰り返しだった。宮古や久慈で勤務する者と、南リアス線の面々との間には明らかに気持ちの温度差があった。

5月末、岩手県知事は自衛隊に出動要請をした。「南リアス線一帯の瓦礫撤去」。そのお願いだった。

自衛隊の動きは早かった。東北方面隊第9師団第9施設大隊が任務にあたった。大隊長は花巻市出身の畠山二佐。その他にも岩手県出身の隊員が多く在籍していた。「高校時代は三鉄を利用して通学していた」という人もいた。

延べ2000人が瓦礫撤去を進めた。これは「三鉄の希望作戦」と命名され、3週間で南リアス線の線路上すべての瓦礫をクリーンにすべく、動いた。

6月17日。作戦は2週間ほどで完遂した。それを聞いて、望月も南リアス線の面々にもまさに〝希望〟が芽生えた。甫嶺駅で作戦終了のセレモニーが行なわれた。

翌日、南リアス線運行部長 吉田は、盛勤務の社員を集めて言った。

「北には遅れましたが、我々の復旧にも筋道が見えました。まだまだ長い道のりですが、心を折ることなく、その日に向かいましょう」

スタッフの中には「南リアス線は見捨てられているのではないか。このまま廃線の憂き目を見るのではないか」と大きな不安を抱えている者が少なくないことも察知していた。

皆の顔に赤みが差した。

〝奇跡の車両〟3カ月半ぶりに鍬台トンネルを出る。

南リアス線は、震災以前は4両の車両を有していたが、そのうちの3両は盛駅周辺の浸水によって機器が故障し、しかるべき時期に廃車にするしかない。

残りの1両は、震災当日から鍬台《くわだい》トンネル内に停車したままだ。鍬台トンネルは吉浜〜唐丹間にあり、全長は3906メートルに及ぶ。動かそうにもトンネルの外は瓦礫だらけで、なおかつレールも曲がっていたから、動かしようがなかった。

トンネル内は湿気も多い。その状況下で列車車両を放置したままであれば、錆、カビなどによって諸々の不具合を生じる。

この車両は、誰言うともなく〝奇跡の車両〟と呼ばれるようになった。地震の後の緊急停止が1分でも遅ければ、この車両もまた瓦礫となっていただろう。トンネルを出た進行方向前方270メートルに架かっていた荒川橋梁は津波で崩落したからだ。

南リアス線の運転総括 熊谷松一は、週に一度のペースで、トンネル内に取り残された車両の保守点検に通った。車でトンネルの外の道路近くまで行き、そこから2キロ近い暗闇の中を歩いた。ヘルメットにヘッドランプを付け、ドライバー、スパナ、雑巾を数枚。それが熊谷の出で立ちだ。車両は、鍬台トンネルのほぼ中間部に停まっていた。車輪の前後には〝転動防止〟のためのストッパーが付けられている。

保守点検の作業は、熊谷ひとりが当たった。

外部からの音は一切届かない。エンジンをかける。エンジン音がトンネル内に静かに響く。車両は目覚め、自身の冷えた身体を温めていく。週に一度のルーティンワークの始まり。回を重ねるたびに、熊谷は相手が車両という機械ではなく、生きた動物のように感じていった。

動物園の飼育員か、サラブレッドの厩務員のように、心の交信をしながら、隅々まで状態をチェックした。熊谷はいつの間にか、目の前の車両を擬人化、擬動物化させていた。車両は「取り残されはしたが、見捨てられたわけではない」と熊谷の訪問に安堵した。少なくとも熊谷はその架空の対話を、保守点検作業中の拠りどころとしていた。

車両内はうっすらとカビ臭かった。風を通すべく、前後の乗降口を開放した。とはいえ、トンネルの奥深くまで、吹き抜ける風はない。気休めではあろうが、車両が深呼吸するように思えた。

車両内部、ボディの外側、運転台、エンジン。それらを順に雑巾で乾拭《からぶ》きする。あの日以来走っ

鍬台トンネル内に停車した「奇跡の車両」。3月11日に、トンネル内にとり残されて以来、6月24日に「救出」されるまでの3カ月半、1週間に1度の割で、熊谷はこの「奇跡の車両」のメンテナンスに通うことになった。このていねいな"世話"によって、「奇跡の車両」は全線再運行後も、元気に活躍している

ていない車両のエンジンには、予想よりも多くのカビが広がっていた。

「この1カ月、1週間、何か変わったことはあったかな」

車両が熊谷に話しかける。

「南リアス線の線路上の瓦礫がすべて撤去された。レールはまだ曲がっていたり、流されたままの部分もあるけれど、確実に一歩前進したよ」

「ここに来る日以外、あなたは何をしているんだい」

「宮古や田老に助勤に行った。被災地フロントライン研修というプロジェクトの案内人も務めたよ。手が足りないらしいんだ。慣れない仕事だからね、最初は緊張したよ。説明するにしても、足が震えるくらいにね。それでも会社のため、沿岸の被災者のため、それを知り、支援しようとする人のためにガイドをしていると思うことで、その仕事にも誇りと自信が持てるようになった。添乗員資格は持っていたから、それに当たれたんだ。最近では新たに南リアス線の運転士たちも添乗員資格の取得に向けて勉強しているよ」

「私の仲間たちはどうしてる」

「盛の車両基地にいるよ」

「みんな、もう〝ダメ〟なんだろ」

「病床にある、というところかな。けれども新しい命も吹き込まれるさ。新しい車両が導入される。きっとそうなる」

「イノチというものは、つながっていくものだからね」

「生かされている者は、生き続けていくことだけを考えればいい」

「それが残された者の唯一の使命だからね。私もここから出られる?」

「レールの補修が隣駅まで完了すれば、そこまでは行けるだろう」

熊谷は雑巾がけを終えた。

「もうすぐだから」

乗降口の扉を閉め、熊谷はトンネル内を戻る。外の光の穴が、一歩ずつ大きくなっていく。

〝奇跡の車両〟は6月24日に鍬台トンネルから出された。〝あの日〟から3カ月半が経っていた。

運転台には震災時にハンドルを握っていた休石運転士が座っていた。車両は吉浜駅のホームに停められた。三鉄開業時から走り続けてきた車両、これもいわば1期生。熊谷もまた、同じ1期生だ。

熊谷はしばしの時を共に過ごした〝同僚〟の生還に、感涙を隠せなかった。

熊谷松一、原因不明の病に倒れる。北リアス線運転士 下本にも異変。

7月に入り、宮古からの助勤を終えて盛に戻ってくる車中、熊谷は視界に異変を感じた。立体物の輪郭が滲《にじ》み、ブヨブヨと不規則に動いた。震災時の盛駅前に押し寄せた水のように。

その水は、涙だった。悲しいわけでもないのに、目からは洪水が溢れ出た。痛みはない。車を路肩に停め、しばらく目をつむり、それでも瞼《まぶた》を押し上げて流れ出てくる涙をハンカチに浸み込ませるように拭いた。

5分ほど、その場所に留まった。涙は止まった。ハンカチはぐっしょりと濡れていた。

「おかしい」

熊谷は思い至る原因がわからないまま、またハンドルを握った。

翌日。盛の運行本部での朝礼の席で、別の異変が起こった。ほんの数分立っているだけなのに、身体中の力が抜けていくのを自覚した。涙は出ず、目まいもしていない。吐き気もない。頭も痛くない。ただ、立っていられない。

その場にしゃがみ込んだ。吉田が朝礼の進行を止め、熊谷を気遣った。

「すいません。大丈夫です」

熊谷は椅子に座り、変調が通り過ぎていくのを待った。ほどなくして立ち上がったが、筋肉というものが丸っきり機能していないような、フワフワした、床から浮き上がっているような感じは消えなかった。

北リアス線での助勤は多忙を極めるという類の仕事ではない。きっちりとローテーションも、時間のシフトも定まっている。肉体的に無理を強いられることもない。

しかし、そうであるがゆえに不気味だった。精神的な疲労。それを考えた。そして、否定した。

「社員には家や車を流された人。義父を亡くされた人。友人知人にまで広げれば、間違いなく全員が何らかの喪失感の中で日々を過ごしている。自分は家も家族も無事。落ち込んでは申し訳ない。何ひとつ心を病む要因はない」

熊谷は8月の1カ月間、自宅療養を願い出た。吉田はその届を受け取って「リラックスして休んでください。とにかくリラックス、リラックス」と言って、笑みを向けた。

心の作用による異変に見舞われた社員は、熊谷だけではない。

南リアス線の運転士 下本は、震災後、奇妙な状態に陥った。

海産物を一切食べられなくなった。魚は、刺身はもちろん、煮物、揚げ物、すべてダメ。鱗のないイカ、タコの類もダメ。貝もダメ。ワカメなどの海藻も、蒲鉾《かまぼこ》などの加工品も受け付けない。仮にひとつの皿や椀にそれらのものが他の食材と混じっている場合は、魚介類だけを時間をかけて除いてから食べた。明らかに精神的な何かが関係している。

家族は、食卓での下本のこれまでにはなかった行動を前に言葉を飲み込んで、彼用に別の献立をこしらえた。

下本の〝症状〟は震災後2年以上に及んだ。

時計の針をその先に進めて、下本の食癖が治ったきっかけを記しておきたい。

２０１３年の春、宮古本社の別室で、恒例の社長面談が個別に行なわれた。これは望月が就任以後、年に一度「社員の思うところを聞いて、相互理解を深める」ためのもの。下本に対した望月は、諸々の労をねぎらう言葉をかけた後「震災以降、魚介類を口にできない」という下本を慮った。

望月は言った。

「釣りに行ってみないか」

下本に釣りの趣味はない。それでもモヤモヤした気持ちを酌んで誘いの声をかけてくれた望月の気配りがありがたかった。

「来月にでも行こう。釣りはいいぞぉ。竿《さお》を垂らしている時は、多忙をしばし忘れて、穏やかな気持ちになれる」

「は、はい」

下本は唐突な誘いに戸惑いながらも、翌月の休日を社長と合わせた。

望月は震災後2年ほど、釣り道具を封印していた。多くのものを飲み込み、破壊した海と対峙することは辛く、ましてや悠長に釣りを楽しむ心境にはなれない。望月ばかりではなく、釣り仲間の大半がその思いを共有していた。

しかし、沿岸部には釣り宿専門の遊漁船や、漁師のサイドビジネスとしての釣り船もある。

「客が来なくて困ってるんだ」と、馴染みの釣り具店店主のうなだれた声も耳にした。

「そろそろ、解禁するか」

望月は、下本の相談と時期前後して、釣り具を引っ張り出した。

某月某日。普代近海の釣り場に行った。同じく釣りを趣味とする及川と草野も同行した。早朝から長時間いたが、下本が釣ったのはカレイが一匹。帰る段になって、草野が自分の冷蔵ケースの獲物をバサバサと下本のそれに移した。

「これ、持って帰って。魚をさばくのも釣りの延長線上にある楽しみ。家族で食べなよ」

草野がそう言い、望月も及川も微笑んだ。

帰宅した下本は家族の前で、氷を詰めたケースを開き、伸びのある声で言った。

「これ、煮るか焼くかして、一緒に食べよう」

今度は家族がポカンとした。

その日の夕食から、下本の舌は憑き物が落ちたように海産物を受け入れた。

その後は釣り道具一式を買い揃え、今では事あるごとに望月に「釣りに行く日」を尋ねるほどにハマっている。

被災地フロントライン研修。

震災の現場を知っていただきたいとの思いから。

宮古本社の1階には「三鉄ツーリスト」という名の旅行代理店があった。三陸鉄道を使っての旅を企画運営するだけではなく、沿線住民の方々の遠方への旅行のプランをサポートし、添乗同行もしていた。

しかし、震災以降しばらくは旅どころではなくなった。三鉄ツーリストは看板だけを残してやむなく休業となった。

三鉄ツーリストのマネージャー成ケ澤亨は、宙ぶらりんの立場に追い込まれた。望月の「正社員をリストラすることはない」との方針に甘んじているわけにはいかない。成ケ澤は自らの居場所を模索した。

4月に入り、1日には久慈から陸中野田間をそれまでの3往復から5往復へと増便した。11日には運転スピードを時速25キロから45キロへとアップ。久慈から陸中野田間をさらに上下線とも1便増やし、6往復とした。宮古から小本間も4往復のダイヤとなった。

東北から遠く離れた地方にも三鉄の部分復旧のニュースのあれこれが知られたのか、ポツポツと本社に問い合わせの電話が入るようになった。主に全国各地の議会や行政関係者、大学の研究者などからのものだ。

「沿岸の被災地の現状をある程度まとまった人数で巡ってみたいのですが、交通手段の確保や宿の手配などはできますでしょうか」

それが問い合わせの大筋だった。いつ襲って来るやもしれない首都直下型地震や南海トラフ地震などへの備えとして、研究調査のため現地をつぶさに視察したいとの意向を先方は真摯に話した。決して物見遊山の動機ではないと成ケ澤は感じ取った。

それと時を同じくして、三陸鉄道総合企画アドバイザーの草野が、ある草案を開陳した。草野は福島県の出身。東京の大手広告代理店に長く勤務し、そのカンパニーの東北支社長などを歴任した。岩手県に関連するイベントでは「三陸海の博覧会」「宮沢賢治生誕100年事業」などを次々と成功に導いた企画マンであり実行者だ。

その草野の発想から生まれたのが「被災地フロントライン研修」。岩手県の沿岸部、南は陸前高田、北は久慈あたりまで、視察申込み団体の要望によるオーダーメイドのコースプランに沿って、それを三鉄スタッフが現地コーディネーターとなって案内するという内容だ。

たとえば、スタートは花巻空港でも、新幹線利用ならば盛岡駅でも一ノ関駅でもかまわない。マイクロバスで迎えに行き、沿岸部を巡る。基本は1泊2日。もちろん無料ではない。

草野はまず、岩手県の観光課に企画を説明に行った。

「被災地を商品にするのではなく、またいつ起こるやもしれない〝備え〟の心構えの一環として実施する。第一には三鉄社内に生じている余剰社員の救済。それにあたり、沿岸部を熟知している三鉄職員自らが案内して回る」

観光課サイドは快諾した。名称を「フロントライン研修」としたのは観光課の担当者藤枝修だった。

このプロジェクトに社内では強い異論も出た。

「被災地は観光地ではない」

「観光として案内するわけではない。ここで何が起きたのか、今はどういう状況なのか、これからどうすべきなのか、を広く、正確に知ってもらうことが目的だ」

「住民感情を考えてみろ。ずかずかゾロゾロと余所から人が入ってきて、無神経に写真を撮られて、被災地の人たちがそんなことを許すとは思えない」

「そのコントロールを三鉄のスタッフが受け持つんだ。案内も現地での説明も。いやそれ以前に沿岸部各地へこのプロジェクトの意味と意義を説明して回る」

「誰がその任に就くのか」

「三鉄ツーリストのメンバーと、旅客サービスの面々。足りなければ南リアス線のスタッフにも当たってもらってはどうか」

議論は沸騰した。

その丁々発止の中で、津波で実家が流出し、多くの知人友人をも亡くしていた田老出身の旅客サービス課長 赤沼喜典が、発言の声を大きくした。目は潤んでいた。

「こういう状況にある人間が、生半可な気持ちで余所さまに案内をすると思いますか」

赤沼の悲痛な声が、プロジェクト立ち上げに慎重なスタッフを黙らせた。

被災地フロントライン研修の1回目は5月2日に行われた。震災後2カ月に満たない頃だ。日本不動産鑑定士協会20名ほどからのオーダーだった。彼らはいわて花巻空港に全国各地から集った。三鉄社員の研修も兼ね、草野がガイド役となり、冨手と赤沼がアシスタント役として同行した。田老地区での赤沼のガイドは、被災者自らの語りであるがゆえに、参加者は涙なしには聞けなかった。

無事に第1回のフロントライン研修を終えた後、草野を中心に、被災地を巡る際の厳格なルールが取り決められた。

最終的には「自衛隊や警察車両、作業者を最優先すること」「記録撮影などを行なう際は住民感情に対して特段の配慮すること」など【視察の注意点とお願い】が明文化された。

現場での説明ガイドを、実地で何度か草野が受け持った後は、成ケ澤、赤沼、三鉄ツーリストの営業課長 三浦芳範、盛駅長であった金子ら、添乗員資格を有しているメンバーが現地コーディネーターとなった。

フロントライン研修は、2011年だけでも国内約2700名、海外からもおよそ300名が参加した。当初の予想をはるかに上回る研修申し込みにより、三鉄サイドのガイド担当者も順次増員された。

南北の運行部から、運転士なども駆り出されてその役目に着いた。運転士は概して口下手なタイプが多いのだが、いざフロントライン研修に携わると、口達者でなくとも被災地の切実さを懸命に伝えようとすることで、参加者は胸を打たれた。

後日、参加者からの感謝の手紙や、応援のメールが、毎日のように三鉄本社に寄せられるようにもなった。

このプロジェクトが幕を閉じた時が、三陸沿岸に真の復興が訪れた証となるかもしれない。それがどのくらい先のことなのか、今はまだ、わからない。

転んでもただでは起きない。
「復興祈願レール」即、完売。

話を2011年の夏に戻す。

7月に入って15日。三陸鉄道の株主総会の席で、望月は改めて復旧計画を提示し、県や沿線市町村からの了承を得た。

多くの個人や団体に支えられて、次々と明るい話題には包まれたが、いざ収益という点では腕組みをして考え込む状況だった。助けられることに甘えてばかりはいられない。画期的な打開策はないものか。運賃収入の著しい伸びには期待できない。運賃以外の何か。

「レール、販売しませんか」

宮古本社で雑談をしている折に、冨手が望月に持ちかけた。駅舎などの施設は三鉄の所有物ではなく、各自治体が保持している。しかしレールに関しては、三鉄の占有物。ねじれ曲がって使い物にならない区間のレールは、捨てる場所もなく保管されていた。

「鉄クズを売るのか」

望月が、道義的な観点から二の足を踏んだ。

「クズではありません。否応なく残骸物となっただけで、レールは鉄道の魂がこもったもの。鉄道のマニアからは垂涎《すいぜん》の品なんですよ。普通は、廃線になった鉄道路線からしか供給されないもの。私なら、買いますね」

冨手がおっとりした口調で言った。自他ともに認める鉄道マニアである冨手は、その心情を吐露した。

望月は聞いた。

「島越と田野畑の間のレールは今どこにあるんだ」

「久慈の施設のほうで管理していると思います。岡本さんに連絡すれば、どういう状況にあるかわかると思いますが」

冨手の言葉が終わるのを待って、望月は岡本への連絡を命じた。

「よし。売ろう。羊羹みたいに切って売る。手をこまねいてはいられない瀕死《ひんし》の赤字会社だ。

まさに切り売りしていくしかない。なりふりかまわず、やろう」

長さ10センチのものと、5センチの2タイプを販売すると決めた各限定100個。線路をそのサイズ、その個数に切断し、磨いたのは岡本をはじめとする施設の面々だ。

「何故こんなことをするのか」という質問は出なかった。窮地にあっては、ヤルシカナイ。もはや三鉄マンは、あうんの呼吸で動いていた。

木製の台座を個数分つくり、ラッカーを塗り、シリアルナンバーを刻印し、レールと台座とを強力接着剤で接合した。これらも社員が手分けして行なった。

「ウチってホントに鉄道会社なんですかね」

誰ともなしに、冗談交じりのボヤキ声。

「何でもやれることはやらなきゃあ生き残れない会社」

釜石駅長から企画担当課長補佐へと肩書きを移した菊池弘充が笑い声で返す。

モノは揃った。8月26日の午前、ホームページに「復興祈願レール」の品名で販売を告知した。夕刻までの折々に注文数をチェックすると、20数個の申し込みがあった。

「なんとか1カ月ぐらいの間に完売するとうれしいね」

菊池弘充は自分でもやや楽観的かなと思いながらパソコンを閉じ、社を後にした。

翌日は土曜日で、社員の多くは休みだったが、当番の菊池弘充はパソコンでの注文カウント数が106件となっているのを見て、同じく当番出勤の村上にその事実を伝えた。

「それはスゴイ。ありがたい。週明けにさっそく発送準備をしよう」

そのやり取りが終わるか終らないかのうちに、4回線ある社の電話が途切れなく、鳴った。

村上と菊池弘充は対応に追われた。東京、京都、鹿児島……。電話での問い合わせは全国から寄せられた。ふたりで４回線へ対応するには限界がある。掛けてくださっている方々をお待たせするのも申し訳ない。村上は、休暇を取っていた坂下に手助けを頼んだ。坂下は電話口で「えっ」と意外な声を発した後、「わかった。凄い反響だな。すぐに行く」と電話を切って、援軍に来た。

その日の午後は３人とも「すいません。販売開始から24時間で完売となりました」と電話の向こうの見えない相手に頭を下げていた。

月曜の朝、望月は〝完売〟の報告を聞いた。額にして８００万円分を瞬く間に売り切った。購入の主な層は、遠方の60代以上の方々だった。「以前三陸鉄道に乗って沿岸部を観光したことがある。何とか、直接三鉄さんを支援したかった」という理由が多かったという。

その後、「復興祈願レール」第２弾発売を心待ちにする多くの人々のリクエストに押されて、翌年に至るまで数回にわたってこの物販企画は続いた。その際のレールは、南リアス線のものが使われた。当然のことながら、商品は前回同様にマニュファクチュア方式で作成された。

三鉄マンは逞《たくま》しい。転んでもただでは起きない。

国の第三次補正予算、可決成立。復旧への力強い加速。

10月21日、岩手県の９月補正予算で、三陸鉄道復旧経費５億７５００万円が計上された。それから1カ月後の11月21日には、待望久しかった国の第三次補正予算、三鉄復興経費、３年間で最大１０８億円が可決成立の運びとなった。

そこにはこんな文言が記されていた。

●復旧費が鉄道の年間収入を上回るような大規模な災害で、経営のたいへん厳しい鉄道の復旧に対し、現行の支援制度とともに、追加的な支援を行う。
●復旧に際し、自治体が積極的に関与する支援制度とし、地域の足を維持する姿勢を明確にすることで、鉄道事業者の負担を極力なくすとともに、自治体の負担軽減を図る。
●【追加的支援】自治体が、被災した施設を復旧の上、保有した場合、国、自治体の補助率は補助対象事業費の2分の1ずつとする（なお自治体負担については、震災復興特別交付税により措置する）。

これには湧いた。とりわけ【追加的支援】の「自治体負担については、震災復興特別交付税により措置」の部分がありがたかった。これにより、県と沿線8市町村の負担額は大幅に軽減された。「沿線市町村長も胸をなで下ろしてくれるだろう」と望月は思った。

108億円という支援額は、当初の最大見積りの180億円には及ばなかったが「これで十分にまかなえる」と望月は踏んだ。

それにはいくつかの要因がある。

いち早く、線路状況調査や復旧工事を手がけたこと。資材や人件費が高騰する前に手を打ったことが活きた。自衛隊に瓦礫撤去をお願いしたことで、その費用がかからなかったのも大きかった。

「あとは、全線復旧に向けて邁進《まいしん》するだけだ」

その夜、望月は久々に深く眠った。

11月24日。鉄道・運輸機構の「三陸鉄道復興鉄道建設所」が久慈市に事務所を設けた。翌年4

月25日、釜石市に「三陸鉄道復興南鉄道建設所」が開所した。鉄道・運輸機構は、国の独立行政法人。この機構が全面的にバックアップして、三鉄が掲げる復旧計画を推し進める。

復旧計画は1次から3次。1次復旧は北リアス線の陸中野田〜田野畑まで。2次復旧は南リアス線の盛〜吉浜。3次復旧は北リアス線の田野畑〜小本と、南リアス線の吉浜〜釜石。

すべてがつながるのは２０１４年（平成26）年の春と定めた。その年は、三陸鉄道開業30周年に当たる。

「三鉄　震災学習列車」。あの教訓を語り継ぐために。

三陸鉄道北リアス線運行部に籍を置く二橋は、２００９年に久慈市の観光セクションに出向した。久慈市は教育旅行に力を注ぎ、沿岸市町村の中では群を抜いて教育旅行を誘致。観光客数を伸ばしてきた。そこで営業に力を発揮してきたのが二橋である。

大震災を節目に、二橋は三鉄へ戻った。戻ってすぐに教育旅行の誘致が不可欠として営業に取り組んだ。教育旅行は学校に働きかけてから、実現するまで3年以上を要する。そのため数年後の企画をしっかりと組み立てなければならない。

二橋は、久慈市時代の「体験型学習・キズナ事業プロジェクト」を活用し、学校関係、主に北海道に企画の変更を投げかけた。それは東日本大震災から学ぶ「震災学習列車」という企画だった。すでに三鉄は「震災フロントライン研修」と言う企画がヒットしている最中にあった。その企画と一線を画し、学生主体の旅行企画としたのである。

高校生を乗せた震災学習列車の車内（2012年10月19日）。左側で立って説明しているのが震災学習列車を企画した二橋。全線再運行後も、全国からの予約でいっぱいだ

２０１１年４月に会社に提案し、６月実施の運びとなった。第一号は、「キズナ強化プロジェクトアメリカ訪日団」の学生だった。海外からの学生が乗り込むことでニュースバリューが高まり、一気に話題となった。その後は北海道、札幌、旭川、小樽、登別などの中学生が次々と訪れ、一躍人気企画へと成長したのである。

二橋はその都度車中でマイクを握る。朴訥とした口調と、しっかりとした震災の説明は、学生たちの心に響き、真剣なまなざし、涙を浮かべる者、が常に車中に広がっていた。

そうした反響が口コミで広がり、開始から一年半で１７３団体、８０４６名もの学生を運んだ。東京や関西の首都圏はじめ、オーストラリアやニュージーランド、オセアニア、中国、台湾など各国からの参加者も増えた。

２０１２年６月には、南リアス線にも導入され、現在も人気企画として定着している。

支えられ、励まされ。キャラクター列車「てをつな号」。

新しい年、２０１２（平成24）年を迎えた。１次復旧計画のうち、野田玉川から田野畑間の工事は順調に進み、３月11日には試験運転を開始した。追って、被害の著しかった陸中野田から野田玉川間でも試験運転がなされた。

津波で壊された築堤は盛り直され、コンクリートで強化がなされた。

４月１日。陸中野田〜田野畑までの区間で運行再開。これによって、それまでは久慈からわずか２駅先までしか運行していなかった区間が、７駅先まで延びた。この日から、宮古から小本、久慈から田野畑で、画期的なラッピングがなされた車両が走り始めた。

「てをつな号」。これはNHKの人気キャラクター〝どーもくん〟などを手がけたアニメーション作家の合田経郎が震災後に立ち上げたプロジェクトの一環だ。

これには前年秋からのこんな経緯がある。

草野の元に、広告代理店ADKから連絡があった。ADKは草野が以前勤めていた会社だ。連絡をしてきたのは、かつての部下だった。

「世界の人気作家によるアニメキャラクターが復興を支援します。それらのキャラクターが手をつないでいる姿を車両にラッピングして走らせるのはいかがですか」

広告代理店が絡む場合、たいていはお金の話が付きまとう。それがビジネスであるから是か非かの問題ではない。草野は誰よりも身に染みてそれを知っている。元の部下からの内容説明にお金の話は一切出なかった。

「資金面の応援ではないけれど、住民への大きなプレゼントになる」

草野はそう直感した。望月にその提案の話をした。望月は即決した。断る理由は何ひとつない。

「被災者支援というとまず資金援助となる。それはそれでもちろんありがたいし、それがなければ始まらないのも事実だ。けれども、それだけでは解決できない問題もある。心。実際、震災以降、笑顔を浮かべることが少なくなった子どもたちも多いと聞いている。世界の人気アニメキャラクターが三鉄の車両にラッピングされれば、沿線の子どもたちを和ませることもできる」

望月の頭の回路は、たちどころに、そこに結び付いた。

「もし、版権ウンヌンということであれば、本来ならば何億、何十億の単位の話になりますよ。作家の方もよく承諾してくれましたね。合田さんのご尽力は並大抵のことではない。素晴らしい。

まさに夢の競演だ」

草野も、この人気キャラクター大集結の意義と、それに向けられた熱意に興奮した。

「夢、ではないよ。夢に人ベンを付けると、儚いという漢字になる。人の夢は儚《はかな》い。それじゃあダメだ。ここはやはり、希望というべきだろうな。希望の車両が走るんだ」

望月は、夢よりも力強い、希望という言葉を愛した。

「人気キャラクターが手をつないでいる姿を見てもらうことで、被災地の子供たちに元気になってほしい、笑顔を取り戻してほしい」との思いから、合田氏が各作家の承諾を取って実現させた全50体。公平性を保つため、全キャラクターを列挙しよう。

かめっ太、デイビッド、ももいろちゃん、灰色君、コリラックマ、うさじい、ケリー、チェブラーシカ、キイロイトリ、カピバラさん、モリゾーとキッコロ、モグ、モモ、チンチッチ、ミニオン、トロ、ラスカル、しまじろう、ブーフ、ケロロ軍曹、ミッフィー、ドラえもん、どーもくん、スヌーピー、バーバパパ、ピカチュウ、エルモ、ピングー、リサとガスパール、リラックマ、ミスター・ハッピー、リトル・ミス・サンシャイン、ペネロペ、まくまくん、きかんしゃトーマス、バブルス、ブロッサム、バターカップ、ブースカ、ジャッキー、チャッキー、モフィ、ヴォルク、こまちゃん、ウィッツィー、ラジボー、グランティ、たーちゃん。

これらの人気キャラクターが車両のボディに描かれた「てをつな号」の三鉄運行は、当初は半年の予定だったが、後にプラス半年の期間が延長された。

希望をラッピングして、車両は走った。子どもたちばかりではなく、大人も、老人も、その車両にしばし心を癒された。

6月19日。クウェート国からの支援により、三陸鉄道に新型車両が導入されることが決まった。

中近東の産油国クウェートは東日本大震災の復興支援のため、500万バーレルの原油を日本へと無償提供してくれた。それを現金化することで約400億円の復興資金が生まれた。日本赤十字を介して、被災した各県に予算が分配され、岩手県にはおよそ80億円が送金された。

「お金をばらまくのではなく、形に残るものにしたい」と知事は考え、三陸鉄道に12億円分の新型車両を、段階を追って提供することとした。1両の概算は1億5000万円ほど。計8両。

一方では、震災時に南リアス線 盛駅の車両基地で水をかぶった車両3両が、この年の秋に廃車措置となった。2013年2月中旬頃までには新型車両の導入がなされる、4月上旬には部分運行が始まることも決まっていたとはいえ、盛運行部の面々は基地倉庫内で解体されていく一部始終を見届けながら、万感胸に迫る思いだった。

特別な〝お別れ式〟はなく、開業以来苦楽を共にしてきた車両はスクラップと化した。この時点で南リアス線の管内に残された車両は、吉浜駅に留め置かれた1両のみとなった。

12月15日、北リアス線の久慈駅から、2年ぶりに「こたつ列車」が運行した。前年は陸中野田までの短い区間しか開通していなかったため運行を見合わせていた、三鉄の冬恒例のイベント列車。この日から2013年3月末までの土日祝日、掘りごたつ式の12卓が施された特別仕様の車両が久慈〜田野畑間を往復する。予約制で片道約50分。田野畑での停車時間15分を加えれば、2時間ほどの異空間を楽しめる。

「泣ぐ子はいねがー。怠け者はいねがー」

鬼の面をかぶり、蓑《みの》をまとい、厚紙に彩色した出刃包丁を振りかざし、〝なもみ〟が車内を練り歩く。なもみは秋田県の〝なまはげ〟とほぼ姿を同じくする、岩手県沿岸北部の小正月の伝統行事。なもみの語源には諸説あるが、「怠けて囲炉裏にばかりあたっているとスネが赤くなるこ

2004年から始まった三鉄の冬の名物「こたつ列車」内での「なもみ」のパフォーマンス。この列車も、2012年12月15日から久慈—田野畑間で再開した

とを指す、この地方の方言」によるものとの説が有力だ。

三陸鉄道のこたつ列車で〝なもみ〟の演出をするのは、久慈市の宇部松蔵率いる観光協会所属のボランティアの方々。宇部は「なもみを守る会」の会長である。素顔は好々爺そのままの優しさに溢れている。

「待ってたよー」

こたつ列車と〝なもみ〟は、分かちがたく、つながっている。鬼の面をかぶった姿に幼子は泣き叫ぶが、大人たちはそれをあやしながら、おおらかに笑っている。

こたつ列車の利用客は沿線住民の方が多い。仮設住宅で暮らしている人もいた。

「友だちや家族で乗るんだぁ。これ乗らねえと冬が来た気がしねえでなぁ」

1卓に4人が収まる掘りごたつの天板の上には、ウニ弁当やお酒、ペットボトルのお茶、煎餅などが広げられている。弁当は予約制だが、自前で飲食物を持ち込むのも自由。

日常を離れてわずかの時間でも心を解放するのが旅の目的とするならば、遠くに行かなくてもそれは可能だ。沿線の人たちは「待って」いた。遠くへ行く、日常をしばし忘れることを待っていたのではなく、むしろ震災以前の「日常」に、たとえ2時間でも立ち返ることを待っていた。再開されたこたつ列車内には「失われた日常」があった。弁当を頬張り、お酒を傾け、笑い、語り、温もる。それが本来の、三陸鉄道沿線住民の冬の風物詩。

旅は、出発点に帰ることで完結する。行ったきりで戻らないのは、旅ではなく放浪という表現が適切だろう。三陸の人々は、放浪を求めてはいない。三鉄の復旧は、失われた日常を探し求める人たちにとっての回帰の場所となる。三鉄こそが、沿線の人々の心の内のホーム（家）なのではないか。

第3章

支援

「三陸鉄道を勝手に応援する会」宮古支部長 内舘義幸の献身。

困っている人を見たら助けずにはいられない。互助精神は自然に湧き上がり、復興のスローガンとなった。この章では、多くの人たちに支えられる三鉄の姿を記す。

2007年の春ごろ、盛岡駅前にあるメトロポリタンホテル盛岡の営業石川紀文から草野悟に話があった。「山口さんが今度三鉄の社長に就任する。それで集まって応援できるかどうか相談したい」

草野を含む仲間7名がホテルに集まった。

企画畑の草野は「単なる応援の会では長続きしない。沿岸は過疎化が進み経済も疲弊している。三鉄応援もそうだが、沿岸全体の応援としないか」と切り出した。

異論は全く出ない。JR東日本の取締役盛岡支社長の荻野洋が賛同した。荻野は常にユニークな発想で岩手県での人気が高い。

盛岡の奥座敷、繋《つなぎ》温泉の旅館「四季亭」の女将 林晶子が言った。

「それでいいんじゃない。会長は草野さん、ヨロシクね」

その一言で会長が決まった。会の名称は「三陸鉄道を勝手に応援する会」とした。「勝手に」の意味は「みんな個性的な人間の集まりだから、統一行動なんてできない。勝手にやろうよ。何かあれば言って」という大らかなものだ。

草野が県のコーディネーターとして宮古の三鉄に派遣されたのは2008年4月。そこから「寿司居酒屋うちだて」と交流が始まった。内舘はすぐに会の方針に納得し、「宮古市民ももっと三鉄を応援するべ」と立ち上がった。

震災前から「三鉄あらさがしツアー」や「石川啄木の新婚旅行」などを企画し、マスコミにも度々取り上げられ人気の会として成長。やがて70名ほどの会員数に膨れ上がった。

三鉄の本社は宮古。「うちだて」が三鉄の社員食堂兼酒場になるのは自然の流れだった。毎夜、内舘親方の熱い話に話の花が開いた。

内舘義幸は宮古の出身。ヤンチャが過ぎて地元の商業高校を横に出て、つまりは中途退学して、関東で寿司職人としての修業を積んだ。手に職を付けて宮古に戻ってきたのは、偶然にも三鉄開業の年だった。店はいつしか三鉄の第2会議室の様相を呈した。小難しい話をするわけではない。

「どうやって三陸を元気にするか、三鉄を面白くするか」

全員自腹での冗談話で、夜の片隅を明るくさせる。

「どうしたもんかねえ、かあさん」

内舘義幸は、妻の美和子に向けて言った。震災2日後。店の前には押し流されてきた泥だらけの車や自転車がバリケードとなって、店主夫妻すら入れない状態となっていた。

「どうもこうも、とりあえず命があるだけでありがたいと思わなきゃ」

気丈な言葉に夫は励まされ、店の入り口を塞いでいる車のボンネットを乗り越えて、店内に入った。水はカウンターを越えたことが明らかにわかる。壁の高い所に筋がついている。奥の小上がりの畳も、ぶよぶよでもはや使い物にならない。営業の再開までどれほどの日数がかかるか見当もつかない。日数というレベルではなく、数ヵ月か、もしくは廃業か。内舘は途方に暮れた。

「かあさん、家に米はあるか」

「ああ、もちろん。米のストックは十分あるサ」

夫妻の自宅は津波の難を逃れた地区にある。この、手の付けられない店の状況下、自宅を拠点に、内舘はある考えを巡らせていた。

「三鉄の連中はどうしてるかねえ。避難所にいる人たちに食べるもんは行き渡っているんかねえ」

内舘は、顔を上げて妻に話しかける。妻は夫が何を思っているのかをすぐに理解した。

店の再開がままならない中、内舘が会長草野に相談した。

「仕事はできない。三鉄も市民も食べ物が無くて困っている。俺が寿司握るから材料を調達して欲しい」

草野は即座に呼応した。友人でもある会員の高舘信雄は、盛岡市に隣接する矢巾町の農家だ。彼は矢巾町産の徳丹米《とくたんまい》を差し入れてくれた。会の資金でスーパーから諸々の材料を仕入れ、その米と一緒に内舘の自宅に運んだ。

三鉄職員が必死で瓦礫撤去やら鉄路修復を行なっている。けれども食べるものはままならない。それならまず三鉄職員に寿司を配ろう。調理場は三鉄の2階の会議室に決まった。時には内舘の自宅も調理場となった。

被災した内舘の重い気分を少しでも和らげようと軽口にまぶし、米袋を抱えて訪れた会のメンバーもいる。魚や野菜、ペットボトルの水を持ってきてくれる人も続々現れた。大型の炊飯器も運ばれてきた。内舘の自宅には1升釜が5つ並んだ。

いっぺんに炊飯器のスイッチを入れると、ブレーカーが飛んだ。夫妻は夜を数時間単位に分け、炊飯のタイミングをずらしながら、明け方近くまでそれにかかりっきりとなった。ひと晩で１斗分。

内舘は自慢の腕で寿司を握り、巻物を次々と作った。望月社長以下社員は満面に笑みを浮かべて食べた。カップラーメンとおにぎり主体の毎日から、贅沢な寿司である。同時に、宮古駅に集まる被災者にも配った。下を向いて、うつむいたままの老人が寿司の入ったパックを手にとり泣いていた。

やがてその噂が広がり、あちこちから出前寿司の依頼がきた。寿司ネタにもっとも協力してくれたのは、マックスバリュー岩手の内田和明社長だった。冷凍庫のマグロはじめ様々な食材を何度も提供してくれた。車一杯に寿司ネタを積み、盛岡と宮古の往復は10回を超えた。宮古市民有志も、米などの材料を提供してくれた。津波で生鮮食品がない中、新鮮な魚の寿司はどこでも大人気だった。

こうして移動寿司店「うちだて」は「三陸鉄道を勝手に応援する会」として被災地を回った。その応援に三鉄望月社長ほか菊池、村上はじめ多くの社員が協力した。会とともに三鉄が地域の炊き出しや物資支援に回ったのである。

内舘は行く先々で被災地の情報を入手できた。客であり被災者であり、友人である仲間が正確な情報を伝えてくれた。そんな中、会の本拠地である盛岡には多くの支援物資が集まっていた。

会員の林晶子がいる「つなぎ温泉女将会」の倉庫は、全国からの支援部物資で満杯になった。盛岡の熊ヶ井旅館の女将熊谷晴子もまた会の応援者。熊ヶ井旅館に集まる支援物資は、会員の竹田英史が社長を務めるバス会社の倉庫へと運び込まれた。

その物資をどこに配るか、情報は内舘から流れてきた。もっとも困っている場所はどこかと情報を集め、そこへ盛岡から大きなバスで物資を運んだ。その都度多くの会員が参加した。前副知事の竹内重徳、IBC岩手放送社長の阿部正樹、高舘、商品開発コーディネーターの五日市知香、林晶子、繋温泉の女将全員。熊ヶ井旅館の若旦那熊谷大輔夫婦、NHK盛岡放送局小松敬一、現岩手県知事夫人の達増陽子も毎回参加した。三鉄望月や社員もそれに加わった。宮古、田老、山田、大槌と、物資支援と寿司支援の交互支援を続けていった。

内舘の店は、旧知の人たちから調理台など店の備品の提供を受け、内装のクリーニング、小上がりの畳の張替も施して、5月末に再開した。周辺の、2階に店を構えるスナックなどはぽつぽつと営業していたが、1階に暖簾《のれん》を出す飲食店では極めて早い営業再開だった。

「お客さん、来るかねえ」

妻は2カ月強のブランクと、いまだ震災の爪痕が消えない町の状況から、不安げに呟《つぶや》いた。「お客さんが来る来ないじゃなくって、開けてることが大切なことよ」

夫はカウンターの内側で、入口の引き戸がガラリと音をさせるのを待った。客は、来た。ヤケ酒ではなく、しおれうなだれて来るのでもなく、「これから復興に向けてどう進んでいくか」を口にする客が店の引き戸を開けてきた。

以来、「うちだて」にはこんなメニューが加わった。三陸鉄道支援セット。刺身、揚げ物、酢の物、締めには鉄火巻きが3つ。壁に貼られたその品書きの紙には「代金のうち、100円は復興募金箱にお入れください」と記されている。

2013年の時点で〝三陸鉄道を勝手に応援する会〟のメンバーは200名近くとなった。その職業は多岐にわたる。この会は名称こそ「三陸鉄道」と、固有名詞が付けられているが、正確なスタンスは「三陸鉄道を沿岸部のシンボルとしながら、広くこのエリアを盛り上げていこう」

というものだろう。

会長の草野は〝岩手県中核コーディネーター〟の肩書きも持つ。宮古支部長・内舘も、損得抜き、誰からも見返りを求めない無償の信念で動いた。

花は、花好きの庭に集まるという。「うちだて」に明かりが灯れば、人が集まる。物言いはぶっきらぼうだが腕の立つ料理人がいる店に、人は集まる。

甫嶺駅を10年間、毎日掃除した澤田夫妻に感謝状が贈られた。

南リアス線、甫嶺《ほれい》駅は湾を臨む無人駅。行政区分では大船渡市三陸町にある。ここにも三鉄を支えてきた人がいる。澤田長之進、タマ子夫妻。お生まれは昭和のひと桁。互いに甫嶺で生まれ育った同級生だ。

2000（平成12）年秋、大船渡市役所の職員が澤田家を訪ねた。甫嶺駅のトイレ掃除を委託するためだった。三陸鉄道の駅やホーム、トイレなどは各行政の所有物で、その清掃は市町村の意向によって行なわれる。

応対したタマ子は、長くは迷うことなく、委託を受けることにした。夫の姪が市の観光商工課にいた関係もあって、むげに断るわけにもいかない。

「まあ、1週間ぐらいは承りますよ。その間に別の人を探してけろ」

タマ子は市の職員にそう言って、軽い気持ちで始めることにした。

家の窓から甫嶺駅が見える。高齢の足でも2分も歩けば、ホームに続く階段に着ける。そこには桜の木が4本並び、春ともなると無人駅を明るく彩った。

地元の駅をきれいにする。それは決して億劫《おっくう》なことではなく、やりがいのある作業だった。ハナからトイレだけを掃除すればいいとの考えはタマ子にはなかった。駅の施設を、駅の周辺を、すべて手がける。その時間帯を細かく指定されたわけではなかったが、タマ子は翌早朝から箒《ほうき》、ちり取り、雑巾を持って、駅に向かった。当初は仕事の関係で携われなかった長之進も、その3年後からは行動を共にした。

朝一番の列車は、5時10分台には甫嶺駅に着く。震災以後は例外として、それ以前はダイヤ改正がなされてもほぼ同様の時刻。その時に駅を利用する人たちが快い気分でいられるようにと、夫妻は日が明けないうちからホームに立った。起床は毎日午前3時頃。いつしか、目覚まし時計をセットしなくても、その時刻になると自然に目が覚めた。

ホームには簡素な待合室があるが、飲み物の自動販売機があるでもなく、そこに空き缶やゴミが散乱しているようなことはない。ないけれども、夫妻は毎朝腰を曲げ、箒でわずかな土くれを掃き、雑巾で待合室の壁を拭き、本来の委託箇所であるトイレを念入りに掃除した。

「お父さん、今日はアワビの口開けの日やないんね」

「掃除が終わってからでも間に合う。まずはこれをやらんと一日が始まらん」

長之進の仕事は漁業。その口開け（解禁日）であっても、掃除をおろそかにはしなかった。

毎朝の一番列車の運転士や乗降客と短く言葉を交わすことが夫妻の楽しみとなった。それ以上に、運転士や客にとって夫妻の存在は欠かせなかった。三鉄の運転士は、甫嶺の駅に近付くと、いつしか短く警笛を鳴らすようになった。澤田夫妻への感謝を表すためだ。

2010（平成22）年11月17日の午後1時過ぎ。甫嶺駅前に、神妙な顔をした澤田夫妻と、その友人が数名集まった。望月と、大船渡市商工観光部長の姿もあった。

望月は夫妻を前に、感謝状を読み上げた。


【感謝状】

澤田タマ子様は、平成12年9月から甫嶺駅トイレ清掃の委託を受け、平成22年10月末まで10年間に亘り、清掃活動を続けていただきました。

澤田様はこの契約を受けるにあたり、「鉄道は毎日走るものだから、毎日欠かさず、それも一番列車の前に掃除を行なう」と心に決めたそうです。

それを、雨の日も、風の日も、雪の日も、そしてアワビやウニの口開けの日も、夫婦で協力をして実行していただきました。本当に頭が下がる思いです。

今年10月に、契約が満了いたしました。

10年間の労苦に対して記念品を添えて感謝状を贈呈することとします。


夫妻は恐縮した面持ちで望月の読み上げを聞いていた。そして、その感謝状を受け取る際、長之進はタマ子を立てた。

夫妻には1年間の三陸鉄道優待乗車証も贈られた。過去に短期間の優待乗車証が贈られた例はあったが、1年間という長さは初めてのことだった。

その4カ月後、あの大地震が起こった。甫嶺駅に春の装いをもたらすはずの桜の木も、なくなってしまった。

「もう南リアス線は走れないんじゃないか」

かろうじて被災を免れた自宅と差異を付けずに、甫嶺駅のことが気にかかった。すでに清掃の役目は新たな方へと移ってはいたが、駅に行かずにはいられなかった。

「もう一度、走りだす時のために、駅をきれいにしておきたい」

無人駅のホームで、いつ来るともわからない列車を利用する人たちのために、夫妻はしばらくの期間、臨時清掃人を買って出た。

2013年4月3日、南リアス線は盛～吉浜の間で運行を再開。澤田夫妻は自宅に友人たちを招き、いなり寿司を用意した。2年ぶりの南リアス線運行のセレモニーは甫嶺駅でも行なわれる。10時過ぎには一番列車がやってくる。横風にあおられた雨が降るあいにくの悪天候だったが、皆はカッパを着込んで表へ出た。

「三鉄がない頃は大船渡の町まで山越えて行ったこともあったなあ。母親が病気になった時は、おんぶして5時間ほども歩いて盛の病院へ連れて行った」

タマ子は母親を背負った格好を再現するように両手を後ろに回し、身体を揺すりながら話す。

「海の状況が良ければ船で大船渡まで行けたけどもなあ。それでも不便は不便じゃった」

長之進も30年以上前の遠い日を思い返す。

再開後の一番列車の運転士は佐々木光一だった。無論、澤田夫妻とも顔なじみだ。3両連結の車両がホームに滑り込む。開いた運転台の窓越しに、夫妻は言った。

「おかえりなさい。ありがとう」

澤田夫妻に感謝状が手渡されてから丸3年が過ぎたある日、三鉄はまた新たな贈り物をした。線路の枕木に設置する記念プレート。盛の運行部から吉田が夫妻を訪ね、縦5センチ、横10センチの真鍮製の板を贈呈した。そこには震災発生日時と澤田夫妻の名前が刻印されていた。夫妻は吉田の誘導のもと、甫嶺駅ホームから線路上に降りた。コンクリートの枕木に、プレートを接着した。

「ありがたいことです。これで私たちはいつも甫嶺の駅にいることになるんですね」

長之進もタマ子も正座の姿勢で枕木に膝を乗せ、プレートを貼り付けながら目を細めた。

クレディセゾンによる「枕木プレート設置」の提案。

それは2011年秋に、岩手県北上市の桜の名所「展勝地」で物産関係の会社を経営する軽石昇からの紹介をきっかけに始まった。望月は、クレディセゾンの担当者清水淳と会った。そこで生まれたアイディアが、「枕木に寄付者のネームを貼る権利」という支援キャンペーンだった。

クレディセゾンの会員へ企画を発信したところ、大反響となった。一口1万円で、ネームを貼る権利に応募するというものだが、枕木という、鉄道には欠かせないものに名が残るという支援の在り方が共感を呼んだ。

クレディセゾンは、常務山路孝眞を先頭に、東京支店長相河利尚、清水淳という布陣で三鉄支援の継続的プロジェクトを行なった。

プレートの設置場所は限られている。修復された新しい枕木が対象となるが、無尽蔵と言う訳にはいかない。場所の選定と応募会員の気持ちを考えたセッティングに苦心した。それでも三鉄にとってはありがたい応援であり、率先して仲介役を務めてきた。

第1回目のプレート設置式は2012年11月18日。暴風雪の中、野田玉川の仮設会場で実施された。

　企画へ応募した一般会員45名をクレディセゾンがバスと三鉄を使い、案内してきた。望月が御礼の挨拶をし、応募者が線路上へ降り、枕木へ自分の名前のプレートを貼る作業を行なった。

　参加者は凍える指先を温めながらの作業だったが、みな笑顔を浮かべていた。三鉄の早期復旧を祈願し、自分の証をプレートに込めながら。列車が運行すれば、二度と路線内に入ることは出来ない。つまり三鉄運行後にプレートを見ることは出来ないのだが、それでも支援の気持ちが上回ったのだ。

　この企画はその後、２回目として南リアス線盛駅で２０１３年６月30日に参加者55名を迎えて行なわれた。３回目は南リアス線甫嶺駅にて、同年10月19日に参加者43名と続き、２０１４年４月５日全線再運行の記念として釜石駅に設置される木製の巨大なラグビーボール型モニュメント参加まで、合計約５０００名が応募した巨大プロジェクトとなった。その権利金はすべて三鉄への復旧支援金として寄贈された。

　クレディセゾンの担当者清水は感慨深げに語る。

「被災地を継続して応援するお手伝いが出来ていることが嬉しい」と。

盛の「坂本食堂」は
三鉄マンの胃袋を満たす。

「はい、毎度。今日は何になさいます」

「カツカレー」

「僕も」「こっちも」「みんなカツカレー」

三鉄南リアス線運行部の建物とは線路を挟んだお向かいにある『坂本食堂』の看板メニュー。味もさることながら、その盛りが良心的というか、ダイナミックで、普通サイズでも十分に大盛り。大盛りをオーダーすると皿からカレールーが溢れ出んばかり。普通サイズの2倍の量が盛れているのだから無理もない。

食堂であるから麺類や丼物も品書きには揃っているが、半数以上の客はカツカレーを口にする。オープンしたのは三鉄開業の5年前。夫唱婦随、時に婦唱夫随で夫妻は店を切り盛りしてきた。三鉄とは長い付き合いだから、制服姿の面々が顔を出した瞬間に、大方のオーダーの予想ができる。中華丼は運転士の千葉敬、味噌ラーメンは施設係の磯貝誠司、カツカレーは佐々木。通う回数が増えるほど、それぞれの定番が決まってくる。カツカレー一辺倒にならないのは、常連の証でもある。

坂本食堂も被災した。強い揺れが収まってから、店にいた7名ほどの客と一緒に、宴会場となっている2階に上がった。窓から外をおそるおそる見た。水が音もなく迫り来る。車や樹木や、原型が何だったのかもわからない物体が徐々に姿を大きくし、店の1階まで流されてきた。バキバキとそこで初めて音がして、店の扉が壊されていくのを見た。誰もが無言で、目だけを見開いていた。

店内はどっぷりと浸水し、冷蔵庫もテーブルも椅子も何もかもゴミと化した。それでも義援金や知り合いからの援助を受けて、店は3カ月ちょっとで復活に漕ぎ着けた。復活後もメニューは極力絞らず、震災前と同様のバラエティに富んだ品書きを掲げた。カレーのルーと、トンカツ用の豚肉だけは多めに用意した。

「地震に負けたと思いたくなかったんです。通常を取り戻すことでお客さんにも安心してもらいたい。私たちも前を向いて進みたい」

ご主人は避難所を巡っての食糧配給をしばらく続けながら、自身の店を畳むことだけはするまいと顔を上げた。

復活営業後も、夫婦ふたりが食べていくだけの売り上げはあったが、町の空気は重かった。坂本夫妻にとっては、何よりも「三鉄の走る姿がない」ことが、それまでの日常と今とを切り離していた。

列車の警笛、遮断機の音、三鉄に関するそれらは何よりも正確な時計であった。

部分復旧がなされて、盛に〝三鉄の音〟が鳴り響いた時、坂本夫妻はそれを〝復興の鐘〟と感じた。

「中華丼」「味噌ラーメン」「カツカレー。今日は大盛りで」

快活な声と旺盛な食欲が、食堂にも戻ってきた。

「全線開通の日はお祭りだねえ」

ご主人が言う。

「僕らの祝い事じゃなくて、三陸全体のお祭りになるでしょ。やっと。やっと。釜石とつながる」

「その時は全員大盛りサービス」

「よっしゃあ。気合入れてがんばろう」

「気合を入れなきゃ、ここの大盛りは食べきれないからなあ」

佐々木は笑顔で坂本夫妻のあたたかい心情に応えた。


釜石から復興未来ゆき。

諦めない限り有効。

南リアス線のターミナル駅、釜石でも三鉄支援に大きく貢献した人物がいる。三塚浩之。震災前は釜石市役所前に食事処「浜結《はまゆい》」を構えていた。街が被災し、人々の口と胃袋を満たすこともままならない状況にあって、三塚は行政とも連動して〝釜石復興プロジェクト〟に関わった。その立ち上げに当たっては、釜石市だけではなく、東京の青年会議所や、台湾のロータリークラブからも資金援助がなされた。

座しているだけでは、復興は1ミリも進まない。スピード感のある、目に見える形での復興の光を送りたい。三塚たちが手がけたプランは、キッチンカーの導入だった。この導入に関しては東京の「ちよだプラットフォームスクウェア」の助力もあった。

プロジェクトに参画した仲間と共に10台で近隣各地を巡った。震災後およそ3カ月後のことだ。「釜石健在なり」を示すために、キッチンカーが提供する弁当のコンセプトは「釜石の食材を使った定食」とした。三塚は「浜結」をオープンさせる以前は、鮮魚の卸業を手掛けていた。地元に揚がる魚介類に対する思い入れは並々ならないものがある。

三塚は奔走した。赤くペイントされたキッチンカーは、茫漠《ぼうばく》として色を失った被災地にあって、ひと際鮮やかに映った。大人数で復興ボランティアに訪れている方々には、とりわけ重宝な腹養いとなり、仮設住宅で不安な日々を送っている人たちからも歓待された。

「ありがとう。ここまで来てくれて。溌剌《はつらつ》として動いている人がいるとホッとするわ」

三塚はその言葉を受けながら、自らの店が失われたことを忘れたかのように笑顔を浮かべて人々に接した。誰もがたいへんな苦痛の只中にいる。それを救えるのは、たとえカラ元気でも、笑顔と行動することだと信じて疑わなかった。

仮設住宅を訪れた際には、弁当がコミュニケーションの橋渡し役ともなった。昔なじみの知人に遭遇しても、震災から数カ月も経てば共通の友人知人の安否を互いに聞きづらくなる。そのやり取りのなかで、お互いは明るく顔を上げることもあれば、静かに唇を噛むこともあった。

2012年3月11日。三塚を中心とした「かまいし復興の祈り」実行委員会が、三鉄釜石駅と駅前でイベントを行なった。鎮魂への思いと同時に、立ち上がる意欲を感じてもらえるようにと考えを巡らせた。

「列車が通っていない駅は寂しい。鉄道の運行再開に向けて何かを発信することが、釜石復活のシンボルになる」と三塚は閃いた。

三鉄南リアス線運行部長の吉田宛てに、電話を入れた。

「イベントで切符を売りたい。それはすべてこちらで用意するので、三鉄さんからのご公認をいただきたい」

続けて三塚は切符に印刷する文言を伝えた。

「釜石から復興未来ゆき。諦めない限り有効。下車前途無効。年月日のスタンプは24・3・11。金額は300円に設定したい」

吉田は三鉄マンとして、三塚の申し出に感謝の言葉しか浮かばなかった。こちらからアプローチしているわけでもないのに、地域を思う人たちが三鉄を復興の象徴として捉えていてくれることに深く感じ入った。

吉田は、硬券のサンプルを三塚に送った。三塚はそれを元に、名刺をひと回り小さくしたサイズへと変更を施し、切符を印刷に回した。文字を大きく示すには通常の切符サイズでは収まりづらいとの判断からだ。

当初はイベント当日に1000枚限定で販売する予定だった。が、告知のホームページや各地の新聞に掲載された紹介記事から「当日現地には行けないけれど、支援したい。切符を買いたい」との注文が殺到した。

結果、当日のイベント会場での発売枚数は2000枚。後日の郵送分を合わせると1万6000枚ほどを売り切った。「期間を区切らなければ10万枚はゆうに捌けていただろう」と三塚は述懐するが、元々の発想が「釜石健在なり」のメッセージであり、この地域の活性のシンボルである三鉄を応援するというテーマに則っていたから、損得の勘定はしなかった。

切符の売り上げはすべて三鉄に寄付した。

「3・11までは広く地域に貢献することを突き詰めて考えたことはなかった。けれどもそれぞれの被災地で、それぞれの有志が復興の足固めを続けていかなければ、望む未来は訪れない。私はそれを釜石でやる。他のエリアでも志を同じくする方々がいらっしゃる。私は決して諦めない。私たちは決して下を向かない」

三塚の言葉は力に満ちている。

やっぺし。「吉浜元気組」。
海からのフロントライン研修。

大船渡市三陸町吉浜。漁業の町だ。〝よしはま〟を音読みにして、古くから〝きっぴんアワビ〟などの海産物が特産となっている。震災によって、港に停泊していた漁船はその9割以上を失った。残った漁船は9隻。それでも、明治、昭和初期の2度の大津波の経験から、先人たちはいち

早く海抜20メートルあたりに「高台移転」をしていたため、住居の被害は最小限に抑えられた
その事実から、海外のメディアでは〝ミラクル・ヴィレッジ〟という呼称で紹介もされた。

ここには三陸鉄道南リアス線の「吉浜」駅がある。住民と三鉄とは、長い付き合いになる。

「船の大半がやられてしまって、意気消沈していました。年配者は特に肩を落としていた。だからこそ若いモンが元気を出していかなければならない。吉浜は吉浜で復興へ向かっていかなければならない」

震災後1年と半年近くが経った2012年の夏。吉浜の若手漁師を中心に「吉浜元気組」が結成された。会長は、千葉豪。発足メンバーの中で最も若い。会の発足を後押ししたのは草野。岩手県の副知事 上野義晴（現財務省理財局次長）の指導も力となった。

現在の会員は10名。そのうちの6名が漁業を専業とする。代々この町で魚介類を獲ってきた家に育った。その他には、漁業権は有しているが普段は会社勤めをしている方や、商売をしている方。加えて、三鉄南リアス線の指令主任 山蔭康明も名を連ねている。

三鉄の社員が参画しているのには、理由がある。フロントライン研修のコースに、吉浜も入ることが多い。過去の教訓を活かして高台移転をしていたこの町を「海から見ていただこう」と三鉄スタッフは考えた。その際のガイド役として、後日、その任にあたったのが山蔭だった。

吉浜での「海からのフロントライン研修」の初回は8月31日に行なわれた。千葉は船首に立ち、ハンドマイクを片手に、参加者に我が町吉浜の高台移転の経緯などを語った。

その日は小型船4隻を連ねての研修。30人ほどが参加した。その中には、吉浜元気組に活動資金を提供した「三陸鉄道を勝手に応援する会」のメンバーの顔もあった。

船は吉浜湾を大きく周回した後、帆立貝の養殖イカダが並ぶ場所へ向かった。吉浜はアワビも

有名だが、帆立貝も極めて良質。震災のダメージで以前の水揚げ量には遠く及ばないが、質の高さは健在と千葉はアピールした。

　海からのフロントライン研修を重ねることで、吉浜元気組の存在はマスコミにも知られるようになっていった。「若い力が復興に向かって立ち上がった」との論調はありがたかったが、現実を見ればこの港に船の数は戻らず、苦戦を強いられていた。

　千葉の新しい船が届いたのは２０１３年の夏だ。発注は震災の年にしていたが、受ける業者は三陸各地からの注文の数の多さにスムーズには対応できない。約２年。発注した船には「千歳丸」の名が躍っていた。船が到着した日には大漁旗を立てて、船上から陸に向かって餅を撒《ま》いた。

「まだ、自前の船がない仲間もいるから、共同で使う」と千葉は言った。

　千葉たちは船が来た次の日から、勇んで海に出た。ホタテの養殖イカダの作業にも熱が入る。

「少しずつではあるけれど前進している実感がある。鉄道会社は列車を走らせなければ意味がないように、漁師も船があってこそ成り立つ。これからますます、やっぺし」

　やっぺしとは〝やるぞ〟を表す方言。彼らの存在もまた、三陸鉄道復旧に大きく関与している。

小石浜から、恋し浜へ。
今ではパワースポットとして人気。

　南リアス線盛駅から釜石方面に向かって３つ目の駅「恋し浜」。ここは２００９（平成21）年7月19日までは「小石浜」の名が付いていた。

　恋し浜のネーミングは、昭和の末頃に地元の方が詠んだ短歌に由来する。

「三鉄の 愛の磯辺の 恋し浜 かもめ止まりて 汐風あまし」

この抒情溢れる一首は名歌となった。小石浜は帆立貝の養殖が盛んで、後年そのブランド名を「恋し浜ホタテ」と定めた。ぷっくりと豊かな身を焼いて食べれば、ジューシーで香ばしく、高い評価を得て、東京の築地でも最高値が付けられるほど、その名を広めていった。この時点での駅名はまだ小石浜のまま。

駅名のチェンジには、小石浜青年部の佐々木淳と、三陸鉄道総務部長 菊池吉則のこんなやり取りがあった。

2009年の1月。お隣の「綾里」駅でのイベントで佐々木はホタテを焼き、訪れる人たちに振舞っていた。そこに菊池総務部長が顔を出した。菊池は、三鉄沿線で行なわれるイベントには、たとえそれが三鉄主催のものでなくても、小まめに足を運ぶ。肩書きがそうさせるのではなく、律儀で人好きな性格からの行動だ。

「いやあ、離れた所からでも、いい匂いがするよぉ。ひとつ、いただける」

菊池は余計な挨拶は抜きに、単刀直入、焼き手の気分を盛り立てる言葉を佐々木淳に投げかけた。

「ひとつと言わず、何個でも。このホタテを食べて、ひとつだけで十分なんて人はいませんよ。次から次へと食べたくなるはずです」

佐々木淳は手を休めずに応対し、紙皿にアツアツのホタテを乗せて、手渡した。菊池は箸を割って待ち構えていた。受け取る。齧《かじ》り付く。滋味とほのかな潮の香と、奥に潜んだ奥ゆかしい甘みが口に広がる。

美味しいと自信を持って育て、収穫し、それを食べた相手に満足してもらう。これは食に携わる者にとって掛けがいのない喜びだ。

「ほんとに美味しい」

菊池は焼き立てのホタテの白い身を堪能し、それとは食感の異なるヒモを噛みしめ、紙皿の上に貝殻だけにして素直な賛辞を口にした。

「三鉄さんの駅名も〝恋しい〟のほうのコイシハマにしてくれませんかねえ。そうするとホタテのブランド名も連動していくと思うんですけど」

佐々木淳は8割方は本気で、残り2割はダメ元で、そう言った。その頃、小石浜青年部の会合ではたびたび駅名変更の話題が上っていた。

「いい。それいい」

三鉄の総務部長は彼の提案に、近視の眼鏡の奥の目を大きく見開いて答えた。

菊池はすぐにそのアイデアを社内に持ち帰り、図った。数カ月後には「恋し浜」への名称変更の報が佐々木に届けられ、7月20日から晴れて新装「恋し浜」駅がスタートした。

ホームにはウエディングベルを想わせる「幸せの鐘」が設置され、待合室にはホタテの貝殻とマジックペンが用意された。神社で、願い事を書いて奉納する絵馬の役割をホタテの貝殻が果たすという寸法だ。

駅名の表示板は、他の駅とはまったく異なる紺色の地とし、書体もロマンティックで繊細なものとなった。この駅のホームで結婚式を行なったカップルもいる。

佐々木淳は、その当時のことと、震災後のあらゆる困難との格闘の両方を頭の中で行きつ戻りつさせながら語った。

「震災では、浜にあった作業場兼倉庫が軒並みかっさらわれました。仲間の船もほとんどやられた。それでも2日後には仲間たちで瓦礫の撤去を始めました。私の持ち船『権現丸』は、機械部分は使い物になりませんでしたが、船体は原型を留めていましたから、しばらくして修理に出しました。修理完了までに半年ほどかかりましたね。納入されてから2カ月ほどは、漁業に使うというよりも、復旧作業に充てて。ホタテの養殖に関しては壊滅的な打撃を受けたけれども、誰も断念はしていませんでした。あの年の12月には北海道から稚貝を仕入れて、養殖を復活させたんです。収穫できるまでには2年間が必要となりますが」

佐々木淳はそこまでをゆっくりと話し、三鉄への思いへと話題を移した。

「三陸沿岸部は、漁業と三鉄が復興のシンボルになります。三鉄が全線開通となれば、漁業もそれに続けと活力が湧いてきます。運命共同体。その位置付けにありますね。駅名を小石浜から恋し浜と変更してからは、その思いが一段と強くなりました」

三鉄沿線以外にも相互扶助の関係は強固に。

ここまでは、三陸鉄道の沿線地域だけを取り上げてきたが、久慈以北のJR沿線地区、宮古〜釜石間のJR山田線エリアにも目を向ける。その各地にも、三鉄を支援し、同時に三鉄が、あるいは「三陸鉄道を勝手に応援する会」が支援しているプロジェクト団体や、個人商店がある。

三陸沿岸部は三鉄とJRとが役割を分担するように通っているが、それこそ「運命共同体」であって、町や駅周辺がそれぞれ個別の点として孤立しているわけではない。「線の路」。そのつながりを重んじることこそが、鉄道会社の使命だと歴代の三陸鉄道社長は考えてきた。

宮古市の隣町、山田町。そこに佐々木生太郎という人物がいる。「せいたろう」と呼ばれる。佐々木生太郎は山田町で主に漁業者、高齢者が通う病院の事務長をしていた。彼は自分の家を社交場（飲兵衛長屋）に改良し、夜な夜な多士済々の仲間を集め、「三陸鉄道を応援するべ」と気勢をあげていた。「三陸鉄道こそ、過疎化が進む三陸沿岸にとって希望の星」と、思い込んだら走るだけ。

「応援だけではだめだ。乗るべ、乗ってこその応援だ」と最初に取り組んだのは「飲兵衛列車」の企画である。地元の酒蔵に協力を求め、山田町民を案内し、車で宮古まで出向き、そこから三鉄に乗り込むのである。「飲兵衛列車」は、酒蔵のＰＲも兼ねる仕掛けだが、参加者は列車の中で飲んで食べての飲食ざんまい。列車の中は、思いっきり騒いでも迷惑をかけることなく、同好の士が存分に楽しめる企画として大人気となった。

佐々木生太郎自身は、全くの無報酬のボランティアである。それには何の頓着も見せず、酒蔵の交渉から人集め、運行の司会まですべてをこなす。その後、彼は「三陸鉄道を勝手に応援する会」と合流し、ますますパワーアップした。

飲兵衛列車は、震災まで実に17回も続いた。三陸鉄道にとっては、格好の話題を発信できる企画の一つとなっていた。

しかし、佐々木生太郎は、震災による津波で家を流されてしまった。現在は豊間根《とよまね》の仮設住宅に暮らし、復活を待っている。

山田町にもう一人三鉄をこよなく応援する人物がいる。漁師の佐々木俊之。佐々木生太郎の社交場に通い続けた一人でもある。

ちなみに、佐々木という苗字は、岩手県の電話帳に掲載されている数では、佐藤姓に続いて2

番目に多い。全国ランキングでは佐々木姓は13番目であるから、これは突出している。菊池や及川といった苗字も岩手県ではベストテン入りする。これも全国のランキングとは様相を異にしている。

佐々木俊之は牡蠣《かき》やホタテの養殖を営んでいた。事業は順調だったが、ある年、山田町のブランドである「生牡蠣」に貝毒が発生した。貝毒が発生すると沈静するまで出荷停止になる。そこで、生で出さずに継続して出荷できる商品の開発を手がけた。牡蠣を燻製《くんせい》してオリーブオイルに漬ける新しい商品。試行錯誤を重ね「これはいける」と確信を持てる味に辿り着いた。

しかし商品開発には高度な流通知識やデザインなど、高いハードルが待ち構える。それを解決したのが先ほど記した、佐々木生太郎の社交場「飲兵衛長屋」だ。

そこに頻繁に顔を出していた商品開発コーディネーターの五日市知香が、商品化を引き受けた。五日市はネーミングを「山田《やまだ》の牡蠣《かき》くん」とした。山田町の特産品であることを強調するためだ。次にデザイン、味覚と、徹底した改良に取り組み、それらの経過をマスコミにリリースしていく手法を取った。販売を三陸鉄道が引き受ける道筋もつけた。そうした二人三脚が功を奏し、「山田の牡蠣くん」は軌道に乗ってきた。

NHKが全国放送で紹介するようになったのも、五日市の手配が大きかった。2010年6月には、山田湾の海辺のすぐそばに新工場を建て、三陸鉄道と手を携えた販売戦略も順調に推移した。山田湾の漁師たちから原材料を仕入れる環境も整い、漁師仲間からも「救世主」的に尊敬を集めていった。

しかし。

新工場の落成から半年後の2011年3月11日。大津波が新工場と自宅を木っ端みじんに粉砕した。

何とか自らの命を失うことは食い止めたが、すべてが流出し、茫然《ぼうぜん》自失の日々が続いた。気力を奮い立たそうにも、何のきっかけもなかった。

その様を見て、五日市が佐々木俊之に命令した。

「俊之さん、もう一度立ち上がって。再開するよう全力を挙げて」

五日市は、具体的な期日を提示した。期限を設けることで、目標が立つからだ。

「6月1日までに再開させましょうよ」

佐々木俊之の目に明るい火が灯った。

五日市は、三陸鉄道望月社長に「山田の牡蠣くん」復活の手助け、バックアップを要請した。

三陸鉄道は、沿線各地のこうした地域商品を応援することも、ある種の社是となっている。

五日市に懇願された三陸鉄道望月社長の返事は聞くまでもない。

「全力をあげて販売する。何とか再開できるよう努力して欲しい」

望月は佐々木俊之に電話でそう伝えた。

震災前まで、その味の良さに惹かれ、全国各地に「山田の牡蠣くん」ファンが大勢できていたが、顧客リストなどのデータもすべて流された佐々木俊之になすべきことは何もなかった。しかし、全国のファンから応援が次々と届いてきた。「再開したらいち早く購入するので頑張って」という内容だった。

佐々木俊之は、自身のためというよりも、「自分を応援してくれる多くの人たちのために」立ち上がり、精力的に動いた。

石巻の、同じ津波被害にあった牡蠣養殖漁師が、冷凍保存していたことで助かった生牡蠣の提供を快く引き受けてくれた。北海道紋別の牡蠣業者も協力してくれた。山田湾の牡蠣はいったん全滅したが、当分はほかの牡蠣で生産できるめどが付き始めた。

花巻市の支援で工場を花巻に創り、山田町へ帰る日まで内陸での生産となった。五日市が提示した6月1日、念願の「復活山田の牡蠣くん」が盛岡の百貨店に並んだ。10時開店と同時に準備した商品は完売。その人気の高さを示した。

こうしたつながりも、三陸鉄道の応援と「飲兵衛長屋」の人脈がなせる技だといえる。三陸鉄道を仲立ちにしてのつながりは、被災した地域に元気を与えている。佐々木俊之の新工場が郷里山田町に完成したのは2013年9月。震災から2年半を要したが、現在は以前にも増して忙しく汗をかいている。

三陸の豊かな食材を料理する。佐羽根の知る人ぞ知る名店。

北リアス線、宮古から3つ目の佐羽根《さばね》。そこに完全予約制の「悠々亭《ゆうゆうてい》」という料理店がある。知る人ぞ知る名店。猟師であり、釣り師でもある中澤勝益と、奥さまとで切り盛りしている。主は以前、宮古市役所に勤務していた。

予約専用だが料理の値段はかなりリーズナブル。ジビエ&山菜、キノコを存分に堪能できる。料理はすべて自家調達。買ってくるものは一つもない。30種類以上のメニューがお膳に並ぶ。三陸の豊かさを教えてくれる貴重な店だ。1日に1組限定の受け入れ態勢で、万全を期す。何せすべて自家調達の食材だから、飛び込み客の注文には応じきれないのだ。

想像するに、東京あたりで同じ食材を使って料理を提供したとするとウン万円はかかるだろうが、佐羽根という小さな集落地にあるこのお店では3、4千円ほどの予算となる。

ある日の品書きの一部を抜粋してみよう。

【閉伊《へい》川の天然鮎。箱石峠の鹿の卵白包み　オリーブオイル焼き。明神岳の行者ニンニク。脇の沢のワサビ。亀ヶ森の椎茸と自家製凍み豆腐　熊脂煮】

実際には30種類近くの品が連なる。三陸の幸の豊かさを如実に物語っている。

「佐羽根は乗降客もまばらで、駅前に商店があるわけでもない。ウチの店は、ここで降りた人のもうひとつの駅の役割を担いたい。三鉄が走っていなかったら、ここに店を構えていてもお客さんは不便だと思うよ」

中澤は作務衣《さむえ》姿で訥々《とつとつ》と話す。街なかよりも自然に囲まれた環境がよく似合う。

過剰な収益を上げることは難しいと思うが、中澤は「三鉄の駅近くに店を構える者の役割。三鉄が走り続ける限り店を続けていきたい」と屈託なしに口にする。ここにも三鉄を支える沿線住民のパワーがある。

中澤は、年に一度集落の人たちと協力しあって「三鉄応援秋祭り」を開いている。格安の農産物や貴重な熊汁、鹿汁を来場者に振る舞い、そのすべての売り上げを三鉄に寄贈する行事だ。ステージはカラオケあり踊りあり。この土地の人たちの豊かな情感と面白さをたっぷりと味わうことが出来る。

「悠々亭ファン」を招待して三鉄を貸し切る「大満足悠々亭号」も年に一度企画している。列車から聞こえる歌声、笑い声こそ三鉄の大きな応援歌だ。

「三鉄がなかったら、佐羽根なんていう過疎集落は取り残される。ありがたいと思わなきゃ。

その三鉄が窮地にあるなら、ひと肌脱ぐのは当然でしょう」

長らく待ちわびる島越駅。〝名物駅長〟、早野くみ子。

2011年3月11日、14時46分、早野くみ子は島越駅に勤務していた。

体験したことが無い巨大な揺れに「津波が来る」と直感した。島越駅は、宮澤賢治の童話から名づけた「カルボナード」を愛称として、メルヘンチックな可愛らしい駅舎と共に沿線随一といえる人気を誇っていた。早野は三鉄開業時から準三鉄職員として委託され、この駅を守ってきた〝名物駅長〟だった。

立っていることも出来ない凄まじい揺れが続いた。村の有線放送で避難指示がきた。「とにかく高い方に逃げないと」

揺れが終わったあと、駅舎をとりあえず片付けて、避難を始めた。時間の猶予のない中、しっかりと施錠もした。15時06分発の列車に乗るための客が1名いたが、その方も家に戻ったため、駅舎には早野ひとりが残っていた。

急いで家に向かって戻り、海の方向を眺めていた。

5分くらい経っただろうか。突然ドドドーンとけたたましい爆音がなった。

海の方から「熊が立ちあがったような真っ黒い波」が襲ってきた。

恐ろしさに振り向くことも出来ず、必死で杉林の山を駆け上った。

足元まで津波が達した。それでも高い所へ高い所へと無我夢中で上り、どうにか命は助かった。

はちきれんばかりの恐れの感情で後ろを振り向くと、地域の家々がことごとく破壊されていた。「夢だ、夢だ」と心は叫んでいた。寒さに震えた。茫然としたまま、さらに高い場所にある国道へと歩いた。

それからひと月後、早野は島越駅をようやく見る勇気が起こり、駅へと向かった。27年務めた愛着ある駅舎は跡形もなく、高架橋も含めて、すべて壊されていた。

その場にうずくまった。

その後、早野は、応急仮設住宅で暮らした。ただひとつの希望は「島越駅」の復活と再開。必ず復活すると信じた。三鉄と共に過ごした年月が愛しかった。

三鉄開業時までは「陸の孤島」と言われた島越地区。鉄道の開通は、まさに取り残された地域の救世主だった。

海の近くに立つ美しい駅舎。早野の毎日は多くの観光客を遊覧船へ案内したり、野外活動の児童の世話をしたり、常に三鉄と共にあった。

２０１４年４月６日、希望の三鉄車両が新しくなった島越の線路を走る。新駅舎は開通後の６月にようやく完成する。早野はその復活の日から、再びそこで働けることを夢見ている。

島越駅ホーム改修工事。新しい希望が生まれる。

頑丈なコンクリート製の高架橋で支えられていた島越駅のホームは、駅舎と共に木っ端みじんに砕かれ破壊された。10ｍもの高さにホームがあったにも関わらず、まさにあの津波は予想を超えた怪物だった。

島越駅は三鉄復旧のシンボルでもある。堅牢無比なまでに頑丈にする工事が進められた。工事担当者に聞いた。

以下のくだりは、専門用語が沢山出てくる難しい内容でもある。飛ばして読んでいただいてもいっこうに差し支えない。

「島越には南北2カ所のトンネルがあり、その間をつなぐため、高さは以前と同じ10mにせざるを得ません。トンネルを新たにそれ以上の高さで掘り直すわけにはいかないからです。対津波のために、高架橋ではなく築堤に変更しました。築堤は両側から細かな石で固めていきます。その表面は厚さ20㎝の鉄筋コンクリートで覆います。築堤の法面傾斜角度は左右30度弱。高さが10mですから、底辺は40メートルにもなります。南北のトンネル間は300m。上部にレールを敷く。軌道敷部分は、角のある砕石を敷いた上にPC枕木付きの軌道を乗せる。その砕石の下には、アスファルトを敷いて、雨水が築堤内部に浸み込まない工夫もしています。この巨大な築堤全体を支えているのは2000本に及ぶ杭。おそらく現在の技術の最高峰といえる頑強な造りとなっています」

この築堤の前の海岸寄りには、防潮堤も造られる。つまり二重で津波を防止する仕組みだ。海岸にある防潮堤との大きな違いは、防潮堤は法面角度が70度。前に強いが引き波に弱い。

島越ホームは、重さが12万トンの築堤の上にある。要塞のようなホームが出来る。

この駅を管轄する田野畑村は「コンクリートだらけの無機質な構造物としない。震災前のカルボナード島越駅と同じく、宮沢賢治の世界観をテーマとする」と定めた。

童話の世界のような愛くるしい駅舎は2014年6月に完成する。

駅舎やその周辺の様相は変わっても、車窓からの眺めは以前と変わらぬ一級品の景観となるこ

2014年4月7日、巨大築堤上に新しく島越駅舎が造られている。本書のカバーイラストにある姿で、6月末には完成の予定だ

とだろう。

駅―1グルメ。

「駅から町を復活させる」。

三陸鉄道を中心として進めている「食による地域活性化」が「駅《えき》―1《いち》グルメ」である。八戸から気仙沼までの鉄道沿線の「美味しいお店」を紹介する。運営はジョークっぽい名称で、SMAPという。あのSMAPとは全く真逆の泥臭いメンバーが集まっている。SANRIKU MARKETING ACTION PARTYの頭文字を取ってSMAP。三陸沿岸の活性化に行動して取り組んでいく会という趣旨だ。

会長は三陸鉄道の望月正彦社長。副会長はJR宮古駅の千葉武志駅長。その他のメンバーは、三鉄社員や県の出先職員や観光関係者で構成されている。元々は、久慈広域観光協議会の貫牛利一専務理事が「食の匠」をもっと活用するアイディアはないかという相談を草野が企画にしたのが始まりだ。そこで生まれたのが「駅―1グルメ」だ。

三陸鉄道自体は、この企画で利益を上げることはない。むしろ職員を専従にし、パンフレット印刷に至るまで取り組むので、持ち出しのほうがはるかに多い企画である。それでも望月は、地域貢献こそ三鉄の使命と常に唱えており、社の方針に沿った活動といえる。なによりも震災後、沿線の「地域の自慢、美味しいメニュー」を紹介してきたことで、災害ボランティアや視察関係者、観光客にとても重宝されてきた。

また、掲載されたお店が人気になり、「先が見えてきた」と発奮材料にもなった。

三陸鉄道は、駅を中心とした新しい街づくりを今後の取り組み課題としている。震災で線路も分断され、3年経った今でも賑わいが戻らないあちこちの駅前を「食」を通して元気にして行こうとする考えに基づいている。

駅―1の精神は、「岩手は美味い」を発信し、交流人口の拡大に結び付けることにある。地域への貢献、応援こそ、三陸鉄道の一貫した姿勢なのだ。

駅―1グルメのパンフレットに登場したお店は、すでに106店舗。着実にその輪を広げている。掲載されるお店の条件は、「その駅、その地域の特色が十分取り入れられていること」。ただのカレーライスでは採用しない。その駅のある地域で獲れたホタテの入ったカレーなら合格。その部分は譲れない。

メニューの選定は、SMAPメンバーが覆面取材で行なう。従って採用の合否は存在しない。これなら合格、の判断は会長を務める望月が行う。パンフレットには、なぜ駅―1なのか、店主の独り言、取材日記などを盛り込み、単なるグルメ本とは一線を画している。

第一号から連続参加の店もある。そのうちの1店に、宮古市田老地区で食堂を営んでいた「善助屋食堂」がある。第一号を発刊したのは、2011年3月1日。震災で廃阪となった。善助屋食堂も津波で消滅してしまった。その後、仮設食堂で営業を再開。駅―1グルメで開発した「どんこの唐揚げ丼」は大人気となった。ご主人は漁師で、どんこ(エゾイソアイナメ)を獲ってくる。奥さまがそれを唐揚げにする。復興へ向かう名物料理として定着し、いまや田老の名物になっている。

佐羽根駅近くの「悠々亭」もエントリーされている。

そんなお店が数多くある。第五号は、三陸鉄道全線再運行記念号だ。4月に刊行され、33店が紹介されている。前向きに進む三陸鉄道。そして三陸の美味い物がつなぐ人の輪。これこそ駅―1グルメが目指すものだ。

「牡蠣小屋」と「絆船クルーズ」。山田町復興へのステップ バイ ステップ。

山田町役場の観光課で辣腕を振るった鈴木隆康にも言及しておきたい。

彼は観光課に属していた当時、先に記した佐々木生太郎、佐々木俊之をはじめとするメンバーと、山田湾の名物である牡蠣《かき》をメインに据えて観光客を誘致できないかと考えた。当時、日本一の出荷数を誇っていた山田湾の生牡蠣は、十分に主役を張れるだけの看板役者。

「けれんみなく、ストレートに牡蠣を押し出そう。その美味しさを堪能してもらう施設をつくろうじゃないか」

この発案に肉付けをしていくにあたっては、その時代の三陸鉄道社長 山口和彦や、草野も参画した。

「牡蠣小屋をやろう。殻付きの牡蠣を蒸し焼きにするスタイルで、思う存分味わってもらおう」山田町の面々は思い立ったらすぐさま行動に移す。そこに参集するメンバーも類を同じくする。海に近い場所に建てられた「牡蠣小屋」は多くのメディアにも取り上げられ、山田町きっての人気スポットとなった。11月から約半年間のシーズン、小屋は〝海のミルク〟牡蠣三昧に浸る人々で溢れた。

震災による津波で「牡蠣小屋」は消失したが、およそ1年後に山田町内の新たな場所で復活。「牡蠣が山田町のシンボルならば、それが健在であることを示さなければ」と鈴木は先頭に立って再建の道筋をつくった。

「三陸鉄道を勝手に応援する会」のサポート役としても、汗をかくことを厭《いと》わなかった。

後日「三陸鉄道を勝手に応援する会」は、鈴木に向けて、正確にいえば「やまだ夢プロジェクト」に向けて、1隻の小型船を寄贈した。船は、被災地への支援として沖縄の有志から届いたもの。それとは別に、船外機の購入資金も同会に寄せられた募金から捻出して贈った。

その船外機付きの船は、現在、山田湾内を巡る観光船「絆船クルーズ」として活躍している。絆の船と書いて〝はんせん〟と読む。

「多くの方から寄せられた善意で、山田町は少しずつ元気を取り戻しています。その絆に感謝し、それを忘れることなく故郷の復興のために頑張っていきます」

観光課。健康福祉課。そのいずれもが鈴木の適性にマッチしている。

人も町も孤立はしない。決して、させない。たとえ三鉄の運行がなされていない地域でも、沿岸の町々が蘇ることで三陸すべてがつながっていく。

損得を行ないの動機づけとしない。勝ち組負け組などという冷めたスタンスの2極分化を、この地域に暮らす人たちは誰も望まない。

久慈広域観光協議会専務理事。

貫牛利一の絶え間なき猛進。

「おばんです」

三陸沿岸部でのイベントや、会合の冒頭は、この言葉から始まる。こんばんは、という意味だから正確には夕方以降の挨拶だ。

三鉄の最北の拠点久慈市には、「おばんです」のフレーズを皮切りに数々のイベントを取り仕切ってきた名物男性がいる。「久慈広域観光協議会」専務理事、貫牛利一。貫く牛と書いて、かんぎゅう、と読む。久慈市が絡む三鉄のイベント列車には欠かせない人物だ。

浅黒く彫りの深い相貌は一見すると威圧的ではあるが、ひとたび彼が口上を述べると、場はたちどころに和み、笑い声が絶えない。三鉄の社員でもないのに、イベント列車運行ともなれば、抜群の行動力と豊富な人脈を活かし、瞬く間に予約席を埋める活躍をみせる。

一方では、その抜きん出た行動力が勇み足を生むこともあり、貫牛はコワモテの顔に恐縮のシワを浮かべて「すべて私が悪いんです」と頭を下げて回る。名は体を表す。闘牛のごとくに真正面から物事に当たる貫牛に対し、周囲はその人となりを熟知しているから、決定的な敵対関係には至らない。

震災後、貫牛は久慈市、野田村を中心に、幅広い支援活動に没頭している。普代村に停車したままだった車両に「復興だるま」を載せたり、「あまちゃん」のPRにも率先して参加した。

「あまちゃんの応援団長になることが、久慈や三鉄を全国の人たちに知ってもらう絶好の機会」と貫牛は前のめりで旗を振った。

支援という観点からいえば、彼の役回りは大いに力となっている。

三鉄のスタッフは満席となったイベント列車内で、「おばんです」とマイクを握る貫牛をたのもしき助っ人として見つめる。仮に「すべて貫牛さんのおかげです」と伝えたところで「いやぁ、すべて罪滅ぼしの行動です」と殊勝に照れ笑いするだけなのだろうが。

ネスレ日本が走らせた「キット、ずっと号」。

三陸鉄道の車両を桜マークで飾り、人々を元気にしているのは「キット、ずっと号」のラッピング列車だ。北リアス線の田野畑駅と南リアス線の吉浜駅の建物全部が桜マークで埋め尽くされている。

震災の年の秋、10月13日に、ネスレ日本の担当者8名が金野本部長を訪ねてきた。東北支援の一環として三陸鉄道を応援したいという申し出だった。会話の中でネスレの担当者が「三鉄さんは沢山の企画を連発している。そのユニークな発想が目を引きます。どこの広告代理店を使っているのですか」と言ってきた。

金野は「広告代理店ってなんですか。企画などはすべて自前。社員の企画だけでやっています」と答え、ネスレ担当者を驚かせた。広告経費の全くない三陸鉄道にとって、広告会社に委託するなど、考えも及ばないことなのだ。

その後11月17日に再訪を受け、その場で「キット、ずっとプロジェクト」と命名されたネスレ日本のキャンペーンが動き出した。

翌年の2012年から、キットカットミニワールドバラエティ発売で、一袋から20円を三鉄へ寄贈するキャンペーンが始まり、同時に応援メッセージの募集も始まった。3月には、新橋駅SL広場で「キット、ずっとプロジェクト」の発足発表会が行なわれた。4月からは、ラッピング車両「キット、ずっと1号」が運行を開始した。

4月の南リアス線の部分再開通に「キット、ずっと2号」、12月に北リアス線宮古と小本間に「キット、ずっと3号」が走っている。全国の応援メッセージがびっしりと車体に書き込まれた、華やかな明るい車体は、全線再開通の時も彩りを添えた。

ひと足早い、春が訪れた。

列車に笑顔が戻ってきた。「アサヒスーパードライ号」快走。

2012年冬。アサヒビール岩手支社の藤松支社長が三陸鉄道を訪れた。

「三鉄を元気にしたいんです」。その言葉と共に、ある企画を持ってきてくれた。

「久慈駅から田野畑駅の往復で、5日間にわたり、「三鉄復興アサヒスーパードライ号を走らせましょう。飲兵衛列車の再開です」というものだった。

久慈の金野本部長は小躍りして喜んだ。

「被災地だからと言って沈んでいるばかりではだめだ。元気に大笑いしながら楽しめる列車こそ、前に向かう元気につながる」と申し出を快く引き受けた。

アサヒビールからの企画は〝列車の貸切り料金、弁当やゲームの景品、当然飲み放題の生ビールをすべて負担する〟というものだった。当初は無料で参加者を募集したいという申し出だったが、今までの「飲兵衛列車」はすべて有料。そのシステムが壊れるので有料にしましょうと久慈駅長の橋上は提案した。その結果参加費1000円。参加費はすべて三鉄へ寄贈となった。

募集を開始したとたん、久慈運行部の電話は鳴りっぱなしの状態となり、あっという間に募集定員をオーバーした。予約できなかった人たちへ電話に向かい、社員が謝り続ける事態となった。久慈の人たちは待っていた。思いっきり騒げる楽しい列車「飲兵衛列車」を待ち焦がれていた。

弁当は、三鉄を応援する普代村の国民宿舎「くろさき荘」の名物弁当「明るい漁村弁当」。地元普代村の太田名部《おおたなべ》漁港に水揚げされた新鮮な魚介類を宝石のように詰め込んだ逸品だ。「駅―1グルメ」でも大人気の弁当である。

2012年7月5日から9日まで5日間。毎日1便。合計5便200名の参加者。集まった人たちは、列車の中で、被災地の鬱積された暗いムードを思いっきり吹き飛ばし、スーパードライを飲み、弁当を食べ、ゲームをし、笑い転げた。

アサヒビールの藤松支社長や三鉄の望月社長も参加者との団らんに大忙しとなり、大成功のうちに終了した。参加者の人たちは口々に「ありがとう、ありがとう」の感謝の言葉を何度も繰り返しした。

アサヒビール東北統括本部の西本部長は「こんなに喜んでもらえるなんて」と言葉を詰まらせた。

2013年5月には、三鉄南リアス線の部分再運行を記念して、アサヒスーパードライ号が大船渡盛駅から吉浜駅の間を走った。盛岡支店の菅原部長が陣頭指揮を執った。クウェート国から贈られた真新しい列車を使ったお披露目も兼ねた住民参加の企画。こちらも当然のように大盛況だった。

まだ瓦礫の残る被災地を走る列車の中は熱気であふれ、「こんな日をずっと待っていた」と〝笑いながら涙ぐむ〟参加者もいた。

アサヒスーパードライ号は、三鉄の目玉のひとつとなりつつある。

新しく着任したアサヒビール梅垣岩手支社長は「全線再運行を記念するアサヒスーパードライ号」の企画を持ち込んできた。支社長自ら担当し、入念に練り上げた企画書だった。

望月社長は人気定番となったこの企画に「こちらこそ大感謝です。住民の人たちが喜びます」と頭を下げた。

企業PRの域を超えた、被災地への応援。アサヒスーパードライ号は地域の人々と一体となった名物列車として、今後もますます成長を続けるだろう。

アサヒビールは「飲兵衛列車」ばかりではなく、三鉄の地域応援イベントでは必ずと言っていいほどさまざまな協力をしている。それも大いに影響してか、今では「ビールはアサヒしか飲まないことに決めた」という地元住民が少なくないと聞く。

イオングループの強力な販売網がヒット商品を生んだ。

イオンは巨大な組織であり、いくつものグループ会社に分かれている。イオンスーパーセンターの本社は盛岡。前任の宮下雄二社長は率先して沿岸支援に取り組んだ。全社あげての岩手支援の流れは、三陸鉄道の支援へとつながっていった。

イオンリテールの本社水産部松本部長はPB商品化を企画した。それは久慈漁協の小型サンマを使った「骨取りサンマ」の開発。イオンと久慈漁港、そして三鉄キャラクター鉄道男子をパッケージに使ったイオン＋地元漁協＋三鉄のコラボレーションの画期的な提案だった。

その指示を受けてプロジェクトを進めたのが、青森岩手事業部長の南部裕一と水産部の古井利明だ。現場担当となった古井は久慈漁協に通い詰め商品を完成させた。三鉄サイドは鉄道男子で使用契約を結び、使用料と言う形で三鉄支援のレールを敷いた。三陸鉄道とは坂下政幸事業本部長が担当した。

骨取りサンマシリーズは爆発的なヒット商品となった。全国で200万パックを販売、現在も数量を伸ばしている。

イオンと三鉄のつながりの発端を作ったのは、エリア政策推進担当の松巾幸一。そこから社内に草の根が広がり、巨大な組織の中に「三鉄を応援しよう」という機運が盛り上がっていった。

株式会社デラ（Della）。心やすらぐ援助の手。

デラというカンパニーの支援も忘れてはならない。

デラの会社案内を開くと「ヒーリングというジャンルに特化した良質のコンテンツ（CD、DVD、放送、映画、Web、イベント）などさまざまなメディアを活用し、世の中に心と身体のやさしい音楽と映像で癒しの時間を提供します」とある。

つまり落ち着いた空間、心を創ってくれる会社といえる。このデラが三陸鉄道を震災直後から応援している。

ヘッドマークオーナーや復興支援コンサート、田老駅と宮古駅には美しいデラの広告サイン、ラッピング車両「ココから号」。三陸鉄道の地域貢献事業「駅─1グルメ」も応援している。さりげなく、PRっぽくなく、ずっと支援を続けてくれている。まさに「ヒーリング応援」である。

三陸鉄道支援ＣＤを制作し、その利益を三鉄へ寄贈するなど、デラならではの応援は三鉄社員や沿線住民の心にしっかりと届いている。

第4章

光明

クウェート国から南リアス線に、新型車両3両が配備された。

2013(平成25)年2月16日、三陸鉄道南リアス線運行部は、震災以来久々の活気に包まれていた。クウェート国の支援を受け、鉄道車両などの製造会社新潟トランシスで造られていた新型車両が陸送されたのだ。1両しか残っていない南リアス線に、この日と翌週にわたって、3両が加わる。

作業は午前中に、盛駅から隣の陸前赤崎駅側に200メートルほど離れた場所で行なわれた。2台の大型トレーラーが着いた。最初に台車部分が線路に下ろされる。クレーンは真新しい車輪を宙に持ち上げ、レールに接地させた。午後、白地に赤と青のラインが描かれた新車両がそこに載った。

車両のヘッド部分には、クウェートの国章が配され、ボディには「クウェート国からのご支援に感謝します」の文字が、アラビア語、英語と共に併記されている。

まだ燃料が入れられていないから、その先の盛駅車両庫までは人力で押した。南リアス線運行部10数名が力を合わせる。車両の重量は32トン。施設係の平山祐介や佐藤鯛希などの若手や、運行部主任の熊谷の姿もそこにあった。

最初はビクともしなかった車両も、一方向へかけられた力によってひとたび車輪を回せば、するりするりと移動していく。その作業を見学していた沿線住民や、遠方から訪れた鉄道マニアから歓声が上がる。

小1時間ほどをかけて、新型車両は車両庫に収まった。

نقدّر كثيراً دعم دولة الكويت
We greatly appreciate the support from the State of Kuwait.
クウェート国からのご支援に感謝します。

クウェート国からの新車両を皆で車両庫まで押していく（2013年2月16日）

「やっと、走れる。やっと走れるぞ」

車両を収めた後、若手スタッフの歓喜の雄叫びが庫内に響き、皆は握手し、肩を抱き合った。

納入されたばかりのピカピカの車両にあるのも関わらず、スタッフは乾いた雑巾を持ち出して、外側を拭いた。手で押した部分に付いたわずかな汚れを取るためもあったが、「とにかく車体に触れていたい」「確かな手応えを感じたい」という思いから、慈しむように表面を撫でた。

あと2カ月しないうちに、本来の業務に就ける。鉄道マンが鉄道を動かすという当たり前のことに戻れる。南リアス線の面々のモチベーションはこの日を境に明らかに急上昇していった。

クウェート国は、東日本大震災後、すぐに500万バレルという日本で一日に使用するエネルギーの全量に匹敵する原油を寄贈した。400億円に相当する支援である。その義援金は日本赤十字を通じて被災3県に分配され、岩手県はその一部を三陸鉄道の新型車両と駅舎の修復費用に充てた。新造される8両のうちの、最初の3両が南リアス線に配置されたのである。クウェート国の資金活用に関しては、岩手県交通対策室の野中課長の進言が大きい。「クウェート国からの義援金を三鉄車両に使わせていただきましょう」と知事に申し出たのだ。達増知事も形に残る活用であることから、グッドアイディアだと即決した。

この決定に三陸鉄道サイドは感激した。

運行本部長の金野は「クウェート国の紋章を車体に入れたい」と提言し、望月も「ならばそれに加えてアラビア語や日本語、英語で謝辞も書き添えたい」と、話はトントン拍子に進んだ。

新型車両は、三鉄運転士を高揚させた。

佐々木光一は、「どうしても一番列車を運転する」と志願した。

従来車両と比較すると段違いに設備やレイアウトが優れている。座席の間隔は広くゆったりとし、窓は1・5倍ほど大きくなって車窓の景色を堪能できる。トイレは車いすでもゆったりと人ることが出来るなど、バリアフリー化が進んだ車両である。

静かなエンジン音。スムーズな走り。試運転期間中、運転士は目を輝かせて再開通に向け励んだ。新型車両など、国の最終検査に合格しなければ、三鉄へ引き渡しとならない。それまでは製造元の所有となる。この試運転期間は、報道陣といえども乗車することはできない。築堤工事の済んだ甫嶺駅付近には、走行する列車を狙い報道陣が多数押し掛けていた。

4月3日。震災後2年を経て、南リアス線運転再開。

4月3日。南リアス線に三鉄が戻ってきた。3両の新型車両を連結した運転再開記念臨時列車が、盛〜吉浜間を3往復運行した。運賃は無料。最初の1往復の乗客は、来賓者以外は一般公募され、抽選で当たった方々が真新しいシートを埋めた。

外観は旧車両とほぼ変わらないものの、中に入れば、新築マンションの扉を開けた時に似た、手つかずの乾いた匂いが待ち受けていた。窓は広く、暖色系の赤いシートが全体のトーンを柔らかくまとめ上げている。

運転士は佐々木光一が務めた。佐々木は10カ月間、他の鉄道会社に出向していた。運転士は列車運行がなされない限り、助勤以外の出番はない。出向は「正社員は誰ひとりリストラしない」との望月の考えから採られた策。複数名の運転士が期間限定で他社に受け入れてもらっていた。佐々木が三鉄に戻ってきたのはこの年の1月だ。

新車両が納められた2月に、佐々木は運転総括の和田千秋にこう切り出した。

「4月、再開の1番列車の運転士は決まっていますか」

「いや。まだ決めていないよ」

和田は、運転士のシフトを決める立場にある。

「差し支えなければ、私に運転させてください」

佐々木は自分でも驚くほど単刀直入に願い出た。和田は即答こそしなかったが、佐々木の素直な熱情をしっかりと受け止めた。後日、盛の運行部に顔を出した望月は佐々木に言った。

「一番列車の運転、頼むぞ。最高時速は45キロ。通常運行の半分ほどのスピードでな」

和田から望月に進言がなされていたことを佐々木は知った。


4月3日は風雨吹き荒れる荒れ模様の日だったが、再運行式典会場の吉浜駅舎には黒山の人が溢れていた。

クウェート国のアブドゥルラフマーン・アルオタイビ駐日特命全権大使も再運行式典に参加した。ビッグな来賓に、岩手県交通対策室の小笠原久人がお迎えの準備を担当した。

アラブ圏の宗教上の理由から、豚肉やアルコールは絶対に目の前に出してはいけないというしきたりを徹底した。途中の三陸駅では、お祝いの豚汁を振舞う予定だったが、当然豚肉はなしとし、魚の入った寄せ鍋に変更となった。

盛駅にて、達増拓也岩手県知事と望月正彦社長が出迎え、来賓のアルオタイビ大使を車両へと案内した。大使は、自国の紋章が入った車両を見て驚いた。車両の横にはアラビア語で「感謝の言葉」。大使は感激の極みの表情を浮かべた。

列車が走り、どの駅でもホームに人が溢れ、クウェート国旗の小旗を振って歓迎していた。

恋し浜駅では、漁協青年部の佐々木部長が「恋し浜ホタテ」を焼いて振舞った。

終着の吉浜駅には、どこもかしこも人、人、人。大使が降り立ったとき、大きな歓声が上がった。

記念式典の会場で、大使は挨拶をした。温厚で、実に威風堂々とした雰囲気を醸し出し、アラビアの民らしい優しくも丁重な祝辞だった。

「このような形で被災した皆さんを応援出来たことを、嬉しく思います。当国の紋章を付けた列車が毎日、この被災した三陸の沿岸を走ります。日本とクウェートの友好は永遠に続くでしょう」

ひときわ大きな拍手が沸き起こった。

再開1番列車には和田も同乗した。

乗客に感謝の辞を述べるためだった。

「あの震災から2年以上が過ぎ、三陸鉄道南リアス線も部分運行ではありますが盛から吉浜間を復活させることができました。多くの方々のご支援、ありがとうございました」

沿線の道路では小旗が打ち振られ、「復活おめでとう」と染め抜かれた横断幕が指し示され、快《かい》哉《さい》の声に湧いた。

吉浜の駅では、運転士の佐々木にも花束が手渡された。

「来年4月の全線開通の日の1番列車運転を志願するのはおこがましいな」

クウェート国からの支援金を活用して新造された車両8両は、最終的には北リアス線と南リアス線に半分ずつ配備される。

佐々木は花束を受け取りながら、1年後に思いを馳せていた。

望月は訓示した。
「命運は南リアス線にあり」と。

南リアス線の部分再運行開始から2週間目。望月は南リアス線運行部にいた。責任者の吉田部長や山蔭らを前に訓示を行なった。

「三鉄にとっては、南リアス線の経営が命運を握っている。ここがダメになると全社に影響を与える。立派な車両も頂いた。これを最大限活用できる企画をどんどん出さなければいけない。観光客も当然大事だが、何よりも沿線の方々に楽しんで頂ける企画が欲しい。例えば長寿列車や孫の誕生日列車などだ。住民の方々が、こんなに気軽に安く利用できるという体験をさせて欲しい」と強い口調で語った。

三陸鉄道は、「あまちゃん」で有名になっている北リアス線と、その効果があまりなく、まだまだ大規模工事現場の中にある南リアス線の二つに分離している。営業収益の差も明確に出てきてしまう。南リアス線は、ずっとお荷物的存在と言われてきたことが、望月は悔しくてならない。観光旅行を誘致し、地域の人たちに活用してもらい、独り立ちできる路線として復活させたい。北リアス線は多くの支援で順調に走っている。これからは全員、総力で南リアス線を復活させなければならない。それが使命だと望月は意志を強く持った。

本社の宮古市と大船渡市は車で約2時間半。大船渡からの帰り道は、風光明美なリアス式の湾を走る。この時にストレスが起こることがしばしばある。それは、湾の海面が鏡のような美しい輝きを見せる時だ。

「なんで平日にこんなにきれいなんだ」と溜《た》め息《いき》をつく。「釣りに行ける日にこんな素晴らしい天気になればいいのに」と車中で願うのである。

三陸の海は、いつも静かではない。鏡のような海に出会うのは、年に数度しかない。やませが吹き、それによって三陸特有の海の霧が発生し、夏でも一気に10度以上気温が下がる。真冬の海上は零下10度を下回ることもしばしばだ。だからこそ、寒暖差や波にもまれる牡蠣やワカメ、ホタテなどの養殖物は、天然物と遜色がなく、むしろそれ以上の高品質を生み出す結果となる。

海は、喜びも悲しみも運んでくる。

「あまちゃん」が三陸鉄道の救世主となった。

２０１３年は、東北に希望の光が差した年と位置付けたい。その光は多分に神がかっていた。中でも三陸鉄道にとって最大の光明をもたらしたのは、ＮＨＫの連続テレビ小説「あまちゃん」の大ブレイクだ。

読者ならびに多くの方々は、あのドラマが〝東北復興〟とりわけ三陸鉄道復旧支援の一環として、岩手県や三鉄側からＮＨＫサイドに話を持ちかけたとお思いの向きも少なくないと想像する。実際には、県や三鉄側からアプローチがなされたことは一切ない。

発端は、２０１１年の秋だった。

久慈の運行本部、橋上のもとに、およそこの町ではお目にかかったことがない風体のふたりの男が訪れた。

ひとりは金髪でモヒカン。もうひとりは長髪を後ろで束ねて結び、金髪モヒカン男の背後でうっすらと笑っていた。両名とも派手な上っ張りを羽織っていた。年齢は40代から50代と見て取れた。久慈はもとより三陸沿岸地域で、このようなヘアスタイルならびに出で立ちで闊歩《かっぽ》すれば（しかもその推定年齢ならばいっそう）マトモな職業ではないと住民から眉をひそめられ、後ろ指の50本ほどを指されても仕方ない。

「なんなんだ、コヤツラは」

橋上はあまりの胡散臭さに警戒の念を強く抱きながらも、彼らの発したひと言を拠りどころに、丁寧に応対した。

「私たちは東京から参りました。テレビの番組制作に携わっています。現時点では詳しいことは申し上げられませんが、三陸鉄道のスタッフの普段の仕事ぶりを拝見させていただきたい」

金髪モヒカン男が、居丈高でも低姿勢でもない口調で橋上に言った。長髪束ね男はその背後で笑顔を浮かべたままだ。ふたりとも名刺は差し出さなかった。

三陸鉄道は「マスメディアからの取材はよほどのことがない限り、最大限協力せよ」とのスタンスが徹底されている。社長望月が常日頃から口にしているそのモットーが浸透しているのだ。

橋上は「今回は〝よほどのこと〟の範疇《はんちゅう》かもしれない」と瞬時ためらったが、彼らの思いのほか真摯な眼差しに、事を受け入れた。

「承知しました。どうぞご自由に」

ふたりの男は何をするでもなく、日がな運行本部でスタッフの働くさまを見ていた。メモを取るでもなく、写真を撮るでもなく、あたかも自らが透明人間でもあるかのように〝観察する者〟に徹し切っていた。

橋上は彼らに悟られないようにスッと席を外し、運行本部階下の下駄箱の前で、宮古本社の望月に電話を入れた。

「テレビ番組の制作担当者と名乗る方が2名こちらに来ているんですが、通常の対応をしてかまいませんか。なんだかちょっと怪しげな感じなんですが……」

橋上はまだ半信半疑だった。

「ああ、かまわないよ。丁重に対応してくれ」

望月の声は普段どおり、逡巡《しゅんじゅん》もなく伸びやかだった。

三陸鉄道には〝広告宣伝費〟という項目がない。ない、というかゼロなのだ。ポスター1枚作るにあたっても、県の事業などに便乗して、切り抜ける。そういう事情があるからこそ、マスメディアの取材依頼も積極的に活用する。

「悪意のこもった視点でない限り、雑誌・新聞・テレビ・ラジオ、なんでもオッケー。むしろ、ありがたいことと感謝しなければならない」

それがメディアに対しての望月イズムだ。

「わかりました。そのように対応します」

橋上は社長のゴーサインを裏付けに、改めてふたりの〝取材〟を受け入れた。

それでも、金髪モヒカン男が久慈駅前で女子高校生たちに近付いては次々に馴れ馴れしく話しかけるのを見るや、勇み込んで当人たちの間に割っても入った。橋上は久慈駅長も兼務している。高校生たちは三鉄を常時利用するお客さんであると同時に、橋上の心情からすれば「我が娘」のような存在。どう見ても金髪モヒカン男の行動が〝ナンパ〟に思えたらしい。

「ウチの取材をするのはかまわないけれども、駅前でそういうことをするのはヤメてほしい」

金髪モヒカン男は「地元の若い層から、ネタになる話題を拾っていた」だけなのだが、根が真っ直ぐの熱血漢である橋上は殴りかからんばかりの勢いだった。

後日、このエピソードは双方の笑い話として酒の肴《さかな》になる（筆者註：読者の皆さま。金髪モヒカン男さんも、長髪束ね男さんも、もちろん仕事熱心な立派な方です。あえてお名前は記しませんが、お調べいただければすぐにワカリマス）。

彼らは数日滞在して一度東京に戻り、1週間ほどしてまた姿を見せた。毎年恒例の「秋の三鉄祭り」の当日だった。イベント会場で忙しく立ち働く制服姿の三鉄マンを簡素なホームビデオで逐一録画していた。

時には橋上に向けていくつか質問をぶつけた。

「入社されたのはいつですか」

「私は1期生ですので1983年です。久慈勤務の者だけで言っても、金野、大在家、小田、岡本などは皆1期生です。宮古にも盛にも1期生が大勢います。三鉄は1期生が現在も最多の人数を占めているんです」

その後は「列車を通常ダイヤ以外で走らせることは可能であるか」「その場合にはどんな制約があるか」「トンネルに立ち入ることはできるか」など、角度の異なった、鉄道に関してかなり具体的で専門的なクエスチョンを矢継ぎ早に浴びせた。

橋上はいぶかることなく、面倒くさがることもなく、一つひとつ答えていった。

そしてまた彼らは帰京し、間隔を空けずにまた現れた。その3度目の来訪時に初めて、長髪束ね男が「ＮＨＫ」の名刺を差し出した。肩書きはプロデューサーだった。ただし、まだどんな番組をつくるためかは明言しなかった。

４回目に久慈に現れた際、「三陸沿岸部を舞台にしたドラマを制作する予定です」と初めて伝えられた。ドラマ制作などの協力要請は過去にも幾度か経験済みであったから、橋上はさほど驚かなかった。金髪モヒカン男がそのドラマの監督の一人だということも知った。

翌２０１２年６月の制作発表の段階で、そのドラマが連続テレビ小説であるとわかった。舞台は北三陸。海女を生業とする祖母、かつてアイドル歌手だった母をもつヒロインが、紆余曲折を経て海女になる決意を固めるというストーリーを縦軸に、三陸鉄道をモデルとした架空の〝北三陸鉄道〟も欠かせない要素となるという展開。

望月は例によって「全面協力」を打ち出し、三鉄マンも奮い立った。とりわけ、ロケ地となる北リアス線久慈〜田野畑間では、地域住民も含めて、この赤字ローカル線沿線が舞台になるＮＨＫのドラマ放映決定に、諸手を挙げて喜んだ。

北リアス線運行部は、施設部、指令、運転士、アテンダントなど合わせて20数名が勤務する。少数精鋭、シフトを組んで適宜の休勤日を設けながら回している。通常の業務以外の、つまり今回のようなドラマ撮影に対応できるメンバーは限られている。

「オレたちふたりでやるしかないな」

金野は席を隣り合わせにする橋上に向けて、話しかけた。

「スケジュール調整、撮影用ダイヤの組み立て、車両の運転、すべて僕らが請け負うしかありませんね」

「時間に余裕があるのはオレたちだけだもんなあ」

金野は銀縁眼鏡の奥の目を細めて、苦くない笑顔を浮かべて言った。

実際には、ぎりぎりの陣容で業務にあたっている三陸鉄道社員に〝時間に余裕がある〟メンバーなどひとりもいない。全員がいっぱいいっぱいの仕事をこなす中で、労働時間を度外視して、休日を返上して通常勤務以外の事に当たる責任を負うのは、久慈のスタッフでは金野・橋上しかいない。無論、それに対しての特別手当などは出ない。彼らをはじめ三鉄社員は皆、自らの会社を愛してやまないのだ。

2012年の秋からロケは始まった。久慈市小袖《こそで》海岸。久慈駅から車で15分ほど離れた景勝地だ。ドラマでは久慈駅は「北三陸駅《きたさんりく》」として登場する。ドラマ用の駅名表示板を取り付ける作業は早朝4時に行なわれた。放映開始前は情報が近隣住民に行き渡っていなかったため、三鉄社員が駅前で逐一説明をしていた。その説明も年が明けた第2次ロケの際は必要とされなくなった。住民にもドラマ撮影の旨が浸透し、むしろ珍しい状況に立ち会えることを楽しんでいた。

ちなみに2013年の「流行語大賞」のひとつにも選ばれた「じぇじぇじぇ」は小袖海岸集落の方言。「あまちゃん」が放映される前までは、岩手県でも他の地域では広く浸透していなかった。驚きを表現する「じぇじぇじぇ」。じぇの数が増えるほど驚きの加減も増大する。

これが盛岡エリアでは「じゃじゃじゃ」となり、宮古や山田町では「ざざざ」、大船渡あたりだと「ばばば」と変化する。「ばぁあばばっ」と抑揚をつけて口に出すと驚きもマックスを示す。

NHKのスタッフが「ロケ地のメインは堀内《ほりない》駅近辺で」と求めてきた。三陸鉄道は海沿いを走っているイメージが強いが、案外トンネルが多く、車窓から海の〝抜け〟が見られる部分は少ない。堀内駅と白井海岸駅の間には大沢橋梁が架かり、北リアス線の白眉ともいえる景色が得られる。

堀内駅はドラマ時には「袖《そで》が浜《はま》」駅として登場する。北三陸駅のお隣という設定。この浜辺で、北鉄に乗って上京の途へつくヒロインを〝夏ばっぱ〟が大漁旗を振って見送る名シーンが撮影された。それもあって、今でも「袖が浜駅はどこですか」と尋ねる観光客が少なくないという。

「あまちゃん」の放送の進展とともに、北リアス線では４月 27 日から 10 月 14 日までの土休日と夏休みに、お座敷列車 " 北三陸号 " を走らせ、大人気となった

ロケは断続的に2013年の夏まで行なわれた。金野と橋上はその打合せに来たNHKのスタッフと、夜の10時頃から2時間ほど久慈の運行本部でたびたびミーティングをした。

撮影用の臨時列車ダイヤを打ち合わせるのが主目的。通常運行の妨げになってはならない。金野はNHKスタッフの希望時間を可能な限り引き受けるべく、スジを引き、翌朝、本社の及川ともすり合わせてゴーサインを出した。

ロケ用の列車の運転の9割以上は金野が担当した。セリフはないものの、横顔や後ろ姿ではたびたび登場している。

冬場に夏のシーンを、夏場に寒い時期のシーンを撮影することも当然あった。冬場、暖房の効いた車両では外気温との差から窓が結露する。その問題を解決するために、三陸の寒い冬に冷房をつけた。

夏場は夏場で、冬のシーン。金野は背中だけの〝出演〟であったが、NHKのスタッフにこう言われたという。

「金野さん、背中に汗かかないでくださいね」

最終撮影日は東京のスタジオで行なわれた。金野と橋上は後日の打ち上げの日に東京に招待された。多くの役者さんたち、ドラマスタッフの中に挟まって、ふたりは最後の最後まで付き合った。正確には、帰してもらえなかった。

「おふたりがいなかったら、『あまちゃん』はできませんでした」

長髪束ね男、もとい、敏腕プロデューサーは、そういって固く握手して、最大限の感謝を表した。橋上は初対面時のことを思い出し、「今だからあの時の皆さんの印象を話しますが」と屈託なく口にした。周囲の面々も大笑いをして、その話を肴に、また酒が進んだ。

「あまちゃん」への嫉妬と歓喜。

「あまちゃんは北のものだす。俺らには関係ねえっす」

「うだな。まず仕事すっぺし」

南リアス線運行部。通称南、吉田哲を筆頭に、総勢12名の小世帯だ。三陸鉄道の主力は常に北にある。大震災で一躍話題になったのも北である。南は大半がやられ、1年で部分復旧できる北とは状況が異なる。さらに前に戻せば、南リアス線は、ある意味「お荷物路線」であった。

県庁の幹部の中には、震災前から「南はいらない」と言っていた者も少なくない。三陸鉄道は、開業10年間は黒字だったが、それ以降は赤字を続けていた。その大半は南リアス線と言っても過言ではなかった。

吉田はじめ、南リアス線運行部の職員たちは、いつも後ろめたい、遠慮気味に本社の人間と接していた。

震災後、すぐに部分再開をして話題になったのは北リアス線だ。震災の被害が大きかった南リアス線は、丸2年復旧作業を強いられていた。２０１３年4月にようやく大船渡市盛駅から吉浜駅までが再開できた。その時にＮＨＫ朝の連続ドラマ小説「あまちゃん」が始まった。一気に大ブレイクし、岩手県は「あまちゃん」ブームに沸いた。でも南リアス線がその恩恵に授かることはほとんどと言ってなかった。

やがて9月末に終了。久慈市では「あまロス」と言われる二次ブームも起き、番組余韻が尾を引いた。

2013年9月。番組が終了間近のころ、望月社長にNHKからこんな話が飛び込んできた。

「ある番組で、サプライズゲストを招き、三鉄社員を驚かす企画があるのですが、どうでしょう」

望月は即座に返答した。

「南リアス線の社員を使ってください」

「了解しました。でもぜひともサプライズゲストのことは最後まで内密に願います。社員の一人だけが知っているという進行です」

望月は、南リアス運行部の吉田哲に電話をして事情を話し、指示をした。その後はNHK番組ディレクターと吉田の間だけのやり取りとなった。

「じぇじぇじぇ、これ踊るんですかあ」と山蔭と和田が叫んだ。NHKから送られてきたDVDは、「暦の上ではディセンバー」のダンスデモテープだった。

「こんなのチョー恥ずかしいっす。どんな番組すか」と黒坂が吉田に尋ねた。

吉田が返す。

「なんか、三鉄職員があまちゃんを見て感激して、ダンスまで覚えてしまったっていう企画らしいよ」

「無理っす。無理無理」と拒絶のコール。

そうは言いながらも、そこは乗りのいい三鉄職員。見よう見まね、DVDの指導テープを見ながら特訓が始まった。屈強な施設部門の磯谷と平山が、「もうだめ、体力が続かねえ」と根を上げた。体力自慢の施設の人間でも、全部踊るのは相当体力的に厳しいらしい。なかなか恰好がつかないまま、毎日練習を繰り返してきたころ、NHKが振付師を送り込んできた。どうやら番組の話は本気らしいと、社員の目の色が変わった。

南運行部だけでは人数が少ないので、本社からも参加させると連絡があり、５、６名が送り込まれた。宮古本社から毎日往復５時間の移動である。

めいめいが自宅へＤＶＤを持ち帰り、家族の前で猛練習だ。腹を抱えて笑い転げたのは、佐藤鯛希の妻。息子は面白がって一緒に踊っているうちに、だんだん上手になっていった。

９月13日　ＮＨＫから派遣された振付師の木下菜津子が盛の運行部へ到着した。「今から10日間、猛特訓よ。覚悟おし」と女王様よろしく鬼の特訓が始まった。

彼女は、「あまちゃん」の番組の中でも「あきちゃん」に指導したダンスのプロだ。実は業界では知る人ぞ知る大物ダンスコーチだったのだ。

運転士の菊池弘充は、１００キロを超える体躯から猛烈な汗を吹きあげながら足は千鳥足。熊谷松一はすでに１階の特訓会議室で倒れている。

それでも「あまちゃん」のテーマが流れると、条件反射で起きだし踊り始める。特訓とは恐ろしいものだ。

チャーミングな鬼のコーチは徐々に本格的に振りを教えていく。手の動きもゼスチャーも様になってきた。「はい、最後よ、負けないで、行くわよー」と檄《げき》を飛ばす。このころは、吉田はじめ、全員が武道館でコンサートを開くＡＫＢ48の心境になっていた。コーチとの信頼関係が徐々に増し、揺るぎない集団へと育っていく。

それぞれの個性が光る。実にユニークな踊りだ。ＡＫＢ48も真っ青な、お笑い芸人の動きにも似ている。ちぐはぐさも個性だ。

吉田が社員を前に企画を告げた。

「三陸鉄道南リアス線の再開を記念し、沿線住民の方へ感謝の集いを開く。その感謝の踊りを『暦の上ではディセンバー』でいく」

「よっしゃー」と歓声があがる。この時点ではサプライズゲストが誰なのかも、来るのかも知らない。吉田ひとりだけが〝あの能年玲奈〟が来ることを知らされていた。番組は「突撃！アットホーム」

やがて収録日の9月23日を迎え、盛駅にSKB28（さんてつ希望ボーイズ）が集合した。最後の集団レッスンの開始だ。木下コーチも熱が入る。すっかりと踊りをマスターした社員たち。いい歳をした〝オッサンたち〟も加わっての、真剣でコケティッシュな踊り、思わず笑わずにはいられない。NHKのカメラマンが縦横無尽に社員たちを撮り続ける。番組で使用するのだろう。宮古からの応援部隊も後方に陣取りパフォーマンスに合わせる。

最後の練習が終了した。汗だくの菊池が笑顔で床に倒れる。作業服のままの黒坂が放心したように天井を見上げる。

13時。この日の感謝際のためにお世話になった沿線の人たちを招待し、列車で迎えに行った吉田が戻る。

さあ、感謝祭の開始だ。

NHKが準備した大きなスクリーンに、中島みゆきの歌声に合わせて「プロジェクトX」調の復活のドラマが流される。苦悩、苦闘の連続の中、ようやく部分開通できた様子が続く。吉田にスポットがあたり、「俺たちのドラマはこれからだ」とつぶやく。スタンバイしている社員たちがそれを見て涙を流す。

「プロジェクトX」調のドラマが終わり、いよいよ踊りに突入だ。曲が流れると社員たちの踊りが一斉に始まる。観客はもう割れんばかりの拍手。大笑いの人たちもいる。ユーモラスなSKB28のダンスの始まり。

♪タラッタタタタラララ、タラッタタタタタラララ、ココヨミノウエデハ　ディセンバー、デモハートハサバイバル…マチハイソガシイ…♪

木下コーチに教えてもらった振り付けもほぼ全員が揃っている。皆、無我夢中だ。

突然、踊りの輪に「あまちゃん」こと能年玲奈ちゃんが飛び込んできた。これこそサプライズゲスト。会場の観客も騒然となった。踊っている社員も何が起きたか、理解するまで間が出来た。何度も練習を重ねた踊りに狂いが生じる。「あ、あまちゃんだ、ほらあまちゃんだ」と招待された澤田が叫ぶ。飲食店の佐々木も目を丸くして凝視。駅前の会場はもうパニックだ。

それでも愛くるしい玲奈ちゃんの小気味よい踊りに、踊っている社員たちも横目で見ながら盛り上がる。

曲が終了し、玲奈ちゃんがマイクを握る。もじもじと小声で話しだす。突然大声となり「おら、北鉄に乗ってきたんだ。あまのあきでーす」と自己紹介。周囲の観客も突然のプレゼントに拍手。「あまちゃーん」の声援大合唱となった。

沿線の住民にも、三鉄職員にも大きなプレゼントとなった。もう北ばっかりいい思いして、と言う愚痴もない。

玲奈ちゃんが「まだぐっがらなあ」と手を振って去っていった。夢のような時間が終わった。放心状態の社員たちは我に返り、何よりも大事な師匠、木下を胴上げした。

後日、さまぁ～ずの司会により番組がオンエアされたのは2013年10月19日。それは出演した三鉄職員の宝物となった。あとは年末年始を返上し、全線再開へ向けて工事に集中するだけだ。

見せたぞ。東北の底力。
ありがとう、ゴールデンイーグルス。

2013年の希望の光のもうひとつは、東北楽天ゴールデンイーグルス（以下、イーグルス）のパシフィックリーグ制覇、そして日本一。

東日本大震災が起こった年の4月29日、本拠地仙台に戻ったイーグルスナインを代表して、選手会長のキャッチャー嶋基宏は観客に向けて凛々しく顔を上げ、左記のメッセージを発した。これはもはや、時代を超えて語り継がれるべき一篇の美しい詩の領域にある。

本日は、このような状況の中、ここKスタ宮城に足を運んでいただき、
またテレビ、ラジオを通じてご覧いただき、誠にありがとうございます。
球場に来ることが、簡単ではなかった方、
来たくても来られなかった方も、大勢いらっしゃるかと思います。
地震が起こった時、僕たちは兵庫県にいました。
遠方の地で、家族ともなかなか連絡が取れず、
不安な気持ちを抱いたまま、全国各地を転戦していました。
報道を通じ、被害状況が明らかになっていくにつれて、
僕たちもどんどん暗くなっていきました。
その時の事を考えると、今日、ここKスタ宮城で試合を開催できた事が信じられません。

震災後、選手みんなで「自分たちには何ができるのか」、「自分たちは何をすべきか」を議論し、考え抜き、東北の地に戻れる日を待ち続けました。

そして開幕5日前、選手みんなで、初めて仙台に戻ってきました。

変わり果てたこの東北の地を、目と心にしっかりと刻み、「遅れて申し訳ない」と言う気持ちで、避難所を訪問したところ、皆さんから「おかえりなさい」、「私たちも負けないから頑張ってね」と声を掛けていただき、涙を流しました。

その時に、僕たちは何のために闘うのか、ハッキリしました。

この1カ月半で分かったことがあります。

それは、「誰かのために闘う人間は強い」と言うことです。


東北の皆さん、絶対に乗り越えましょう、この時を。

絶対に勝ち抜きましょう、この時を。

今、この時を乗り越えた向こう側には、強くなった自分と明るい未来が待っているはずです。

絶対に見せましょう、東北の底力を。

本日は、どうも、ありがとうございました。


東北の人々は、このメッセージを忘れることはなかっただろうと想像する。

それから2年半。東北の雄は、球団創立9年目にして、悲願のパリーグ制覇を達成した。

振り返ればプロ野球に参入した２００５年シーズン、開幕ゲームこそ勝利し、幸先の良いスタートを切ったものの、続く2戦目では0対26と歴史的大敗を喫した。その後は2度の11連敗を記録するなど、最下位に沈み込んでシーズンを終えた。初年度の成績、38勝97敗1分。勝率2割8分1厘。首位との差は51・5ゲーム。5位との差だけでも25ゲーム。

その弱小球団がパ・リーグ優勝を遂げた。東北のイーグルスファンは、泣き笑いを共にしてきた9年分を噛みしめ、美酒に酔った。

イーグルスには三陸沿岸の希望の星がいる。岩手県普代村出身の銀次。県内の新聞では田中将大投手（現ニューヨーク・ヤンキース）と肩を並べるほどの頻度で紙面を飾る。２０１３年レギュラーシーズンの打率は3割1分7厘。堂々、打撃ベストテンの4位。

彼の卓越したバッティング技術は、ある数字が如実に物語っている。2ストライクを取られて追い込まれた後の打率が抜きんでて高いのだ。

通常、バッターアゲインストとなる2ストライク後は、巧打者といわれる選手でもそれ以前のボールカウントと比較すると極端にアベレージが下がる。

銀次はどうか。

0ストライク後、3割2分2厘。1ストライク後、3割0分7厘。そして2ストライク後の打率、3割2分4厘。

２０１３年レギュラーシーズンで規定打席に達した両リーグの選手の中で、2ストライク後の打率が3割を超えたのは銀次だけだ。この数字からわかるのは、彼がバッターとして卓越したバットコントロールの持ち主であるということ以上に、追い込まれた状況でも萎縮することなく平常心を保てるメンタリティがあるということではなかろうか。

日本シリーズで銀次は躍動した。第２戦、３戦、５戦にタイムリーヒットを放った。３勝３敗で迎えた最終第７戦。イーグルスは勝利した。日本一。試合後のインタビューで星野監督は弾む声でこう言った。

「東北の子どもたち、全国の子どもたちに、そして被災者の皆さんに、これだけ勇気を与えてくれた選手を褒めてやってください」

ＭＶＰはシリーズ２勝を挙げた美馬。銀次は優秀選手賞に輝いた。

銀次選手の祖父は、岩手県普代村の公民館で、多くの村民と一緒に優勝の瞬間を見届けた。「最高の孫。よくやってくれた」と新聞記者のインタビューに感涙しながら答えたという。

好事魔多し。
総務部長が倒れた。

トータルで俯瞰すれば、東北に、三鉄に、順風が吹いた２０１３年ではあったが、10月下旬には三陸鉄道という会社にとって、痛手となる事故があった。

列車事故ではない。本社の総務部長　菊池吉則が宮古のアパートの階段から転落して脳挫傷の大けがを負ったのだ。

菊池は盛岡の専門病院で入院生活を送ることとなった。幸い、ほどなくして意識は戻ったが、「職場に復帰するには半年ほど見ておいたほうがいいでしょう」と担当医は細君に告げた。

望月はその報を受けて、総務課長　村上富男を臨時の部長に昇格させると決めた。

村上は固辞した。

望月は静かに言った。

「他に誰がいる？　菊池の代わりはお前しかいないじゃないか」

その日から村上はふたり分の責務を背負って、これまで以上に仕事に没頭した。

大晦日。望月は盛岡の自宅で家族とくつろいだ。前日は花巻の実家にも顔を出した。３年前とは打って変わった大晦日を迎えられた。ダシの湯気立つ年越しそばをたぐりながら、のんびりと紅白歌合戦を見た。

番組の後半、15分にわたって「あまちゃん〝特別編〟」の企画コーナーが設けられた。役名で言うところの、天野アキと足立ユイが「暦の上ではディセンバー」を振り付きで歌い、天野春子が「潮騒のメモリー」の1番の歌詞をしっとりとメロディに乗せ、2番の歌詞は舞台中央にせり上がってきた鈴鹿ひろ美が着物姿で熱唱した。脇を固めたキャスト陣もステージに上った。夏ばっぱは審査員席にいた。２０１３年を代表するドラマとして「あまちゃん」は記憶された。

番組は、日本各地の神社仏閣からの中継へ移り、新年まで15分を残すばかりとなった。

「今年もお疲れさまでした。来年はいよいよ復旧の年ですね」

望月は妻のねぎらいの言葉を噛《か》みしめた。

第5章

復旧

２０１４年、元旦。
全面復旧への明るい幕開け。

冷たい小雨が降っていた。２０１４（平成26）年、元旦。午前6時過ぎに出発する「初日の出号」に乗る予約客は、久慈駅の構内で振る舞いのまめぶ汁で身体を温めながら、雨が止むのを願っていた。各人に紅白の餅も配られた。

初日の出列車は、三鉄開業時から一度も途切れずに催されてきた企画もの。震災翌年の２０１２年の元旦も、久慈〜陸中野田間を運行し、陸中野田駅から線路上を歩いて次の駅、野田玉川寄りの高台からご来光を仰いだ。その年の時点では陸中野田以南は復旧がなされていなかったから、線路上を歩いて移動するという苦肉の策が採られたのだ。

6時10分、レトロ列車を2両連結した初日の出列車は車輪を回した。４人掛けのボックスシートが1両に片側6列。2両で１００名近い客を乗せて、まずは野田玉川駅に向かう。この頃には雨も止み、空全体に青みが差していた。先ほどまでは隠されていた星の光が天気が快方に向かうことを教えてくれる。

車内でのアテンダント役は二橋と金野。浅い紺色の三鉄ユニフォームを上下にまとい、マイクを握る。

「皆さま、明けましておめでとうございます。今年も無事、初日の出列車を走らせることができました。予報ですとこのまま雨も降らないとのことで、停車します野田玉川駅のホームから、新年最初のお日さまを仰ぐことができるのではないかと念じております」

金野は毎年初日の出列車に乗り込んで来た。「元日は出勤日」と大らかに笑った。

使用しているレトロ列車に、金野は特別な思い入れを持っている。内装を含めた車両のデザインを金野自身が担当したからだ。

10年以上前、「何か三鉄の目玉になる新型車両の導入を」と思案した金野は、ヨーロッパを走る豪華列車オリエント急行などをイメージしながら、ラフスケッチを描いた。イメージは膨らんだものの、リアリティがつかめない。金野は足繁く、盛岡の大型家具店に通った。ソファの質感、色味などを目に焼き付けるためだ。長い時は半日ほども滞留し、クローゼットの色調やカーテンの材質なども大いに参考とした。

結果、壁や床には木目調の内装材を使用し、重厚感のある落ち着いた雰囲気を車内空間にもたらした。天井には6基の小型シャンデリア。1基に4つのアンバーカラーの電球が取り付けられている。蛍光灯の白い光では高級感が出ない。各シートボックス脇の壁灯にも同様のアンバーカラーの照明を配した。カーテンは淡いクリーム色。ゴールドから過剰なきらびやかさを抜いたような色調にも見える。

窓は一般車両よりも2割増しの大きさとし、外部からの騒音を抑えるべく、二重ガラスをはめ込んだ。

最も配慮したのは座席。柔らかい毛先のパイル織で、えんじ色に近い赤地をベースに金色の刺繍《ししゅう》をほどこした。座席のフレームには曲線を採り入れ、優美さを演出した。車椅子での乗車対応もなされ、トイレも段差がフラットで大きなスペースを確保した。

三鉄の看板車両レトロ列車は、太平洋を眺め渡せる野田玉川のホームに車体を寄せた。水平線上には雲が横たわっていたが、その上部はうっすらとオレンジ色を帯び、確かに太陽がその下にあることを示している。三陸鉄道沿線、南北すべての駅のうちで「冬場、ホームから日の出を見られるのは野田玉川以外にはない」。他の駅ホームからはたとえ海に近くても、角度の上で視界を遮るものがあるからだ。

駅の待合室では、地元の若者たちが甘酒を大鍋で仕込み、客に手渡している。暖が身体のこわばりを溶かしていく。

午前7時過ぎ、山の稜線にも似た雲の峰のふちがオレンジ色に発光した。光の筋が放射状に伸び、輝く球体がせり上がってくる。ホームに歓声が挙がる。柏手を打つ人あり、三脚に据え付けたカメラのシャッターを押す人あり。太陽がその全身を空に浮かべるまでの数分か数十秒か、厳かで安らかな時がその場所に集った人たちに降り注ぐ。

「いやあ、良かったぁ。これで日の出が見られなかったら、幸先悪いものね」

金野が誰にともなくそう口にすると、それに応じて「今年は三鉄さん、全面復旧の年でしょ」と話しかける方がいる。言葉づかいから、首都圏から来た人のようだ。

「そうです。4月上旬に南も北も全面復旧します」

「その後にまた、来ますね」

「お願いします。鉄道は動いていてこそ、乗っていただいてこそ存在価値があるものですから」

そこから再び列車に乗り込み、普代へ移動した。貸し切りバスに乗り換えて、10分ほど離れた鵜鳥《うのとり》神社に参詣する。帰路はまたバスと普代からのレトロ列車だ。

途中、白井海岸駅を過ぎた車内では弁当とお神酒、神社のお札が参加者銘々に配られた。大沢橋梁近くの浜では、地元の観光ボランティア12名が、夏ばっぱの名シーンにちなんで大漁旗を振っていた。久慈の駅に着いたのは10時過ぎ。そこでは新春の福袋が手渡された。

ちなみにこれほどの品々や盛りだくさんのサービスも付いて、大人3500円のショートトリップ。

「三鉄さん、こんな値段設定にするから赤字なんよ」

三鉄イベント列車の常連と思しき地元の方が、金野に笑いながら話しかける。

「ほんとウチは金儲けが下手で」

金野は苦笑しながら肩をすくめた。

「焦ることはないよ」の言葉と共に望月は菊池を見舞った。

菊池吉則元総務部長のリハビリテーション施設は雫石町《しずくいし》にある。「岩手リハビリテーションセンター」がそれである。市街地から秋田方面に向かう途中の小岩井農場入口先を右折し、坂を上ったひっそりとした山間地にその建物はある。菊池は前年の11月からここでリハビリ生活を送っていた。

当初、担当医からは「当分というか、おそらく社会復帰は無理」と宣言されていたが、菊池はその診断を覆す驚異的な回復を見せていた。初めは徐々に記憶が戻るに合わせて、見舞い客をおぼろげに認識する状態であったが、1月の半ばには以前と変わらぬ記憶が戻ってきた。

体力もあり、どこにも身体の異常は無いと感じる日々を送れるようになり、菊池は「早く会社に復帰したい。しなければ」と焦ってきた。久慈市の自宅から看護に通う妻の疲労も相当高まっていた。何度か言い合いするような、ある意味正常な夫婦喧嘩《けんか》もたびたびであった。

2月16日。望月と草野が病院へ面会に行った。病室には入れないため、談話室に菊池が現れた。

久しぶりの社長との面談に、少し緊張気味だった。それでも数分雑談を繰り返すと、以前と変わらぬ菊池の笑顔が出てきた。

望月はつとめて冷静な口調で言った。

「退院の許可が出たら、1カ月ほど自宅療養してください。その間は焦ることなく過ごすこと。図書館に行って本を読み、その内容をノートに要約すること。街中を散歩して買い物をしたりして、日常生活に慣れること。約ひと月の自宅療養が終わったら、会社に出てきてください。当分は4時間勤務です。様子をみましょう。それで異常がなければ徐々に時間を増やしていきましょう」

菊池は社長に向かい、目をそらさず、子どものように「はい」と素直に応えた。

2月に入り、沿線は異常な大雪に見舞われた。15日には北リアス線で3時間以上列車が立ち往生した。乗客18名の救出に、社員が総出で対応した。南リアス線は運行が全面ストップした。この低気圧は首都圏始め、群馬や静岡、愛知、そして東北各地に記録的な雪害をもたらした。

本来、こうした緊急時に先頭に立つのは菊池である。望月は改めて「菊池さん。4月の再運行は自宅でゆっくりテレビでも見て一緒に楽しんで。現場に立ちたいだろうけど、絶対に焦らないこと。会社のほうも全線運行再開から10日もすれば落ち着いてくるから大丈夫」と最後に伝えて病院を後にした。


2014年2月24日。クウェート大使館主催で、クウェート国ナショナルデーの記念行事があり、望月が招待された。双方の大臣級が居並ぶ式典で、何度も三鉄の紹介があった。日本クウェイト協会報に木村康協会会長が寄稿した文に、南リアス線の式典のエピソードが記されている。

「アルオタイビ大使に沿線の人たちが大きな拍手を送り、ありがとうの声が響いた」。まさにその通りの感謝と歓迎の様子だった。

あれから3年目の3月11日。祈りもあらたに。

東日本大震災から3年。NHKはじめ民放各局、新聞社がこぞって被災地追悼番組を流した。巨大な造成工事、大型公共工事の陰で、遅々として進まない個人住宅再建が主なテーマだった。また、「命を守る」というテーマのもとに進めている巨大な防潮堤に疑問を投げかける番組や、震災遺構の是非も課題として投げかけられた。岩手、宮城と異なるのは福島県だ。原発被災で14万人以上、県内外に避難している住民の姿がクローズアップされていた。

三陸鉄道も、震災からの復興を果たす目前ということから、多くの報道陣が取材に訪れた。望月は社の広告塔として積極的に取材に応じ、3・11はめまぐるしい日となった。

取材の一部を紹介すると、日本テレビ（ズームイン!!サタデー）・FM東京・関西テレビ・NHK（震災特別番組）・TBS（サンデーモーニング）・NHKラジオ生中継・フジテレビ特番・ニッポン放送・TBS（Nスタ）・産経新聞・読売新聞・中日新聞・報知新聞・読売新聞・朝日新聞・女性自身・週刊朝日・岩手県民放各社。これは3・11前から当日にかけての一部である。そのほか2月に収録されたTBS（情熱大陸）も3・10に放送された。まさに全国へ三鉄が駆け巡っているのである。

望月は朝礼で社員の心がけを伝えている。

「これだけ多くの報道の方々に来ていただいている。大変ありがたいことだ。全国に多くの三鉄情報が流れ、皆さんも出演している。しかしながら基本姿勢をしっかり守り、決して奢《おご》らず、常に謙虚でいなければならない。人気が出ればでるほど、色眼鏡で見る人も出てくる。こんなに有難い報道に常に感謝し、協力できることは積極的にして欲しい。まっすぐで明るく、真面目な三鉄像を背負っているのは社員の皆さんだ」と社員の姿勢を正した。

全線再運行まで、ますます過熱してくる報道に感謝しつつ、しっかりとイメージを伝えることを全員に念押しした。

山田町では岩手県合同慰霊祭が行なわれ、沿岸市町村ごとでも慰霊の式典が一斉に行なわれた。いまだ行方不明者は多数。家族の心情は時が止まったままだ。

宮古市では14時46分に市の防災放送から鎮魂の鐘の音が流され、市民が一斉に黙とうを捧げた。「あれから3年」「もう3年」「まだ3年」の議論が渦巻いている。巨額の復興工事は、ある種の賑わいを見せてはいるが、それは大きなダンプカーなどの工事車両の往来からくるイメージかもしれない。遅々として進んでいないという思いも住民は抱いている。

市民の生活は、仮設住宅生活者へのアンケートでは、7割近い人たちが「震災前より辛い生活」と答えている。年月が進むごとに生活が苦しくなってきていることを如実に示している。金銭的な生活苦もそうだが、精神的苦痛は、3年経過しても癒えることはない。むしろ心の病が深刻な問題になってきている。

ある漁業者はテレビの番組で「目の前に10mを超える堤防が出来たら、漁はいっそう厳しくなる。船に乗るまでに難儀するし、何より海を見ての判断が出来ない」と嘆く。

他県のある知事は「それはひと握りの地域の声じゃなかろうか。多数は高い防潮堤を望んでいる」と答えた。果たしてそうだろうか。そうした疑問、課題、難題が浮き彫りになってきたのが

3年という年月の節目なのだろう。

そのような環境の中で、三陸鉄道の前に進む姿は沿線住民の期待につながっている。常に前向きで明るい姿に、「郷土の宝。我々の誇り」と叫ばれている。全線復旧、再運行までひと月を割った。反対の声は極めて少ない。三陸鉄道こそ、3年を経過して「元通り」に復活する。それは住民にとって何よりも励まされる喜びなのだ。

釜石市では、慰霊の日を待ち、3月12日に釜石市が誘致を進めてきた「イオンタウン釜石」のプレオープンが行われた。浸水エリアへの初の大型店の出店である。街の賑わいを復活させるという野田市長の強い思いが形になった。

イオンタウン釜石から10分ほど歩いた所に、三鉄南リアス線釜石駅がある。三鉄とイオンの協力体制は着実に実を結びつつある。

3月13日、岩手日報の朝刊トップに、カラーで三鉄新車両が掲載された。12日から始まった試運転の記事である。新型車両の颯爽とした姿が映し出されている。釜石駅には、4月12日から毎週土曜、日曜を中心に「SL銀河」が乗り入れる。盛岡から釜石までを走るSLだ。これも人気が高まる。こうして徐々に復活の動きが形になってくると街の活気も増してくる。こうしたイメージアップは被災地の元気になくてはならない。

望月は、いささか疲れ気味で、その姿を察して社員も心配し始めてきた。再運行開始に向けて社員総力で準備に追われている。その間もひっきりなしに取材が相次ぐ。

観光を担っている大橋智美から「新型車両の愛称募集審査会」を行なう旨、呼び出しがあり望月ほか幹部が会議室に集まった。全線再運行に合わせてクウェート国から寄贈されるお座敷列車の愛称だ。総数300を超えていた。どのネーミングも三鉄が大好きな方々の思いが伝わってくる。どれも捨てがたい。1時間の審査は、望月の「審査員一人3作に絞ること」の命令が出ていよいよ当選者を選ぶことになった。

「潮騒のメモリー号」という命名案がかなり多かった。「あまちゃん」効果がまだまだ根強く残っている証拠だ。しかしこれはさすがに採用できない。NHKサイドに頼めば、先方は快諾してくれるだろうが、いつまでも「あまちゃん」に頼るわけにはいかない。

各自悩んだ結果、「さんりくはまかぜ」に決まった。沿岸の緩やかな風を受けて颯爽《さっそう》と走るイメージが浮かぶ。

全線再運行開始前の試練。ピリピリする三鉄社内。

東日本大震災から3年。苦労続きながらも復旧工事は小田の陣頭指揮もあり、ほぼ予定通りに進んでいた。多少市町村との道路の設置などのすり合わせで協議が伸びたりしたが、早くから業者選定を行なった効果が表れていた。

恐れていた年末年始の暴風雪は発生せず、穏やかな正月、そして2月へと進んでいった。最大の難関、大工事である「島越駅築堤」は、厳しい寒さではあったが、懸命の作業でどうにか再開通には間に合う見込みとなった。線路は1月にほぼ全線設置が完了した。北リアス線小本駅と田野畑駅がつながれば、北リアス線全てが貫通する。同時に、南リアス線吉浜駅と釜石駅の間、唐丹駅から平田駅付近の津波破壊の復旧が済めば、こちらも全線貫通する。

2月15日、暴風雪を伴う低気圧が太平洋沿岸を通過した。三陸沿岸一帯は平年なら温暖な気候

３月 26 日、山口団地付近を試験走行する新型お座敷車両「さんりくはまかぜ」。岩手の古民家のイメージをデザインして、内装は高床・たたみ敷きの和風調だ

で、あまり積雪の無いところである。陸前高田市や大船渡市などの岩手県南部エリアは、仙台、石巻よりも早く水仙が花開くことでも知られている。

その大船渡に30センチを超える豪雪が襲った。大船渡に限らず、沿岸部全てに大雪をもたらした。宮古市では40センチ、小本から島越にかけても50センチを超え、久慈市エリアは60センチを超える積雪となった。

北リアス線久慈駅から田野畑駅間では、水を含んだ重い雪のため、線路に倒木が相次いだ。宮古市から岩泉町にかけて3000戸の停電も発生した。いわゆる「ぼた雪」による被害である。

その日、18時宮古発小本行きの列車が一の渡駅で動けなくなった。積雪走行のためエンジンに負担がかかり過ぎ故障。宮古警察に救援を依頼したが、こちらも各地で事故が相次ぎ対応不可とのこと。乗客18人の救出に宮古から社員が向かった。本社を出発し到着したのが21時45分。一の渡駅は山中にあり、道幅が狭く、乗用車一台がやっとすれ違う事が出来る程度のため、手配したバスを国道に停め、乗用車で5回往復して運んだ。大雪で走行もままならず、最後の乗客一人を山口団地駅まで送り届けた時は0時50分。深夜の救出だった。

翌16日、久慈地方は60センチを超える積雪で終日運休。モーターカーラッセル車出動。重い積雪と倒木が影響し、一日10キロしか進めない。停電の影響で信号が使えず、総出の努力だったが回復には程遠い一日だった。施設社員の疲労はピークに近付きつつあった。宮古本社の一般事務社員も、宮古駅の豪雪処置で朝から厳しい労働が続き、人員応援の余裕はない。

17日。宮古から小本までの停電が復旧。一の渡駅に停車していた車両を16時25分に宮古駅へ収容し、ようやく運転を再開した。それでも北部の田野畑と久慈間は依然復旧の見込みが立たない。

18日。施設職員の体力が限界に達した。南運行部へ応援を要請。どうにか普代駅まで除雪が進んだ。

19日。ようやく普代から久慈間の除雪が完了し、運転を再開。残り田野畑まで最後の除雪に向かった。春の重い雪であちこちで倒木が発生し、チェーンソーで倒木切断の危険な作業が続く。水を含み凍って固くなった倒木は、チェーンソーの歯がなかなか回らない。そんな中、南運行部から応援にきた佐藤鯛希の太ももに倒木に跳ね返されたチェーンソーの歯がぶつかってきた。鮮血が飛び散った。

救急車を出動し病院へ搬送した。幸い厳寒の防寒作業服が厚かったため、大事には至らなかったが、左太もも切創の労働災害となった。この関係で昼終了予定の除雪作業が15時20分になってやっと終わった。17時、全線復旧。

この春の大豪雪で予期せぬ作業員の重労働となり、4月の全線再開通へ微妙な影を落としてきた。大在家は、小田の指示を受けて作業プログラムを再度見直す作業に入った。

2月15日から19日までの大豪雪で、今年のなごり雪はもう終わりかと期待していた約1カ月後の3月20日。再び試練が襲った。

その前日の19日、久慈の橋上や櫛桁など4人が盛岡の滝沢にある植野工房へ2トン車を配送した。クレディセゾンと三陸鉄道を勝手に応援する会が寄贈する「巨大なラグビーボールオブジェ」を釜石へ搬送するためだ。午後、4時間をかけて2トンクレーン車へなんとか積み込んだ。気仙杉の集成材2トンから削り出し、表面を研磨した作品だけに、掴むところがなく、クレーンで持ち上げる作業が難航したが、どうにかトラックに積み込むことができた。

翌20日、小雪が舞い散る中、釜石駅に屈強な作業員15名と共に、台座に設置する。これもどうにか設置できた。橋上など久慈の4名は、久慈のほうが大雪になってきたということで、急遽久慈へ向けて出発。16時に釜石を出て着いたのは22時過ぎ。平常の倍を要した。

夕方から一気に豪雪となり、19時には滅多に積らない大船渡で30センチを超え、宮古では50センチに達した。久慈は翌朝に70センチを超えた。停電も沿岸各地で4000戸以上発生した。

本社の及川は、21日0時まで状況把握に努めたが、回復する見込みがなく、結局本社に泊まり込みで指示を出す司令塔になった。

地元、岩手日報には「新潟から新型車両が到着する」との記事が掲載されていた。21日11時に久慈駅に到着する予定だった。

新潟を出た新型車両は、JRの線路を使って日本海側を走り、青森の「青い森鉄道」を通り、JR八戸線で久慈に入るコースをとっていた。ところが青い森鉄道で雪による倒木。架線が切断され、小湊駅に停車したままの状態を強いられた。倒木復旧処理に青い森鉄道社員が取り組み、ようやく回復したが、久慈駅に到着したのは22日0時48分。

ラッセル車を運行したが、結局進めたのは2月と同じ10キロ程度。この日の全面運休を決めた。運休は33本。大きな収入減となる。

本社一般社員も繰り出し、各駅の除雪を行った。若い3人の体力が大きな戦力となった。それでも不足し、運転士の下本、吉田もラッセル車の要員として小本駅へ向かわせた。

2月15日、3月20日、ひと月ほどの間での大豪雪。気象庁の観測開始以来初めての積雪となった。異常気象は三陸鉄道職員の体力を奪っていった。それでも4月の全線再運行開始に向けて休むわけにはいかない。職員間でピリピリとした空気が流れ、いざこざも頻繁に起こり始めてきた。部長級の職員の指示にも乱れが起こり、社員の混乱が続く。

3月27日、三鉄の取締役会が盛岡で行なわれた。全線再開通後の経営数値などが発表され、翌日の新聞には「三鉄厳しい環境の中で船出」と紙面を飾った。

本社2階の総務部、旅客サービス部は休む暇なく再開通の準備に追われている。精神的に緊迫した状態が続き、ジョークも飛び出さなくなっていた。電話口では客からのクレームで涙を流す女子社員。過熱する報道と同時に、予約申し込みが殺到していた。当然車両には限度があり、抽選方式をとったが、漏れたファンの怒りは凄まじい。

その対応の仕方にトラブルが発生し、部長同士の喧嘩が起こり社内は凍りついた。冨手、村上の両部長も処理能力を超えた作業が続いていた。三鉄の名物とも言える「口喧嘩」が始まる。冨手が「じゃあ俺が会社を辞めればいいんですか」村上が「なんで冨手さんが辞めるの。じゃあ俺が辞める」とまるで意味が通じない会話へと発展する。

望月は、そんな現場を見ても「いいんだ、ほっとけ」とばかりに泰然自若としている。

草野が間に入った。「じゃあ二人とも辞めれば。前田と皆川が部長だな」と言うと、あちこちから笑い声が起こる。真顔で下を向くのは前田だ。「こっちに振らないでください」と懇願する。口角泡を飛ばして言い合うが、その数時間後には一緒に昼食の席につき、笑いも起こる。一期生同士の不思議な絆。禍根を残さない社風こそ三鉄の持ち味だ。

泣き笑いもあと数日。最後の追い込みは本社ばかりではなく、北と南の運行部も同じだ。小さな小競り合いやミスも起こっているが、望月は「何とかなるって」と意に介さない。

3月11日、「三鉄レイルトレッキング」。運行再開前のレールを歩く。

3・11から3年経った当日。釜石の朝は穏やかだった。この日は三陸鉄道全線開通プレ企画「三鉄レイルトレッキング」が催された。再運行前の、まだ三鉄の列車が走っていない線路上を歩くという企画だ。南リアス線の唐丹《とうに》駅からスタートする。

8時半過ぎ、参加者56名が唐丹駅の前広場に集合すると、直ぐに開会式が始まった。日に照らされて、新装された唐丹駅が輝いている。駅を守るかのように、再建された築堤のコンクリートも白く堂々としているように映る。

初めに、三鉄の三浦がマイクを握った。

「本日は『三鉄レイルトレッキング』に参加していただきありがとうございます。4月5日に南リアス線が、6日に北リアス線が再開することになりました。皆様の支援のお陰です。今日は、被災したレールの上を歩くということで、計画いたしました。皆様に1時間弱ですが歩いていただき、当時のことを思い描いていただきながら、前進していきたいと思います」

続いて、釜石市のまちづくり団体「うみぐらし大使館SUNRING」代表の下村達志が挨拶に立った。30代の地元の若手活動家だ。

「あの日を忘れないためにも、そして未来に向かうためにも、このレールの上を歩くことには意義を感じる」との言葉を述べた。

それに続いて、三鉄の吉田がマイクを握った。

「震災直後の数日間、実際に釜石から唐丹に歩いたという話を聞いていました。三鉄が4月5日に運行再開しますと、線路を歩くことは出来ません。『その前に、ぜひ』との声も受けまして、本日、あれから3年の3・11に歩くことを計画いたしました。あの震災の際には、この線路をよく歩いたなぁと実感なさる方もいらっしゃると思います。本日、歩く区間にはトンネルがあります。今日はトンネル内に電気が点いていますが、当時はありません。また、今日は、陽が当たって暖かいですが、あの日は、雪が舞って寒い日でした。ここから約250メートル歩きますと、熊の木トンネル790メートル、これを抜けますと、津波で流された荒川橋梁に行きます。そこから270メートル歩きますと、鍬台トンネルです。当時走っていた列車が停まったというトンネルです。長さは3790メートルです。そこでは、皆様の1枚1枚の写真を撮り、その写真にメッセージを書いていただきたいと思います」

三鉄の熊谷を先頭に、唐丹駅の入口から入り、唐丹駅ホームに上がる。3・11ではここまで津波がやってきて、このホームを越えていった。

参加者は、このホーム上を吉浜方面に歩き、ホームの端から、はしごを伝わって線路上に降りる。砕石が足下を不安定にする。線路の中央で歩くので、1列ないし2列縦隊となって、先頭と最後尾とは50メートルほどの長さに伸びていった。参加者はあまり会話もせずに、黙々と歩く。報道陣は、その歩く様を撮影しながら、一緒に移動していく。直ぐに熊の木トンネル入口になる。今日は、トンネル内には10メートル間隔で蛍光灯が点いているので、懐中電灯がなくとも歩けるが、明かりのなかった状況では相当に困難だったのではなかろうか、と想像できる。

熊の木トンネルを20分ほどで抜ける。目の前には、熊野川の広い河川敷が広がっている。三鉄のレールは真新しい軌道敷きの上を、鍬台トンネルの入り口にまっすぐに向かっている。

9時42分。鍬台トンネル入口前に到着。震災当日に南リアス線を走っていた車両が立ち往生したトンネルだ。参加者は感無量の面持ちでトンネルを見やった。

唐丹駅に11時15分頃に戻ると、唐丹小学校の児童30人ほどが、ホーム上に整列して、歌を歌ってくれた。清々しい歌声には明るい希望が宿っていた。唐丹駅の横のミニコンビニのスタッフがこう言った。

「今日は、新しい出発を告げるお祭りだね」

4月3日、最後の試練に襲われる。チリ津波注意報とM5・5地震。

4月2日、11時55分。本社及川が叫んだ。

「チリでM8・2の地震。津波が来る恐れあり」

社内に緊張が走る。

全線再開通まで残り3日。社員総出の準備は深夜まで続いていた。そこに緊急対応を強いられる。ピークに達している社員の疲労に、予想外の追い打ちがかかった。

翌4月3日4時。津波注意報が発表された。宮古市内にはけたたましいサイレンが鳴り響く。あの日を思い出す市民も多かったに違いない。安閑とはしていられない。

三陸鉄道は4時30分に災害対策本部を設置。冨手と及川が指揮にあたった。5時には大半の社員が出社。望月も5時に会社に着いた。その日の列車は全面運休となった。注意報が解除されるまで再開はできない。

8時23分。突然の大揺れ。波長の長い大きな地震が襲った。テレビでの速報は震度4。決して小さくはない揺れだ。

この地震が起こったことによって、津波注意報が解除された後には線路の一斉点検を行なわなければならない。異常が無ければ運転再開となるが、津波注意報はなかなか解除されなかった。おそらく南リアス線は終日運休となるだろうと予測された。南リアス線の全線再開式典は5日。

あと2日しかない。

吉田がつぶやく。

「たまんねえな」

すっきりと全線再開へ向かいたいが、そう簡単にできないぞという天からの最後の試練。吉田は少しだけ神様という存在を恨めしく思った。

夕刻6時、津波注意報が解除になった。山田湾に住む漁師の佐々木俊之は、「また養殖筏が流されるのかと心臓バクバクでした」と胸をなでおろした。あの3・11の前、3月9日のわずか20cmの津波でも、養殖筏《いかだ》が流された苦い経験があるからだ。

三鉄職員は、再び「全線再開通式典」の準備に戻された。あと2日。疲れてはいるが、休めない。それでも社員の顔には、ある種の使命感からか誰の目も輝きがあった。

物販にも力を注ぐ。芽が出て、花を咲かせるために。

大震災から復活する特別な日、4月5日と6日のセレモニーや式典を担当しているのは村上富男総務部長だ。毎日沿線自治体首長や担当者との打ち合わせを繰り返し、移動距離は2日で500キロに及ぶこともあった。職場に戻り、招待者のチェックを行なう。役職にある方ばかりで気を使う。さらに株主でもある市町村の要望も膨大な量となって押し寄せる。部下の宮川と前田がテキパキとこなしていく。社内の空気も重くなってくる。不慣れな手配業務や案内書の配布など、単純な作業だが手を抜けない。誰もがその日を待ち望んでおり、招待状が届くのはとても嬉しいことだ。それでも来賓の中には大臣も含まれ、社員は毎日のように夜遅くまで準備に追われた。

望月は、かねがね住民の方々を優先して招待名簿を作れと指示を出している。国費を出してくれた国の役人や県の幹部も大事だが、3年間共に苦労して応援し続けてくれた地元の人たちやファンの方々こそ三鉄の宝なのだとの思いが強い。

再開通式の前夜祭や式典などで配る品物の準備もある。どこにもない、三鉄ならではの品を用意したい。

望月は2013年10月に「4月から始まるカレンダー」をつくろうと提案していた。社内にはプロ顔負けのアマチュアカメラマンが大勢いる。鉄道写真展などで常に上位入賞する者もいる。冨手を筆頭に、運転士の佐々木光一や整備を担当している櫛桁、運行部の責任者金野は玄人はだしである。

12枚の写真は選考会を重ねて決定した。三鉄が走る風景写真のほかに、26の駅を全て載せることにした。そこに駅にまつわる話を盛り込み、月めくりとするまさに「ここだけ」のカレンダーとなった。部数は限定で2000セット。それ以上は経費がかかりすぎるためだ。

このカレンダーは、事前の評判がよく4月5日、6日の両日、有人駅を中心に販売することにした。

おちゃめな望月を主役にした伝統調味料（釣り好き社長の煎り酒）も再開通記念品として登場した。コーディネートしたのは、商品開発コーディネーターで、三陸鉄道を勝手に応援する会の会員でもある五日市知香。望月の釣り仲間でもある五日市が、仕事のパートナーでデザイナーの東海林潤子に依頼して望月の似顔絵を作り、商品ラベルに起用した。

煎《い》り酒《さけ》は江戸時代から用いられていた日本の古い調味料。五日市はそれを、三陸の銘酒浜千鳥と三陸の普代村の昆布、二戸市の生産者（ゆいほたる）の梅干しを使い創り上げた。実際試食段階でも、三陸の白身魚の刺身にはすこぶる相性が良く、美味いと評判を集めた。指導は、盛岡の老舗蕎麦店「直利庵」の松井洋親方に依頼した。この商品は再開記念として４月６日から販売することにしたが、来賓の記念品としても活用を決定。なによりも地域の食材を愛し、それを使うことで地域と一体になる三鉄の姿勢を表している。「釣り好き社長の煎り酒」は、醤油と同じように白身魚の刺身にはすこぶる相性がいい。どんこは三陸の名物の底魚であるが、このどんこのたたきと煎り酒は、それは想像を超え、絶賛されるほどの美味となる。

三陸鉄道のオリジナル商品はユニークなものが多い。

数々のヒット商品の一つに「きっと芽がでるせんべい」がある。これは、２００９年に「赤字

煎り酒。江戸時代から使われていた日本古来の伝統調味料。五日市が地域の食材を使用して再復活させ、三鉄ブランドとして2014年４月に発売した。三鉄の復活とともに記念すべき商品だ。望月社長の似顔絵がかわいい

せんべい」に続くジョーク商品として五日市の提案を受けて開発したもの。発芽玄米のイメージから、三鉄だっていつかはきっと芽が出る、と当時の山口和彦社長に提案し、地元の昆布などを入れたせんべいが誕生した。

3・11の大災害の後、五日市は「きっと芽がでるせんべい」の復刻版の販売を望月に提案した。五日市が、岩手県最西部の町、西和賀町で商品開発コーディネーターとして「納豆汁の素」などを指導し大ヒット商品に仕上げていた。その縁から西和賀町細井洋行町長に支援を依頼。細井町長は二つ返事で了承し、リメイク商品のラベルとパッケージを全額支援してくれた。商品は西和賀のサンタランドという菓子メーカーの「ぽんせんべい」とした。辛口から甘口まで釜石の発芽玄米と三陸産すき昆布を練り込んだ第二弾が完成した。

震災後多数のボランティアが被災地へ応援にやってきた。まずその人たちが帰りのお土産として購入していった。イオンもまた大量に仕入れ、全国販売を手伝った。その結果、単品では過去最高の数千万の売り上げへとつながり、大ヒット商品になったのである。西和賀のサンタランドは注文に追い付かず、連日徹夜で作業を繰り返す多忙を極めた。人の縁とは不思議なもので、望月の奥さんは西和賀出身。三陸鉄道を勝手に応援する会の竹内重徳や吉田和明など県OBも西和賀と深いつながりがあり、五日市のプロデュースをバックアップしたのである。

4月5日。この商品のように三陸鉄道は全線再運行開始、「きっと芽がでる」を実現した。芽が出て、これから花が咲く。

ついにその日がやってきた。
2014年4月5日、南リアス線全線運行再開。

空は徐々に青みを増してくる。一見すると晴天なのだが、細かい雪が舞っていた。4月5日早朝。釜石駅前にはホールテントが設営され、飲食屋台も準備を始めていた。

釜石からの一番列車は6時10分に出発する。当日の南リアス線の一番列車は、厳密にいえば盛発5時48分発ではあるが、何よりも「釜石から列車が出る」ことに大きな意味合いがある。

地元の人はもとより、全国から鉄道ファンが押し寄せ、釜石駅前には5時半前から、一番列車に乗ろうと意気込む人たちの行列ができていた。各局のテレビクルーもそこにカメラを向ける。ちらつく雪など、その熱気に押されてすぐさま溶けていく。

切符販売が始まった。客のほとんどが「三陸鉄道 南リアス線運行再開 記念フリー乗車券」を買い求める。釜石～盛間、1日乗降自由の1000円切符だ。

切符を手にするや、ホームへ続く通路を皆、足を速める。小走りに急ぐ人もいる。急いだところで列車は定刻にならなければ出ないのだが、気がはやるのだ。ホームにはおなじみのトリコロールカラーの三鉄車両があった。

何故だか、車内はひまわりの造花で飾り付けられている。春なのだから、「桜でデコレーションすればいいのに」との声を発する人もいたが、「この垢抜けなさが三鉄らしい」と笑って受け入れる声に周囲は納得した。

この列車の運転士は佐々木光一。前年の部分運行再開時にも志願して一番列車の運転士を務めた佐々木だったが、今回は手を挙げて立候補したわけではなかった。運転部門の長である相田千秋が彼を指名した。

佐々木は前日から、釜石駅に併設された運転士詰所に入り、早めに床についた。子どもの頃の遠足の前夜のように、ウキウキしてなかなか寝付けなかった。

6時10分、釜石駅ホームから一番列車が動いた。1両のみの運転だ。乗客はおよそ50名。とりわけのセレモニーが行なわれるでもない出発だった。そういった祝典のための記念列車は、来賓を乗せた盛発11時の便で催される。

6分後、釜石の隣の平田駅に着いた。ホームには大漁旗。地元のボランティアの人たちが笑顔で出迎える。お隣の唐丹駅、その隣の吉浜駅までが3年以上にわたって不通となっていた区間だ。乗客はカメラを車窓に近づけ、感慨深げに写真を撮る。

「今日は2往復ぐらいしようと思ってます」とある乗客は言った。

「明日は明日で、北リアス線を2往復」

失われていた区間が「線」でつながることは、鉄道ファンにとってはたまらない喜びだ。線の路（みち）だから「線路」。鉄道はつながってこそ存在価値がある。

午前11時。釜石駅前のホールテント内では、地元の保存会の面々による虎舞が華々しく記念式典の幕開けを告げた。その時分から、駅前には三鉄運行再開を現場に来て祝おうとする人たちで溢れかえった。屋台の蒸し牡蠣が売れる。そのブースにいたのは、例の〝釜石復興〟を呼びかけた三塚だった。

「今日は目いっぱい頑張りますよ」

彼の目は明るく強い光を発している。

午後12時40分からは、杉の木を削って作られた巨大なラグビーボールのオブジェが披露された。釜石はラグビーの町でもある。地元の雄、釜石シーウェイブスのメンバーが勢揃いした。このオブジェは釜石駅のシンボルとして、長く愛されていくだろう。

三陸鉄道釜石駅に据え付けられた「ラグビーボールオブジェ」。ラグビーボールには、寄付された方々の氏名プレートが貼られている

12時55分、盛からの記念列車が到着した。坂井学国土交通大臣政務官兼復興大臣政務官、達増拓也岩手県知事、アルオタイビクウェート国大使ご夫妻、女優藤原紀香日本赤十字広報特使らが、姿を見せる。望月正彦三陸鉄道社長もその列車に乗ってきた。

記念式典は全員の黙とうで始まり、望月の運行再開宣言へと続いた。

「多くの方々の支援を得て、この日を迎えることができました」

群鳥が一気に飛び立った時のような拍手の音がテント内に響き渡った。誰もがこの日を待ち焦がれていた。

その夜、場所を宮古市の「浄土ヶ浜パークホテル」にて、明日の北リアス線運行再開を祝う催しが開かれた。宴室には、行政関係者、復興工事に尽力した方々、三陸鉄道を勝手に応援する会メンバーなど200名以上が集った。

その催しの最後に、三鉄の社員二人が挨拶に立った。女性社員の大橋智美と、下本修運転士。「三陸鉄道再出発宣言」と銘打たれたその口上を記す。

【大橋】三陸鉄道は、東日本大震災により甚大な被害を受けました。私たちは、少しでも被災した皆様のお役に立とうと、社員一丸となって復旧に努めました。

【下本】震災から5日後の3月16日、北リアス線の久慈・陸中野田駅間で運行を再開しました。3月20日には宮古・田老駅間で、3月29日には田老・小本駅間で運行を再開しました。また、3月中は被災者支援のため運賃は無料としました。

【大橋】お客様からいただいた「ありがとう」の言葉は、今も私たちの心にしっかりとしみこんでいます。そして、鉄道は単に人々をある地点から別の地点に運ぶだけではなく、笑顔を運ぶ存在であることを実感しました。

【下本】あれから3年余り、三陸鉄道は多くの皆様の様々なご支援を頂戴して復旧の歩みを進め、明日いよいよ全線で運行を再開します。くしくも今年は、三陸鉄道が開業して30年の節目の年です。

【大橋】残念ですが、多くの駅の周囲には街がありません。堤防が完成し、土地のかさ上げがされないと街は元に戻りません。震災からの復興には長い時間と、人々のたゆまぬ努力が必要です。

【下本】私たちは、三陸鉄道が地域の震災からの復興の希望であると信じています。そして、これからもお客様の笑顔をつなぎ、地域とともに歩んでいくことをお誓いし、再出発宣言といたします。

平成26年４月５日

三陸鉄道株式会社　北リアス線運行部　運転士　下本修

同じく　旅客サービス部　お客様担当　大橋智美

下本は、途中何度か声を詰まらせた。自らの３年間と、町々の３年間と、三鉄の３年間がダブりながら脳裏をかすめたのだろう。

参加者は、涙を隠さずにいる下本を拍手で激励した。多かれ少なかれ、誰もがその人なりの感慨を抱え込んで約３年を過ごしてきたのだ。

4月6日。
北リアス線もつながった。

宮古駅からの一番列車は6時08分に出発した。2両編成。ここでも仰々しいセレモニーはなかった。運転士は下本修。下本は車内マイクを通して淡々とした口調で主な駅の到着時刻を告げ、静かに運行再開の感謝の言葉を乗客に発した。

駅周辺、車内にはテレビ報道のクルーがカメラを向け、レポーターが快活な声を挙げている。前日もそうであったが、地元岩手のテレビ局やＮＨＫでは、特別番組が組まれている。

列車は6時43分に小本駅を離れ、3年強にわたって不通となっていた領域に踏み込んだ。次は、津波で壊滅的な被害を受けた島越駅だ。

小本から島越の間はいくつかのトンネルがある。この暗闇を抜けた先、車窓から見える島越駅周辺はどのような景色なのか。車内の目は海側、つまり進行方向右側に向けられた。

抜けた。

見えた。

いまだに重機が数台あり、殺伐とした感も隠し切れないが、沿線道路には小旗を打ち振る人たち、大漁旗を掲げる人たちが鈴なりになっていた。海が見える。あの忌々しい海が、今日ばかりは穏やかかに広がっている。

駅舎はまだない。完成は6月の予定だ。以前の瀟洒な趣に近い造りになるという。それが完成すれば、三陸鉄道の復旧は完遂となる。

島越は、そういった意味でも象徴的である。

2014 年４月６日の三陸鉄道全線再開通式。宮古駅ホーム上でのテープカット。左から、望月社長、根本復興大臣、太田国土交通大臣、達増岩手県知事、山本宮古市長

震災前まで島越駅の業務を受け持っていた早野くみ子も、その日、居ても立ってもいられず、島越駅に足を運んだ。仮設住宅を出て、高台に新しく家を建て、そこで暮らしている。

「駅が完成したら、また業務に携わってくださいと田野畑村から打診が来ました。喜んでお引き受けします」

早野は、心底うれしそうに笑った。

「その仕事は私の生き甲斐でもありますからね」

泣き笑いを共にした三陸鉄道島越駅。駅が完成してもその近くに家々は建てられないが、「駅には喫茶スペースもできるようですから、そこに皆さんが集って、お茶っこでも飲みに来てくれれば活気も出ます」と彼女は語った。

当日の朝9時。宮古駅前から、三陸鉄道を勝手に応援する会のメンバーが数台の車に分乗して出て行った。

三鉄の運行再開を祝う紅白の餅を、宮古市内63か所の仮設住宅に暮らす人たちに配るためだ。

「三鉄だけが浮かれ気分でいるわけではない。地域のシンボルとしての復興だから、仮設住宅の方々とも一緒に喜びたい」との動機で決まった。

参加者には、東京や横浜から駆けつけた人もいた。仮設住宅は車のナビにはその位置が示されていないから、地元の事情に詳しいメンバーが必ず1台にひとり配された。

宮古駅前のテント設営や溢れかえった人混みとは異なったベクトルで動く面々がいたことを、ぜひとも記しておきたい。

宮古駅前のテントホールでの記念式典は10時45分から開始された。釜石駅前でのセレモニーと同様に、黙とうに始まり、望月の運行再開宣言へと続いた。

来賓の太田昭宏国土交通大臣、根本匠復興大臣らが祝辞を述べる。達増拓也岩手県知事、山本正徳宮古市長がそれに続く。もちろん、クウェート国大使ご夫妻、藤原紀香氏の姿も壇上にある。夕刻には、久慈市の名誉駅長&副駅長を務めている杉本哲太、荒川良々両氏が三鉄で到着。「あまちゃん」の名コンビは熱狂的な歓迎を受けた。

宮古駅周辺は日が暮れるまで、長いお祭りだった。

「この日が来るのを待っていた」と地元の人たちは口々に言った。

すべてのイベントが終わり、望月正彦はポツリと言った。

「さあ、『ここまで』は完了。明日からは『ここから』が始まる。お涙ちょうだいの物語は今日までだ。明日からが勝負の始まりだ」

エピローグ

未来

「今日は手放しで喜びたい。沿線の人たちや、全線復旧に尽力してくれた関係者、サポートしてくれた方々、有形無形の支援をしてくれた全国の方々、三鉄マン全員とその喜びを分かち合いたい」

4月7日の夜、望月正彦は祝いの酒に赤らんだ顔を上げてそう口にした後、数秒の間を空けて「けれども」と言葉をつないだ。

「大切なのは、〝これから〟なんだ。三陸鉄道は全線復旧した。だからといって、ここから赤字がV字となって黒字に転じるほど甘くはない。全線復旧は震災以前の0地点に戻っただけで、すべてはこれからだ。魅力ある鉄道にしなければいけない。地元の方々に乗っていただき、県内の内陸部の方々をはじめ、全国からも三鉄に乗りに来てもらいたい。そのために何をすべきか。明日からまた、全力で取り組んでいく」

多くの人たちが再開通を待ち続けてきた。

あまりメディアには登場しないが、三鉄の隠れたファンも多い。

その一人に「みちのく鉄道応援団」の小松大希がいる。隣の宮城県に住む小松は、祖父母が釜石にいる。そのためJR釜石線に乗って会いに行く。釜石から盛までの南リアス線は小さい時から大好きな路線だった。

その南リアス線が壊滅的打撃を受け、大きなショックを受けた。自分でも何か出来ないかと考え、車内放送CD制作に取り組んだ。明るく軽快な駅のメロディに乗せて、三鉄の歴史や駅の話、車窓の景色の様子など盛りだくさんのナレーションが詰まっている。鉄道ファンのフジテレビアナウンサーの笠井信輔が無償でそのナレーションを引き受けた。鉄道フェスティバルの復興応援イベントにも、応援販売を手伝ったり、多岐にわたって力を貸した。

２０１２年３月に発刊された吉本浩二の漫画「さんてつ　日本鉄道旅行地図帳　三陸鉄道　大震災の記録」は大ヒットした。リアルな描写は鉄道ファンばかりではなく、多くの人たちの共感を誘い、一層の三鉄ファンを増やした。大手出版社も三鉄写真集を相次いで出版した。そうした人たちの声や応援が、全国に三陸鉄道を救えの合唱となって広がっていった。

三鉄の職員ではないが、委託駅というところで駅業務をしてくれていた人たちがいる。その中で、田野畑村の二つの駅、島越駅は早野くみ子、田野畑駅は根木地徳栄がいた。二人とも津波で家を流され大きな痛手を負った。当然三鉄の仕事は途絶えた。

早野も根木地もなんとか立ち上がり、語り部ガイドを自ら志願して行ない、津波の恐さを伝えてきた。根木地は、漁師ながら大病を患い、津波が襲う半年前に胃の全摘出手術を受けていた。仮設住宅の生活は過酷で辛い日々だったが、三鉄への復帰が夢で、どうにか頑張ってきたのである。

念願がかない、田野畑駅の部分開通に伴い、駅長として復帰した。定置網の漁師をしながら語り部と駅長と３役をこなしている。何よりも全線が元通りになることが一番の願いであり、それが４月６日実現したのである。

三鉄を陰で支えている人は、働く人やボランティアばかりでない。三陸鉄道の一番の得意客は高校生である。定期通学がもっとも多い利用者。その高校生に大きな負担を強いてきたのが大震災である。分断された左右の場所にいる高校生たちは、満足にクラブ活動や課外授業を受けるのが困難になった。田野畑駅と小本駅の間は、島越である。3年間の不通の間、高校生たちは駅間を結ぶバスを使わざるを得なかった。隆起海岸の代表的な北山崎《きたやまざき》もここにある。国道まで標高200m。らせん状の細い道を上り下りする。時間も列車なら10分弱のところ、バスであれば3倍4倍の時間を要する。乗り継ぎや待ち時間を入れると1時間半以上のロスが出る。高校生に朝晩のこの時間の負担は辛い。

再開通が間近になると、テレビや新聞の報道に、地域の高校生の喜びの声が相次いで報道されていた。北リアス線ばかりでなく、南リアス線の利用者も同じである。再開通したら、大船渡から釜石まで三鉄に乗って買い物に行きたいという高校生の初々しいインタビューが画像から流れてきた。

岩手の沿岸の高校生たちは、都会の子供たちと違い、遠慮気味でおとなしい。マイクを向けられると、たどたどしく話す。「うれしい……です」と。芯が強く、親孝行で寡黙な子供たちが多い。今や失われた純朴青少年の宝庫なのだ。

4月7日から県内一斉に学校が始まる日程に合わせるため、必死に復旧してきた。高校生や通勤の人たち、病院へ通うお年寄りなど、多くの笑顔を乗せて三鉄は走る。

緊張と笑い声が同居する職場。

宮古駅2階の三陸鉄道の本社に、社長望月正彦は常駐する。本社内にはいつも笑い声が響く。震災後の重々しい空気の中でもジョークが飛び交った。その笑い声が止まると真剣な顔つきとなる。机に向かいテキパキと業務をこなす。

再開後、人気に火が付きイベント列車などの予約が毎日ひっきりなしに電話にかかってくる。大事なお客さまだが、時折電話で怒鳴られる。「すみません、すみません」と何度も謝る大橋智美は旅客サービスの一員で二人の母親だ。それでも真剣に相手が納得するまで時間をかけて説得する。

お叱りを受ける理由の大半は客側の間違いによる事が多い。高齢の方が特に多い。「×月2日、夫婦二人って言ったよね」「すみません。お客様の予約は3日になっています。ご確認頂くために2度お電話申し上げたと思いますが」「そんなことはない。2日に決まってる」とどなり声が響く。この手の「勘違い予約」は後を絶たない。なんとかお客様のために空き席を探す努力をするが、キャンセル待ちも多く思うように出来ない。大橋はトイレで涙を拭う日も多かった。

千葉尚子は女性社員としては最も長く会社にいるベテランだが、古参というには失礼なくらい若々しい。コツコツと地道な広報の作業や総務の作業をこなす。なによりも全社員を熟知しているので、万が一の緊急事態の時にはなくてはならない存在だ。明るく頼もしい存在で、女性社員から慕われている。

そんな千葉を菊池吉則や村上が冷やかし喧嘩をしてじゃれあう。

「若い子がいいと言ったでしょ」「いや、おらは若い尚ちゃんって言った」「え、若いって、馬鹿にしてんの」「馬鹿にしでね、年寄りよりは若いべ」「もうお菓子あげない」と一日こんな調子で喧嘩を始める。

誰かが何かを言えば、笑い声が連鎖する。その間真剣な仕事と緊張が交差するから、初めての人は戸惑う。

震災前、一番年下だった前田邦明は、身長185cm、ややスリムに見える体躯だが、実におとなしい。か細い声で話す。おどおどし、怒鳴られることも日常茶飯事だ。けれども当然のことながら、仕事の手を抜くことはない。力仕事、人の嫌がる仕事、お使い、何でもこなす。

そんな前田に年下の同僚ができた。住田町出身の菅野訓貴と皆川哲也だ。菅野も皆川も大柄。気温零下10度になってもコートを着ないで出勤してくる。2014年の冬は特別に寒かった。連日零下5度以上の厳寒の日が続いたが、この二人はエスキモーのように背広一枚だけ。中にセーターも着てこない。さらに寮の自分の部屋には暖房器具が無いという。「いくら給料の安い三鉄だからって、おまえらストーブくらい買えよ」と村上が怒ってもびくともしないのである。恐るべき耐寒能力である。

ラグビー選手のような菅野は、物産を担当している。皆川はあまり笑わないが、黙っているだけで周囲は笑ってしまう。あだ名は「室長」だ。

ある時こんなことがあった。昼食に11時59分に出ようとした上司の村上に向かい「まだ1分前です」とぼそぼそと注意した。社内はあっけにとられ笑いの渦が巻き起こった。「はい」と言って1分間待つ村上。その後「勤務時間監視室室長」となった。3人の若者がこうした環境で伸び伸びと育っている。

毎朝、抽選機で1分間スピーチの番を決める。誰にあたるかわからない。当たった社員は速やかに話さなければならない。経理の佐々木里左子は茶の湯の事を話す。広報の清水川は婚約者の事を話す。

望月は、基本的に社員を自由奔放にさせておく。しっかりと自分の業務をこなしていれば怒らない。むしろ自分から笑いの中に入っていく。自由闊達こそ会社の命と、望月はいつも笑顔で社員を見続けてきた。

三陸鉄道の社員は個性的な人間が多い。観察しているだけでも面白い。観光を専門にしている三浦芳範はめっぽう真面目だが、どこか抜けている。それでも沿岸の中高年のお客さんのツアーではいつも大人気だ。「三浦さんじゃないとだめだ」というお婆さんが訪ねてくることも多い。

その上司の成ヶ澤亨は社内きっての勉強家で論客だ。情報収集能力が高く、市町村情報通だ。金子盛継は寡黙で下を向きながら笑っていることが多い。観光部門の花形的存在は赤沼喜典だ。全国の観光関係者に顔が広い。そのためか、自分で仕事を探し、堂々と県外へ出張してくる。赤沼の家は田老にあって、津波で全てを失った。今は新婚に近い妻と子供と仮設住宅暮らしである。

三陸鉄道の将来の命運を観光が握っている。現在の人気をいつまで維持出来るか、またさらに伸ばしていけるか、再開通前から社内では議論が続いていた。被災地フロントライン研修は大きな成果をあげた。震災学習列車は今も人気が続いている。再開通後の予約も多く、まさに順風満帆に見えるが、観光部門の戦士たちは、決して気を抜いていない。むしろ「これからだ」と気を引き締める毎日だ。

望月は、新生三鉄の命運は「観光」と「地域住民の信頼」に置く。特に住民の利用促進こそ三鉄の使命であると常に口にする。クウェート国からの支援により製造された真新しい列車が走り始めたが、「こんな車両をぜひ地元の人たちに貸し切って楽しんでもらいたい」と貸し切り車両の活用を指示している。

高齢化社会、過疎化が進む中、長寿を祝う列車や孫の誕生祝い列車、あるいは歓迎会列車や送別会列車もある。「簡単に利用でき、しかも格安で楽しめるのが三鉄の魅力なんだ」と言い続けている。観光部門の活躍こそ、新生三鉄には無くてはならない要素なのである。

震災後、数回本社会議室で歓送迎会を催した。アルコールと及川の手料理でもてなす。望月はアルコールの場所では、決して仕事の話をしない。ジョークを言い合い、笑い合い、徹底的に雰囲気を楽しむ。社員もまた、いやいやながら上司との酒の場に出てくるのではない。とても楽しみにしている。最終列車が到着すると、最後の運転士も参加してくる。場が盛り上がったころ、望月は静かに見送りを断り千鳥足で帰っていく。

「仕事をするとき」「遊ぶとき」「息抜きをするとき」メリハリのある社風がある。

北リアス線運行部は久慈駅に車両基地と本部を持つ。トップは運行の全責任を持つ金野が率いる。本部は男社会。お客さんが来るとたどたどしい手つきでお茶を出すのは、新人運転士の小松や鈴木龍也だ。

運転士は鉄道会社にとって「花形」の部門だ。しかし三鉄は違う。運転士こそ重い役割を担う。列車の掃除、切符の販売、社内アナウンス、運転、車両洗車、給油、とにかく一人で何役もこなす。運転士の総括は米沢だ。大事なお客様を預かる運転士の体調管理に気を配る。

再開通前、3月の初めにベテラン運転士の飯田が急病で倒れた。震災でも痛手を受けたが頑張ってきた一人だ。労働荷重にならないよう常に管理していても、こうしたことが起こる。金野は何よりも部下の健康管理に気を遣う。

久慈から盛までは国道で200キロある。車で4時間ほどかかるが、金野や小田率いる施設管理のチームは、厳しい気候の中でも毎日のように往復する。それも体力のいる現場作業をしながらの移動だ。小田は工事のすり合わせや許認可などで沿線市町村との調整も担う。思うように調整が行かないことも度々だ。それでも忍耐力は人並み外れている。沢田、櫛桁がそれを補佐する。

北、南、それを束ねる中間の宮古本社。震災による分断で会社の運営は一層困難になったが、カバーしてきたのはこうした個性ある社員たちだ。

社員たちには、それぞれファンがいる。沿線の地元住民たちだ。

「あの列車の汽笛は佐々木光一くんだ」と自宅の庭先で通過列車を見て澤田夫妻がつぶやく。「社長がおらの店の品書きを決めてくれる」と佐羽根駅にある悠々亭。「菊池さんはうちの息子」というのは宮古駅近くで電気店を営む大越電気の佐々木慶子社長。村上や富手を頼りにするのは宮古駅のタクシー会社を経営する松原安子。共に、宮古を元気にしようと頑張っている末広町商店街で女性が中心となって立ち上げた昭和通おかみさん会の会長、事務長だ。「三鉄さんがあるから店をやっていける」というのは、魚元の張間重子女将。震災直後、三鉄に食料を運んでくれた。

三陸鉄道と住民の結びつきは深い。紹介した人たち以外にも様々な形で関わっている。

三陸鉄道の命運。

三鉄の再開通は、東日本大震災の復興シンボルとして今や全国的人気となっている。連日多くの報道陣が訪れる。望月は、ほぼ毎日どこかしらの取材を受け、三陸鉄道の文字がテレビや新聞に流れない日は無い。

草野は望月に「決して取材は断らないでください。会社の大事なPRです」と強く念を押している。講演の依頼もひっきりなしにオファーが来る。体力的にきついことも重々承知しながらも、望月だからこそ三鉄のイメージを上げ、次につなげることが出来ると、あえて無理強いしている。

望月は、嫌な顔一つせず、それに応える。

望月は、相当疲労がたまり、時折眩暈《めまい》も覚える。しかし社員の前で弱みを見せることは無い。「まだ大丈夫」これが口癖になっている。講演も大阪、東京、仙台と連続して移動することも度々だ。深夜に宮古へバスで戻ることも多くなった。その間、新型車両の視察や安全祈願祭、走行安全確認や沿線市町村長との交渉もこなす。

望月は草野はじめ幹部と、その間に様々な戦略的なことを話す。ＪＲ山田線の問題や、南リアス線の活性化のことなど尽きることはない。その合間に「釣り」や「山菜」の事も話題にする。その時を夢見るからこそ頑張れると、おちゃめに望月は笑う。

全線再開通が来たから事が完了したのではない。再開通式の次の日からが本当の経営が始まったともいえる。

震災でいまだ復旧していない集落を走る三鉄に、住民の利用が増えることはあまり期待できない。被災した住民の1割以上は、故郷をあきらめ県内外に移住している。人口減少に拍車がかかる中、沿線住民の大切な足とはいえ、経営的には苦しい荒波に向かわなければならない。さらに「復興道路」として地域高規格道路の建設が急ピッチで進んでいる。当然鉄道より車へと変化させる。ＪＲ山田線は復旧の見込みが立っていない。三鉄とつながらない効果はマイナスに働く。悪い材料が目白押しなのだ。それでも、それらを言い訳には出来ない。

「これだけ人気が出れば、観光客がどっと押し寄せ、三鉄は安泰だ」と言う人も多い。ところが実際には外から見るイメージと内部の台所事情は異なる。

２０１４年3月27日、最大株主である岩手県の知事達増拓也などが出席して、三陸鉄道株式会社取締役会が盛岡市内で開かれた。全線再開通前の大きな節目だった。今後の三鉄が注視されているため、多くのメディアが取材におとずれた。事業本部長の坂下が仕切った。

30年前に開業した三鉄は、利用客２６８万人と順風満帆なスタートを切った。繰り返しになるが、その後右肩下がりで利用客は減り続け、10年間は黒字を維持したものの、その後の17年間は赤字へと転落した。廃線や縮小などの議論も度々起こっていた。

震災前の2008年には100万人を割り、2010年には85万人まで落ち込んでいた。沿線の町でも中高校の再編が進み、三陸全体が少子高齢化、過疎化に向かっていた。

ここからがスタートだ。取締役会で発表した数字は、震災で疲弊したとはいえ、震災前の水準まで戻す計画だ。2014年度は83万人と設定した。運輸収入（一般企業の売上）は、3億3391万円。震災前の1億円増を目指す。それでも経常損失は1億1164万円となる。つまり20年連続の赤字会社として再出発することになる。

しかし、震災前までの「赤字でもやむなし」という感覚はもうない。赤字の再出発ではあるが、「必ず黒字にする」という機運に満ち溢れている。望月は赤字というフレーズをもっとも嫌う。どうして黒字にするかを常に社員に問うてきた。

「あまちゃん」で弾みがついた。ただこれもいつまでも人気が続くわけではない。それなら「次は」「三鉄の柱は」と、望月は毎月の経営会議で必ず黒字化へ向けての戦略を口うるさく言ってきた。幹部社員に悲壮感は無い。望月と共に歩める喜びを総務部長の村上が口にする。

「社長一人に背負わせることじゃない。俺らがやんねばだめなんです」と熱く語る。

南の吉田も「社長の方針が明確。俺らは実行するだけ」と望月を見て進む。プロパー社員のトップに位置する金野本部長は、冷静に分析しながらも、着々と実行に移す行動家。鉄道のプロとして東北運輸局内でも一目を置かれている。金野が、「次の計画。中期計画は根拠をしっかりと示さなければならない。ファジーな数字並べは無用。そんな数字なら運輸局に一喝される」と上司に食ってかかることもしばしばだ。

しっかりと練ってきた数字であったが、再開通後すぐに黒字になるほど甘くない。三鉄の動きは、三陸沿岸全体の観光産業に大きな影響を及ぼす。

望月が取締役会で発表したのは「被災地の復旧がままならない状況下では、運賃収入だけでは経営が成りたたない。『観光戦略』と『商品戦略』を柱に黒字化を目指していく」というものだった。

「観光」は、「あまちゃん」で火のついた人気によるものだけでは苦しい。教育旅行と震災学習列車を当面の柱にそえる。「商品開発」は、三鉄ならではの地域貢献を前面に打ち出した三陸の特色を打ち出していく。ユニークな商品戦略も強化しなければならない。

そうした次期経営計画はすべて承認された。三鉄ブームは、決して「あまちゃん」だけの効果ではない。確実に三鉄人気が起きてきている。再開通後、4月から7月にかけて、車両は予約で埋まった。その人気が持続できるかがこれからの手腕にかかってくる。

達増知事は「あまちゃん放映から1周年。ようやく三鉄が復活します。三陸沿岸ばかりではなく、岩手県全体にとっても大きな喜びです。前に進んで行きましょう」と知事本人のテンションも高まっていった。

達増知事は、その生真面目な風貌からよく誤解される。「能面みたいだ」「感情がわからない」など批判めいた話が飛び交っていたこともある。しかし実際はかなり熱い情熱家だ。

何よりも三鉄のキャラクター「久慈アリス」の大ファン。知事室には当然のように三鉄グッズと久慈アリス、釜石マナのポスターが貼ってある。年に一度の「久慈アリスの誕生会」にも参加し、遠方から参加してくるマニアたちと一緒にお祝いするほどだ。震災後も住民の事を心から心配し、仮設住宅暮らしがどのようなものかも自ら体験している。

達増知事は、復興に政治生命をかけている。

かねてから構想を抱いていた「いわて復興塾」を立ち上げた。未曾有の災害の復旧、復興には卓越した専門家が不可欠であり、被災各地で復興に尽力している。しかし、専門になればなるほどその範囲は狭くなり、防災に取り組んでいる人たちは商業知識に乏しく、福祉に取り組んでいる人たちは、漁業や農業の再生まで踏み込めない。復興に全力で取り組んでいる人たちが、俯瞰《ふかん》して全体像を学ぶことが出来れば、今後大きな成果につながると言う目的がある。

この塾を運営する委員を秘書の木戸口英司を中心に幅広い分野から8名を選んだ。秋冨慎司、五日市知香、草野悟、越野修三、斎藤純、齋藤徳美、鈴木秀憲、役重眞喜子、いずれも医療や防災、産業、観光などの専門家、その集団だ。発足式には内外の関係者が４００名ほど集まり、関心の高さを示した。

塾長である達増知事は、「三鉄の復興こそ沿岸の希望」というフレーズを講話の中に必ずと言っていいほど盛り込んでいる。

これからを見据えて。意識を高める社員たち。

時計の針を戻す。２０１１年9月。草野が望月社長へ提言した。

「あと2年半後、無事全線開通したら元通りですね。つまり赤字企業へ逆戻りです。この機会に社員の意識を高めるために社員全員とヒアリングしたいと思います。生まれ変わった三鉄、どんな会社になりたいか。自分はどんな仕事をしたいか。三鉄の新しいイメージはどんな風か、こんな意識を引き出したいのですが」

望月は二つ返事で言った。

「ぜひ進めてください。そういう意識こそもっと大事です。社員の会社であり、社員自身が新しい会社を創っていくのです。すぐにでも進めてください」

草野は早速取り組んだ。難しいのは従来の慣習の打破だ。新しい取り組みや提言は、時折一般社員に求められることがあったが、ほとんどがセレモニーの領域で、提言を採用する環境はなかった。むしろ「それは金がかかるからダメ」の烙印を押されるための提言になってしまう。そうした社風がいつの間にか、ものを言うのはタブーとなる危険性もある。

その時の取組は、新たな社員の意識改革にあり、自分のための新しい会社づくりを目指すものだった。それでも社員は心配した。改革のために必要な組織批判などしたら、「あの話を言ったのは誰」とか「上司批判をした」とかに取られてしまう。その心配の払拭のために厳格なルールを定めた。

一つは、決して名前を明かさない。二つ目は、誰が言ったか、などの詮索は一切禁止する。三つ目は、恥ずかしがらない、である。こんな提案や考えを述べたら、幼稚だと言って笑われるという心配を取り除いた。

それでも当初は、もしこんなことを言ったら干されるぞ、と若干の恐怖心も起こったようだった。それもすぐに杞憂となった。それぞれに社員が熱く夢を語り始めたのである。

最初は、北リアス運行部（久慈市）では、金野本部長からヒアリングの趣旨を聞いていた社員が身構えて待っていた。ひとり1時間強、4、5人で1日が終わる。それぞれの仕事に合わせて自由面談とした。大半の面接が終わった頃、全員参加の飲み会を行った。

次の南リアス運行部でも本社でも同じような手法を取った。望月社長が就任以来、自由闊達な空気感が生まれ、下地は出来ていた。フランクに、上も下もなく、アルコールの力を借りることもなく、それぞれが話し始めた。

「昔は、オレらが何か言うと、すぐダメ。じゃ、考えろって言うなよと何度も思ったね」

「もっと宣伝して客呼ぼうと言うと、そんな宣伝費はないで終わり」

「俺らは難しいことは企画出来ねえがら、そうした専門の人、雇うのがいいと言うと、そんな金どこにあるって」

などなど、次々と文句が飛び出した。

それでも、成果は上がり始めてきた。押さえつけられていた声が、徐々に反映されることを社員が知り始めたのである。

望月は「失敗してもいいから、考えてやってみろ。やらないうちから文句は言うな。仕事する以上、失敗しないやつなんていない」と言い続けた。

そうして第1回目のレポート提出を義務づけた。建設的な考えが飛びだしてきた。もちろん不満もしっかり出てきたが、「だから自分はこうする」と批判だけで終わっていない。レポートにはいくつかの質問を設定した。

まず大きな課題となった「国費100億」の投入による質問には、大半の社員が「批判は当然。覚悟の上。仕方ない」の答えだった。その上で、「しっかりと復活させることが大事」「良かったと思われる再開に努力」と答えている。

会社に対する改革についての質問は、「強権的指示、指導で動く前近代的スタイルからの脱却」「一方通行の指示」「情報を公開する」「幹部社員は一般社員へ説明責任がある」「能力主義を」「年功序列はいらない」など辛辣な意見も並ぶ。

そうした組織の硬直を打破することが「新生三鉄」へつながって行くことを社員は望んでいた。以下は、無記名のレポートからではなく、交流会における社員たちの声である。

「高齢者に優しい鉄道」

これは中堅リーダーの大在家の意見だ。少子高齢化が進む中で、地域に受け入れられる鉄道こそ三陸鉄道であるべきとの論。そういう前提で、バリアフリー化の推進やユニバーサルデザインの導入などの追加意見も出された。

この意見は早速望月社長が取り入れた。被災、復旧する駅などで単なる元通りにするのではなく、出来る限りのバリアフリー化を指示した。新型車両の導入にしても、弱者に優しい車両を最優先した。

社員がもっとも危惧していることは「赤字」である。過去20年間の右肩下がりは、ある種の「慣れ」を生んでいた。社員はここ数年賞与がない。給与も赤字会社の宿命として全員が減額を受け入れざるを得なかった。だからこそ「収益改善」には誰もが真剣にならざるを得ないのだ。住民主体の鉄道でありながら、収益をあげられる秘策はないかと日々考えているのである。

「三鉄が牽引する三陸の観光」「もっと魅力ある観光素材の発掘に全力」「沿線市町村の観光をリードする三鉄に」など観光力強化が会社の存続を左右するという声が実に多く上がった。

従来の三鉄の観光部門は、大手観光会社の指導、影響が極めて大きかった。ご多分にもれず団体観光客誘致が仕事として目立ち、効果が出てきているような錯覚に陥る。しかし中央の旅行会社は時代的にも「低価格商品」が主流となっており、より安くという点が常に条件となるため、収益に反映することはなかった。少人数の営業には限界もあった。観光事業の拡大を常に会社に訴えてきたのは、成ヶ澤である。

本業の鉄道事業が主体であることは当然全員一致の考えだったが、それだけで収益を確保していくのは困難であることも明白だ。

「観光事業」「商品販売」の二本立てで本業を支えていくという声が圧倒的に多く寄せられた。しかし、それらは高度な専門的知識、経験を必要とし、鉄道一本でやってきた社員に負わせるには無理がある。

社員からも「多少給与が高くても、より専門的な人材を入れて欲しい」との声があった。実務面を開業時から担ってきた一期生の中には、「安易に多角経営に走るのは赤字が拡大する」という現実的意見も出た。

及川克彦は鉄道マンらしく「人気が出る三鉄らしい車両を導入しよう」と言った。

熊谷松一は「三鉄らしい外観の列車で、観光列車専用のダイヤを」と声を挙げ、和田千秋は自身も被災者であるがために「フロントライン研修をもっと強化し、三鉄ならではの被災地情報の発信に努力すべき。尊い命の代償をもっと考えるべき」と訴えた。

千葉敬は「自分は現場しかしらない。アイディアは出てこない。しかし一日一つのアイディアを考えていきたい」と自分を変えることへ意欲を見せた。

米沢務は「20年後も元気な姿で三陸を走りたい」

中田と櫛桁は現場以外知らない技術屋で「難しいことはわからない。でももっと沿線の市町村の職員たちと仲良くやって、一緒に盛り上げていくようにしよう」と声をあげた。

こうした声の中に、本社の千葉直子は「駅に美味しいパン屋を創りましょう。高校生だって喜ぶし、駅の近くにはパン屋がないし」と、駅の役割のヒントになる意見を出した。駅は人が集まるところ。駅は憩いと集いの場所。震災後は特に駅を中心とした街づくりが望まれている。それなら楽しい駅にすればいい、という率直な意見だった。

ユニークなアイディアもあった。全駅に「ドラッグストア」を設置すれば、高齢の方たちは楽になる、というものだ。

臨時社員の小田沢真生は、「三鉄が変わったと言ってもらいたい。もちろん最高に元気で明るく。皆で努力しましょう」と気持ちを高めている。

駅舎を改善して、総合観光業を目指そう、と声をあげているのは観光部門の三浦や赤沼などだ。パート職員の中には、複合ビルを造り多目的ホールやカラオケルームもつくり、コーヒーショップや産直店も経営し、楽しい駅を創りたいという熱い希望も出た。従来の職員からは出てこない発想である。もちろん実施するにはハードルが高いが、それぞれが「夢を語る」ムードが社内に起こってきていることは確かである。これも望月マジックの一つだろう。

新生三鉄の姿という大きなテーマでのレポート、ヒアリングだったが、有名コンサルティング会社が提唱するような立派な企画書は出てこない。

大半の社員が一致団結している未来の姿は、【何度も三鉄に乗りたいという会社にしよう】に尽きる。「また来たい三鉄」「いつも便利な三鉄」「高齢者に優しい三鉄」「楽しい企画列車がいつも走っている三鉄」「住民と共に歩む三鉄」

全線運行再開したとはいえ、南リアス線は厳しい経営を強いられている。２０１４年3月、釜石には交流人口の拡大に大きな貢献を果たすであろう「イオンタウン釜石」がオープンしたが、それでも年間を通した安定収益への道のりは多難だろう。

南リアス線運行部の吉田哲は、「あまちゃん、全線再開と常にマスコミの人たちが来てくれ、宣伝効果も高く人気も高まった。でも私たちは、地域の人たちに支えられなければ成り立たない。

地域の人たちがもっと利用できる楽しい企画をどんどん出さなければならない」と部下に指導している。

生活路線としての鉄道と、観光資源としての鉄道。この両輪を可能な限り全力で回し続ける姿こそ、新生三鉄の姿ではないだろうか。

確かに、いつまでも「あまちゃん」ブームにすがってはいられない。三鉄を開業時から支えてきた1期生も10数年後には全員定年を迎える。

少子高齢化、過疎化にも歯止めがかからない。岩手県は震災以前から、毎年1万人規模で人口が減っている。三陸沿岸はその割合も顕著に高い。

定住人口が減るのが避けられないのであれば、交流人口を増やすほかはない。交流人口とは、観光の客を指す。

たとえば、世界遺産の平泉と〝被災地フロントライン研修〟を合体させることで、岩手県は複合的な観光要素を創出できる。観光とは「光を観る」と書く。つまり、浮ついた意味合いではなく、広い意味での「歴史を見て、感じて、学ぶ」機会と捉えるべきだろう。

望月は「駅を中心とした町づくり」を沿線各市町村に提言もしている。

それはすでに胎動している。

宮古駅の裏手の、現在は駐車場となっている場所に、市役所が移転してくる話もある。小本駅のほど近くでは、住居、店舗、診療所、集会所、岩泉町の行政支所などが一所に集結するプランも具体化している。野田村では、十府ガ浦に新駅をつくる計画も持ち上がっている。

駅は、人が集うシンボル。駅が「町」の心臓部。そこから線路という血管が町と町とをつないでいく。高齢者がより利用しやすくなれるように、エレベーターの設置などのバリアフリー化も進められる予定だ。

今後は「三陸鉄道そのものを観光目的としてこの地を訪れる客を増やしていく」ことが、突破口のひとつになるような気がする。

それは単に、海を眺められる区間での車窓風景や、「あまちゃん」のロケ地駅近辺での車内アナウンスだけではなく、社員一人ひとりがキャラの立った、いわば〝有名人〟として、宮古駅、久慈駅、盛駅、釜石駅のホームに複数名並び、にこやかに列車を迎えたり、見送ったり、記念撮影に応じたりと、第3セクター、ローカル線ならではの〝サービス〟をしてみるのも一興ではないか。

東北の人はシャイだといわれる。スタッフの中には「そんなことをするために三鉄に入社したわけではない」と怒り出す人もいるだろう。周囲から「スター気取りでイイ気になっている」などと中傷されるケースも考えられる。

しかし。

照れている場合ではない。臆している状況ではない。

常に微笑みを浮かべて乗降客と接し、自らの鉄道に誇りを持ち、地域住民の足としての役割を全うしようと骨身を削って復旧に邁進《まいしん》してきた三鉄マンのことを、誰よりも地域住民が見ている、知っている。

三鉄は、温かい。熱い志と、ハートウォーミングな愛情に富んでいる。そういう鉄道会社だ。

「鉄道が廃線になって、栄えた町はどこにもない」と望月は言った。

三陸鉄道の全線復旧は、被災した東北の復興のシンボル。あの大震災の記憶を(いかに辛くても)後世へ受け渡していくために、この灯を大きな光へとつなげていかなければ、天に召された方々にも申し訳ない。

三陸鉄道のキャッチフレーズは「笑顔をつなぐ、ずっと・・・」。

新しい歴史が、またここから始まる。

今後の大命題。三鉄はJR山田線を引き受けるのか。

さて。未来の三陸鉄道経営に大きな一石、巨石ともいえるのがJR山田線の問題だ。これには歴史的な経緯もあるので、少し整理してご説明しよう。

1980（昭和55）年、国鉄再建法（日本国有鉄道経営再建促進特別措置法）という法律ができた。そこには大きなポイントがあった。

「利益を生まない路線は経営しない」ことだった。いわゆる「特定地方交通線」だ。その対象となる鉄道路線は、バスに転換するか、第3セクターにしてそれぞれの管轄行政で負担するというものだ。

岩手県では、盛線（盛から吉浜まで）、宮古線（宮古から田老まで）、久慈線（久慈から普代まで）が特定地方交通線だった。

その後、三陸鉄道が産声を挙げた。これによって、田老から普代の間も路線が敷かれ運行を開始した。

ただし、盛岡から宮古を通って釜石へとつながる路線は国鉄（JR）が引き続き受け持った。特定地方交通線に指定するほどまでの赤字は計上していなかったことが要因のひとつでもある。

当時の三鉄社長（県知事が兼務していた）は、「宮古から釜石の区間も三鉄に欲しい」と望んだ。北リアス線、南リアス線に分かれているのは、どう考えても利用者にとって不便であるし、車両基地などが久慈と盛に分かれてあることも極めて効率が悪いとの理由からだった。

結果的にその思いは実現しなかった。

三鉄が全線運行再開する2カ月ほど前の2月11日。JRから文書で申し入れがあった。かいつまんで記せば「三陸鉄道ならびに沿線市町村にJR山田線の資産を無償譲渡するものとする。線路の現状復旧費はJRが負担する、スタッフ補充、向こう数年の資金援助なども行う」という内容だった。

前々から、それこそ何年も前から、そのような話は降っては湧き、降っては湧きを繰り返していたが、正式な形ではこのタイミングが初めてのことだった。

即答即決するわけにはいかなかった。望月は、熟慮した。おそらくしばらくの期間は熟慮に熟慮を重ね、関係市町村とも連絡を緊密に取っていくことだろう。ただし、望月とて、今後何十年も三鉄の社長を務めることはなかろう。「将来の社員に禍根を残すことだけは避けなければならない」

まずは県と沿線市町村の意思を受け、もし「三鉄さん、引き受けてよ」ということになれば話はワンステップ進む。三鉄の大株主は、県と沿線市町村であるからだ。その意向を無視することはできない。

逆に、それに先んじて三鉄サイドが先導する言を発することもできない。

JR山田線を三鉄が引き受けたと仮定すれば、三鉄としては、車両基地などを集約できるので効率がアップする、ダイヤを自由に作成できるなどメリットもある。

しかし、山田線の宮古から釜石間は昭和10年代につくられた老朽路線。線路の土壌基盤が現在の三鉄よりもはるかに弱い。線形もよろしくない。曲りくねった区間も少なくない。一方、三鉄のそれは直線が主。トンネル内に至ってはスラブ軌道のロングレールを用いた箇所が多く、これは新幹線並みの規格だ。ローカル線では非常に稀な高品質を有している。

また、山田線は踏切が50か所以上もある。踏切が多ければ、思わぬ事故の心配も増す。そのための確認人員も必要だ。メンテナンスにも手間がかかる。

それやこれや、二つ返事で山田線を受け入れる状況にはない。

けれども、いつまでも店ざらしにしては、対象エリアの住民を翻弄することになりかねない。「地域を結ぶ」ということを一番に考える望月にとって、それは望む姿ではない。

現時点では山田線は動いていない。具体的な動きはまだない。線路復旧にも数年はかかるだろう。

この問題は、流動的ながら、水面下も含めて交渉が継続されていくと推測する。三鉄もJRも互いに納得のいく形で、しかも沿線住民が納得する条件で落ち着くところに落ち着くか否か。

この本の中では、結論じみたことは書けない。興味を持って静観し続けなければならない事柄だ。

おわりに

ニューヨーク・ヤンキースと破格の契約を結んで太平洋を渡った田中将大投手は、日本時間2014年4月5日のトロント・ブルージェイズ戦に先発し、メジャーデビューした。前年、東北楽天ゴールデンイーグルスで24勝0敗という驚異的な成績を残した右腕は、敵地カナダ・トロントのマウンドで好奇の目にさらされていた。1回裏に先頭バッターのメルキー・カブレーラにいきなり本塁打を打たれる。強烈なメジャーの洗礼。それでも彼は大きくは崩れなかった。7回を投げ、6安打3失点（自責点2）。8つの三振を奪って、日米通算100勝目となる記念すべき勝利を挙げた。新しい環境での新しいスタートを告げる、申し分のないメッセージとなった。

翌4月6日、この年から〝コボスタ宮城〟と名称を変えた仙台のスタジアムに福岡ソフトバンクホークスを迎えたイーグルスは、8回の裏、2対2の場面で、岩手県普代村出身の3番打者銀次が決勝打を放ち、1点差で勝利をものにした。

奇しくもその両日は、三陸鉄道全線運行再開の日にあたっていた。

もちろん、それは偶然に過ぎないだろう。けれども東北の地にゆかりの深い両選手の活躍は、素っ気なく偶然と片付けてしまいたくない、価値あることに思えて仕方がない。

あの日、2011年3月11日から、心の時計が停まったままの人たちも少なからずいらっしゃるであろうと想像する。しかし、この本の執筆取材のため実際に岩手県の太平洋沿岸部を巡ってみると、自らを奮い立たせるように前を向いて歩を進めている多くの方々に出会えた。家を流され、仕事先の建物も波に呑まれ、家族、友人、知人を失ってなお、うな垂れきってはいなかった。むしろ、「生きてあること」の意味を啓示のように受けとめた顔が、声が、あった。

三陸鉄道は、震災の5日後には一部区間で運行を再開したが、このことは地域の方々に大きな勇気の火を灯したに違いない。指揮を執る望月正彦社長以下、私利も私欲もなく、全線運行再開に邁進した。震災から約3年1ヵ月という時間は短くはないが、あの絶望的な被害状況を鑑みれば、「よくぞ」と驚愕すべきだろう。

この本に書かれた内容は、記録であり、三鉄スタッフをはじめとした人々の情熱の物語だ。被災された地域の人々の〝勇気の灯火〟となることを願ってやまない。

最後に、快く取材を受けていただいた関係者各位と、当人たちしか知り得ない現場、修羅場の出来事のあれこれをデータ原稿にまとめてくださった草野悟氏、煮詰まった執筆状況の折に幾度か声を荒げた筆者をなだめつつも手綱を緩めなかった編集者 倉又茂氏、刊行にご尽力いただいた盛岡の玉山哲氏に、深く感謝致します。

そして、読者の皆さまにも深謝申し上げます。ありがとうございました。

2014年5月10日　品川雅彦

付録　三陸鉄道から御挨拶

ご支援いただいた皆様への御礼

三陸鉄道㈱　代表取締役社長　望月正彦

２０１１年３月11日午後２時46分。私は、三鉄宮古駅の２階にある本社事務室にいた。突然、携帯電話のアラームが一斉に鳴り響いた。数秒後、大きな横揺れに体が襲われた。動き出しそうな金庫を押さえながら、「火を消せ」と指示したのを覚えている。その時から、３年あまりの苦闘が始まった。

岩手県の沿岸部を走る三鉄。津波を想定したルート、構造になっていた。しかし、東日本大震災の被害は甚大だった。頑丈な築堤は破壊された。島越駅は、跡形もなく流出していた。流出した線路は約６キロメートル、被災箇所は３１７カ所に上った。

震災直後、本社のある宮古市内は全域停電となった。小雪の舞う暗い、寒い夜。宮古駅に停車していた車両内が「災害対策本部」になった。三鉄の車両は気動車である。エンジンをかけると、明かりと暖房が確保できた。

その中で私は考え続けた。三鉄の被害は甚大、復旧には莫大な経費が必要。しかも平成6年以降赤字が続いている。そんな状況の中で「果たして三鉄は必要なのか？」と……。

震災の2日後に出した答えは「必要」だった。震災直後に、実際に被災の現場を見て回り、田老駅付近では人々が線路を通路替わりに歩いているのを見た。島越では消防団員から「三鉄はいつから動き出すんだ？」と聞かれた。多くの方が、三鉄の復活を待ち望んでいるのを感じた。

3月13日の夜、幹部を招集して部分復旧優先の指示を出した。その時点では明確なビジョンがあったわけではない。ただ、できることをやろう、ベストを尽くそうという思いだった。その後の部分運行再開から全線での運行再開までの道のりは、本書で品川さんが記したとおりである。著者の品川さんと三省堂の倉又さんは、三鉄の全社員や関係者からヒアリングを行った。この著書は、いわば三鉄の「公式記録集」でもある。

本書であまり触れられていないのは、これまで三鉄に支援・応援・協力をくださった国内外の企業、行政機関、報道関係者、そして多くの市井の皆様である。皆様には、私から心からの感謝とお礼を申し上げたい。

三鉄社員は、皆様の支援への感謝を心に刻み、お客様の笑顔をつないでいく。これからもずっと。

◎これまで、特に3・11以降、三陸鉄道を支えていただいた皆様

（順不同・敬称略）

●物品支援者一覧

沼本壽美江　菊池如水　角谷敏昭・禮子　川原正明　草村克彦　西尾友裕　大館鉄道写真愛好会代表 工藤寿・会員一同　野口敏之　浅野知二　野口靖子　渡邉麻友美・鋼太郎　稲垣寿郎　宮崎保彦　蕨野晃次　入倉大輔　中島賢一　興梠弘一　はらっぱ保育所 横山智美　川崎道生　ビークリエイティブ 佐々木　小林嵩直・由貴湖　会社員（名前記載なし）　花香みゆき　野津原方言調査会 会員一同　喫茶 宙SORA 辻岡秀郎　崎川信吉　小南和子　㈱ピース・ユアーズ 山本香代子　髙橋常郎・まゆみ　笠原光雄　オリンピアスポーツクラブ 森純孝　湯川久紀　交通運輸政策研究会 桜井徹　鉄道部部長 松原道寛　田村孝美　矢部暁美　河南中学校　坂上聡　相澤正彦　東北鉄道応援団 高橋敏昭　本郷学園鉄道研究部　山下遼　富澤洋子　キャッツデザインオフィス 畑中博　三陸鉄道を応援する会わかやま 宮下博之・尾崎　植村　箱根登山鉄道㈱代表取締役社長 和田雅邦　桜ｐｒｏｊｅｃＴ 工藤きよみ　柳田葉子　安無量庵 村瀬哲也　鶴巻進　村上富美子　トランスワールドジャパン㈱ 上野建司　小田急電鉄㈱ ＣＳＲ広報部 飯田洋一　斎藤健一　かわさき東日本応援プロジェクト 藤原靖夫　力武暁　鳩岡嘉彦　矢部暁美　交通局大島乗務管理署大島乗務区電車運転 中野慎一　吉田智　栗林禮子　北総鉄道㈱運輸部営業課 三塚一弘　小坂登志江　いばらの会 小川かつ子　三陸鉄道を応援する会わかやま　堀内光男　石丸綾子　鴨田希六　森谷良子　岩手県滝沢森林公園野鳥観察の森ネイチャーセンター所長 斉藤友彦　やさか幼稚園　金子　菊地宏明　髙橋美恵子　尾鷲誠　川合耕二　三井公子　小川孝雄　仲村聡子　小林賢一　木村健二　田中絹子　高田進　新城文江　大谷美文　野中義旨　美馬忠夫　河野慶一　千葉県立八千代特別支援学校 坂井直樹・高等部木工班の皆様　もず唱平

●義援金支援者一覧

㈶京都文化財　㈶藤沢市みらい創造財団　㈳群馬県建設業協会　「三陸鉄道南リアス線＆岩手開発鉄道の旅」

2015年公共交通をつくる会　JR西日本労組　JR東日本三鷹車両センター里川雅之　JR東日本陸上競技部　JR東日本労組レールクラブ　JR東労組水戸地区レールクラブ　MACモデルアサダコージー　NHKへイッカコウザN　NPOこの指とまれ大地の会　NPO法人KAWASAKIアーツ　PALPAL交流事業岩手推進本部　逢坂ゆき子　愛知淑徳大学 二宮昭　相原信子　アイランドユニバー　青い森鉄道㈱青森本社　アオキカヨコ　秋田内陸縦貫鉄道㈱　明智鉄道㈱ 可知義明　アサオガッショウダンスズ　アサヒビール㈱東北統括本部長 阿部和代　阿部真澄　アベトモコジムショ　新井達男　アラキモリオ　アルファモケイ　エチゼン　イオンリテール㈱イオンモール盛岡南　イガワケイイチ　生田伸夫　井口昭敏　池澤秀　イケダ　伊香貴弘　井崎美代　石井靖子　石川裕樹　イシカワヨウコ　イシダチヒロ　石田義明　泉田庄吉　いすみ鉄道㈱　市川泰夫　市川洋子　一木直美・まゆみ　五日市輝樹　井筒洋一　一般社団法人休暇村協会従業員一同　伊藤千歳・清子　イノウエカツミ　井上大輔　井上美代子　猪口和己　今井佳之　入澤慶一　入澤太一　岩崎正幸　岩下正美　イワタツネヤ　岩手空港ターミナルビル㈱　岩手県公立高等学校事務職員組合　岩手県旅行業協会　いわて生協　イワブチマドカ　ウエダタクマ　上田康夫　植松秀夫　植松元秀　ウエヤナギヤスコ　歌声喫茶盛岡　歌声喫茶もりおか実行委員会　内田誠一郎　永代印刷㈱　駅舎マーケット　駅舎マーケット山際希実子　榎本惠一　榎本彦衛　遠藤篤子　オイカワマキ　大分鉄道ファンクラブ窪田克典　大川親正　オオクボフサコ　オオコウチセイジ　大ロウ　大坂直樹　大沢俊勝　大島克彦　大田清治　オオダテテツドウシャシン　大谷和夫・牧子　大西利春　大野陽子　オオミヤミツコ　大矢俊弘　岡秀美　オカザキタツヤ　小笠原義孝・奈穂子　岡田輝夫　岡野一亮　小河敦子　小川正男　荻野次郎　オグチコウセイ　小国マサ子　小野生　小山田純子　オリンピアスポーツクラブ　オレンジニギワイタイ　音楽事業部 小寺拓未　柿崎日出夫（鳥居第1納税組合）　郭田剣・道子　鹿児島鉄道保存会　香崎武夫　カシオペア鉄道　春日部共栄中学校鉄道研究会　風の駅　風の駅 太貫まひろ　風の駅 フランス列車　カタオカユウコ　学校法人聖母の騎士学園　加藤敏和　加藤均　加藤美恵子　カドヤトシユキ　金澤賢尚・カチ子　金山はる　金田庄作　㈱ETMAN 井上幸喜　㈱JTBメディアリテーリング社長 大谷美文　㈱アーネストワン松戸営業所　㈱赤い電車 高田祐二　㈱尼屋観光 三国渉　㈱ヴィス　㈱エスピーボーン　㈱確認サービス　㈱確認サービス代表取締役社長 中嶋聡　㈱講談社　㈱コスモ通信システム　㈱ジョリー・ロジャー　㈱白土工務店 白土仙一郎　㈱総合報道代表取締役 野口昭則　㈱天夢人 芦原伸　㈱トミーテック　㈱トランスリー　㈱日報髙橋 赤田雅志　㈱日本旅行 木園宏聡　㈱パーム代表 岡田秀輔　㈱阪急交通社　㈱阪急トラベル 荒井忍・添栄員　㈱街の駅 久慈　㈱レールウエイエンジニアリング　釜石復興の祈り実行委員会　カミガワラヨシェ　神谷俊

樹　川崎碩久・みえ子　川嶋晟　カワハラマサユキ　川本良幸　神田理髪店　菊池以和子　菊池慶子　北尾哲朗
北上山地サイクリング会 盛合博美　北屋哲朗　喫茶宙ＳＯＲＡ　キッタヨシテル　木包正秀　木村啓子　木本有
一　キュウミナミシンチョウチョウ　協・宮古スタンプ会　京都学園高校鉄道研究会　京都中央物産㈱　清川幸
魚我銀咲　近畿日本鉄道㈱ 森本淳嗣　銀座スペース5写真倶楽部　空間通信　草村克彦　久慈市立宇部小学校児
童会　久慈市立山根小学校児童会　櫛引京子　久慈ライオンズクラブ　工藤利彦　熊谷徹　熊谷美穂子　熊沢は
つ　倉石文彰　倉敷市立精思高等学校教員代表 佐藤　クラブツーリズム　倉元吉和　栗田すみえ　栗橋禮子　栗
橋商工会 水野香織　栗橋商工会（栗橋みなみ実行委員会）　クリハラアキラ　クロキトレーディング　京成電鉄乗
務員分会　コイケアキラ　行徳勝美　コウノミドリ　古今亭駒次　国分義信・智子　後藤恵美子　後藤泌尿器科
皮膚科医院　小西あゆみ　この指とまれ土の会　小林久美子　小林伴昌培　小林洋一　小林亘・竹田幸広　ごめ
ん・なはり線活性化協議会　コヤスアツコ　後和大輔　コンドウクニコ　酒井亨　坂本食堂　佐久間和美　サク
ランド㈱　ササキタカシ　笹田保治　笹本弘明　笹森智子　笹山貴男　佐藤茂喜　佐藤千志子（中日詩人会）　佐
堂照子　佐藤直政　佐野静子　三機商事㈱　三機商事㈱取締役社長 高原三雄　三鉄小本友の会　三鉄勝手に応援
する会宮古支部　三陸鉄道小本友の会　三陸鉄道勝手に応援する会　三陸鉄道復興支援鉄道会　シオダトシユキ
シネマネストジャパン　芝美香　柴田保夫　シバタヨウイチロウ　島田岩子　島津八重子　清水裕子　市民文化
パートナーシップかわさき事務局長 千葉秀一　下山清　㈳サイタマケンジドウ　社団福祉法人中日新聞社会事業
団東京支部　ジャパンカプラーフレンズクラブ　集合住宅研究会　趣味の宿屋花月園　ショウジユキオ　昇仙峡
ロープウェー　白鳥佐知子　新海正和　シンキントキタマ・キリバラ　新堅町商店街　甚田和幸　シンフォニアエ
ンジニアリング㈱　菅原強　杉原和子　スギモトタケシ　杉本裕子　杉本和子・相原睦子・手川香代子　杉本真
美シママ DREAM　鈴木斉　鈴木誠一郎　鈴木晴夫　鈴木宏子　鈴木益子　スズキユタカ　鈴木亮介　須藤ナ
オ　須藤佳昭　生活企画ジェフリー 木下伸子　関口賢司・ますみ（ひかり通信）　外舘亜雄　外舘理　そば茶屋
とおの　タイシ不動産 成田正二　ダイチアキタロウ　大洋建設㈱東北復興応援ツアー　高木和夫　高野修一　鷹
羽厚志　高橋昌次　高橋まり子　高橋美恵子　高村宗汰　タカヤアケミ　滝沢定史　滝沢玲子　武井恭子　武井
謙　竹内徹　竹澤久嗣　竹田直子　武中恭子　伊達一弘　田中修　タナカセツコ　田中大輝　タナカタカシ　田
中崇（別所線と走ろう会）　田中弘美　田中雅子　谷正比呂　玉村豊子　田村哲嗣　ちっちゃなクレープ屋さん
千葉しの　チャリティー写真展　つくしダンス教室　土本和広　坪井昌弘　テイシーシーボウセイカイ　手代森
ニュータウン町内会 本宮昭子　テツコ　鉄道・運輸機構役職員一同　鉄道建設研究会　鉄道甲子園事務局　鉄道

写真七人会　鉄道友の会 阪神　寺門春美　寺田商店代表 寺田隆　天本満博　東京建築士女性委員会　東京交通短期大学同窓会事務局　東京三鉄ファン　東北鉄道協会　遠野市議会事務局 伊藤慎　時友正子　徳田玲子　匿名復興祈りの基金　十倉宏治　戸塚貴弘　鳥取大学地域政策　殿塚和男　友末弘行　ともにつくろうやさしい政治田中和子の会　内藤彰子　中岡早苗　中澤勝益　中嶋茂夫　中谷朗　長沼紀子　ナカノアルノ　中村直邦　中村はま子　中村容子　ナカヤマイクコ　中山実　永吉陽子　中渡孝　名倉昌延　ナツメアキヒコ　ナナセシン　新潟トランシス㈱　新沼イク子　西久喜　西村克　西村喜四郎　西村潔　西村直也　日本交通印刷㈱　日本鉄道写真家 中井精也　日本旅行赤い風船 吉野　日本旅行三陸鉄道の旅参加者　ヌマダンチチョウナイカイ　ヌモトスミユ　野一色康夫　野口靖子　野澤秀幸　野澤亮　野田高行　灰野節子　長谷部兼司　羽田野弘三　八谷武司　発知紀博　ハナカミユキ　花巻北高櫻雲同窓会　濱俊一　ハマダヒロシ・タキグチ　林柏旭　原多江子　晴山文雄　ヒサカタタクミ　日高市管工業協同組合　陽だまりIWATE　ひだまりいわて 山川さおり　日々輝学園高等学校神奈川校　日俣昭彦　平井健二　平井まるこ　平木協夫　広田泉　深堀ヨガスクール　福澤幸男　福田鐵弥　福田洋子・ハツヱ　福原喜久治　藤井大輔　フジイユカ　藤枝邦夫　藤木徹　フジクラケンジ　藤沢市防災担当者参与　杉淵武　藤田和子　藤田亮　伏見太郎　布施晃　細貝幸夫　堀内徹　堀江一男・廣子　堀籠孝男　本郷気和子　前川晴　前田佳子　真嶋弘樹　舛森直　松浦鉄道㈱　松浦鉄道㈱協力会　松浦鉄道代表取締役　藤井隆　松尾清三（丸清木材㈱）　松岡宏　松本慶太　松本忠　松本みえこ　真幸駅友の会 前川京子　黛千恵子　マルイ・アンドカンパニー　丸山定之　馬渡明　水口皓等　皆木洋　宮城建設㈱　宮古サイクリング協会 菅野富男　宮澤孝一　宮舘壽喜　宮ノ前昭雄　ミヨシジンクリニック　ムラタヤスコ　村本定雄　茂木稔　モリマサキ　森口親司　モリタタケモト　八上正典　矢崎邦夫　矢澤美年子　安田富士子　安武研二　ヤナギタエツコ　山内孝子　山岸政男　山崎友也　山崎由加子　山崎陽　ヤマダミホコ　山田宗彦　ヤマト進学塾　山本夏樹　ヤマモトユウスケ　㈲大平製作所 竹内正樹　郵船クルーズ㈱飛鳥Ⅱツアー　郵船クルーズ㈱代表取締役中村大輔　㈲トランスパック　悠々演芸会スタッフ　悠々亭　㈲吉田製麺　湯沢歯科　湯沢眞　ゆっくりほっこり会真真コンサート　ヨコヤスヒロ　ヨコヤマキミコ　吉田太郎（大阪府立緑風冠高校）　吉田智　ヨシダナツミ　吉野三次　吉水愛　古村和己　ヨネザワクニアキ　米沢商工会議所会頭 酒井彰　ラ・フォーレ　リアス亭 佐々木清遊雄　力武暁　レールバラエティー事務局　和田鍵　ワタナベアケミ　渡邊美佐子　和の膳みや川　和山直彦

●支援者一覧（多様なもの）

田村佳美　東急車輌製造㈱車両事業部海江田広　やませデザイン会議議長田中卓　久慈広域観光協議会会長細田稔男　駅前町内会長高松一男　旅館組合会長桑畑博　久慈商工会議所会頭細谷地諄吉　三船隆久　まちなか水族館代表取締役宇部修　越智洋幸　名古屋市交通局遠山智崇　カシオペア連邦地域づくりサポーターズ代表理事湯川秀俊　音楽で街づくり協議会代表泉田庄吉　㈵危機管理対策機構理事事務局長細坪信二　須藤佳昭　外舘亜雄明治安田生命　増田寛也　平木協夫　三陸鉄道を勝手に応援する会会長草野悟　MCボランティア　JR盛岡駅岡山湯郷温泉てつどうもけい館&レトロおもちゃ館　栗橋商工会　三陸鉄道を応援する会わかやま宮下博之　いわて生協宮古　JR西労組　折野美佳　三宅真由美　安芸矢口企画小野和彦　かわさき東日本応援プロジェクト㈱オフィス北野木村裕子　ピアニスト・洗足学園音楽大学講師・平沢匡朗　木野雅之　小松大希　㈱ユアテック高橋敏昭　岩手鉄道模型仲間の会佐藤徳代　小坂鉄道保存会・與語靖啓　樋口浩平　木村清隆　明治学院大学国際学部・原武史　酒井順子　鈴木文彦　矢野直美　髙山文彦　広田泉　米屋こうじ　主濱了　平野達男　伴野豊辻元清美　畑浩治　岡田直樹　穀田恵二　東日本旅客鉄道㈱盛岡支社企画部長多田秀彰　吉浜元気組　てをつなごうプロジェクト　カズキヨネ　ネスレ日本㈱　㈱デラ　ハッピーコーンプロジェクト　大分南ロータリークラブ　月刊JOSEIOTTA　原ゆたか　早稲田大学ニューオーリンズクラブ　鉄道画家松本忠　岩手鉄道模型仲間の会　小坂鉄道保存会　静岡ミニ鉄道運転クラブ　キャラバンなかつ　阪堺線の存続活用を実現する会　上毛鉄道愛好会　東日本旅客鉄道労働組合レールクラブ　かわさき東日本応援プロジェクト　中井精也　櫻井寛松本忠　杉良太郎

●支援企業・団体一覧

北海道旅客鉄道㈱　東日本旅客鉄道㈱盛岡支社長 福田泰司・企画部長 多田秀彰　西日本旅客鉄道㈱　九州旅客鉄道㈱　弘南鉄道㈱　IGRいわて銀河鉄道㈱　由利高原鉄道㈱　阿武隈急行㈱　真岡鐵道㈱　京成電鉄㈱　京成電鉄㈱　滝沢定史　東京地下鉄㈱　京浜急行電鉄㈱　えちぜん鉄道㈱　首都圏新都市鉄道㈱　いすみ鉄道㈱　京王電鉄㈱　肥薩おれんじ鉄道㈱　北越急行㈱　大阪府都市開発㈱　叡山電鉄㈱　紀州鉄道㈱　山形鉄道㈱　秋田内陸縦貫鉄道㈱　津軽鉄道㈱　十和田観光電鉄㈱　会津鉄道㈱　福島交通㈱　北総鉄道㈱代表取締役社長 笠井孝悦近江鉄道㈱代表取締役社長 中村隆司　西武鉄道㈱取締役社長 白山進　相模鉄道㈱代表取締役社長 小澤重男　ひたちなか海浜鉄道㈱　東急車輌製造㈱　小田急電鉄㈱　富士急行㈱　東京都交通局　東京都交通局 中野慎一　上

田電鉄㈱　三岐鉄道㈱　南海電気鉄道㈱　泉北高速鉄道　智頭急行㈱　ＪＲ東労組　ＪＲ東労組レイルサークルＪＲ東日本三鷹車両センター　国労沼津　㈱山崎歯車製作所軌道部課長　茂木康　㈱小田島　乙部正昭　バッタリー村村長　木藤古徳一郎　シルバー人材センター事務局長　森岡博　㈱大林組東北支店　いわぎんリース・データ㈱サブマネージャー　久保武美　第一建設工業㈱　㈱ＪＲ東日本商事仙台支店　猪俣次長　畠山主任　日本交通グループ日生交通㈱大泉営業所　正田実　㈱シネマネストＪＡＰＡＮ代表　武重邦夫　ＮＰＯ法人生活企画ジェフリー理事長渡辺美恵　ホテルメトロポリタン盛岡ニューウイング　岩手県立大学復興ガール　松屋百貨店　小田急百貨店藤沢店　阪急阪神百貨店　髙島屋横浜店　㈱八木橋　㈱スイッチ　㈱山星屋　ＮＰＯ法人日本鉄道模型の会　ふたば書房京都タワー店　岩手久慈っこ本舗　大船渡サンリアショッピングセンター　㈱大船渡おさかなセンター釜石振興開発特産店（シープラザ）　㈱マイヤ　休暇村陸中宮古　花巻空港（岩手県空港ターミナル㈱）　ミクロ化成工業㈱　日本アムウェイ合同会社　サンタランド㈱　大阪科学博物館　週刊現代編集長　鈴木章一　フォトスタジオナチューラ　佐々木浩　ＢＳ-ＴＢＳ　石塚元章　パオネットワーク　寺田和弘　アエラ編集部　福井洋平　毎日新聞社　米田堅持　ＴＢＳテレビ　伊藤和幸　百楽編集部　竹石健　中部日本放送株式会社　澤朋広　グッズプレス編集部　寺田剛治　マルティアンドカンパニー㈱　岩男浩司　㈱新潮社　田中比呂之　㈱新潮社月刊コミック＠バンチ編集部　岩坂朋昭　神奈川新聞社　斉藤大起　ＯＰＥＮ　ＪＡＰＡＮ　ＮＰＯ法人市民活動情報センター　今瀬政司　イオンスーパーセンター㈱代表取締役社長　宮下雄二　サネバネ本舗番頭　近藤和也　ＮＰＯ法人夢ネット大船渡　広島『安無量庵』　恋し浜青年部　全国納豆協同組合連合会　ダイドードリンコ㈱東京営業部　本名康高　㈱ポプラ社　セゾンカード（㈱クレディセゾン）　㈱オフィスフォーティーエイトチーフマネージャー　佐々木慎　ジョリー・ロジャー㈱音楽事業部アシスタントプロデューサー　小寺拓未　ＮＨＫ製作局企画開発ディレクター　宮崎玲奈　㈱オープンキューブ関西支社ジオメディアグループ　吉野華代　㈱ワイズプロジェクトディレクター　西尾雅志　㈱ＢＳ-ＴＢＳ政策局担当局長　石塚元章　㈱日企ディレクター　笠原保志　ＮＨＫ仙台放送局放送部番組制作ディレクター　荒井拓　読売新聞東京本社編集局写真部　増田教三　㈱天夢人　芦原伸　㈱テムジンディレクター牧嶋庄司　㈱徳間書店　上村浩紀　㈱小学館ＩＫＫＩ編集部　神村正樹　㈱講談社　折野美佳　㈱ドワーフ　北崎朋子日本現代詩歌文学館　木村紗矢香　㈱ユアテック　高橋敏昭　宝島模型　及川徹也　㈱エスピーボーン　田中匡史　クラブツーリズム㈱　㈱阪急交通社　㈱ＪＴＢメディアリテーリング　㈱レンタス　アグゼ㈱　㈱イオントップバリュー　㈱橋技建工業　毎日放送ラジオ　みちのくコカ・コーラボトリング㈱営業推進部　営業推進課　法人営業グループ　藤原芳樹

●三陸鉄道関係の芸能人・文化人支援者一覧

ヘッドマーク、駅前イベント 杉良太郎、瀬川瑛子、伍代夏子、山本譲二、清水宏保／日本赤十字（２０１３年南リアス線再開記念式典）……藤原紀香／ネスレ（キット、ずっと関連）阿藤快（２０１２田野畑）志村けん、川上麻衣子、中西圭三（２０１３吉浜）／日本テレビ7ｄａｙｓチャレンジ ＴＯＫＩＯ山口達也、ＣＯＷＣＯＷ／ＡＫＢ48被災地支援三陸鉄道宮古駅1日駅長 渡辺麻友、秋元才加、梅田彩佳、松原夏海、小森美果、小林茉里奈、朝長美桜（ＨＫＴ48）／漫画家 吉本浩二／写真家 中井精也、矢野直美、広田泉／西村京太郎／ＮＨＫ駅弁が食べた〜い Ｗコロン木曽さんちゅう／ラジオ 関口知宏／ＴＢＳ音楽の日（南）千昌夫、（久慈）錦野旦、水前寺清子／ＴＢＳぴったんこカンカン 安住紳一郎、石塚英彦／ズムサタ 国木田かっぱ／とうほく元気ですテレビ パンチ佐藤親子／東北ローカル鉄道の旅 室井滋／女優 村井美樹／長渕剛／ｎｅｗｓｅｖｅｒｙ ＮＥＷＳ小山慶一郎／古舘伊知郎／福澤朗、鈴江奈々／SUPER BELL"Z 野月貴弘、田中いちえ／木村太郎／石原良純／木村裕子（鉄道アイドル）／新沼謙治／酒井順子／毎年チャリティーライブで募金あつめる アイドルユニット ステーション♪／どーもくんの作者、てをつな号発案 合田経郎／田野畑駅で七夕祭り（２０１２）前田典子／ＮＨＫきらり！えん旅 川中美幸、コージー冨田／作家 高山文彦／高田延彦／六角精児／ＮＨＫ家族に乾杯 笑福亭鶴瓶、小泉今日子、高橋尚子／鉄道ダンシイメージソング歌唱 コンサイ／突撃！アッとホーム 能年玲奈／企画列車かいけつゾロリさんてつとドラゴンのひみつ 漫画家原ゆたか先生、ゾロリ、ゾロリのお友達／ＪＡＬ機内ビデオ パックンマックン／テレ東「人気ローカル列車日本縦断旅」沢田亜矢子、北原佐和子、仁科克基／テレ朝「シルシルミシルさんデー」北陽虻川美穂子、具志堅用高、坂上忍／ＴＢＳ「旅ずきんちゃん」渡辺えり、友近、バービー／ＴＢＳ「ぴったんこカンカン」安住アナウンサー、石塚英彦／メレンゲのきもち 石塚英彦／日本テレビ「旅猿」ナインティナイン岡村隆史、東野幸治、雨上がり決死隊蛍原徹／ＮＨＫにっぽんこころ旅 火野正平／日本テレビ「笑神様は突然に……」宮川大輔、鉄道ＢＩＧ４（中川家・礼二、ダーリンハニー・吉川、ななめ45°・岡安、南田裕介〈ホリプロマネージャー〉）／テレビ東京「ポチたま」松本君、まさはる君／阿藤快／はなまるマーケット サンドウィッチマン／スマイル東北プロジェクト ロザン

（ご芳名の誤りや、脱けている場合はご容赦下さい）

写真で振り返る

三陸鉄道
東日本大震災からの復興と再開

2011年3月11日の東日本大震災で、三陸鉄道は大小317個所に被災を受け、全線運転不能に陥った。しかし、5日後には、久慈駅―陸中野田駅間で乗車料金無料の「災害復興支援列車」の運転再開を行なった。以降、順次、復旧された区間の運転再開を続け、まる3年後の2014年4月6日に、三陸鉄道は全線運行再開を果たした。本書は、その軌跡を描いたものである。ここでは、写真でその経緯をたどる。上写真は、宮古駅ホーム上での全線運行再開記念列車の出発式。

2011年3月13日
南リアス線、盛運行部事務所前に押し寄せた多数の自動車

2011年3月13日
南リアス線、甫嶺駅ー三陸駅間の泊地区の被災状況

2011年3月15日
北リアス線、田老駅付近での線路点検作業

2011年3月16日
北リアス線、田老駅南側の神田川橋梁付近。宮古北高校の黒板が、安否情報の書き込まれた伝言板として活用された

2011年3月20日
北リアス線、宮古駅ホームで出発を待つ「災害復興支援列車」

2011年3月23日
北リアス線、田老駅構内での復旧工事。後の保守用車両に積んできた砕石を撒いて、撞き堅める仙建工業の人たちと社員

2011年3月28日
北リアス線、田老駅での指導票授受

2011年5月19日
南リアス線、盛駅―陸前赤崎駅間の田茂山踏切付近での自衛隊による「三鉄の希望作戦」実行中

2011年5月28日
北リアス線、久慈車両基地から宮古駅への夜間の車両陸送

2011年6月7日
南リアス線、甫嶺駅での自衛隊による「三鉄の希望作戦」の終了式

2011年6月24日
北リアス線、鍬台トンネル内に取り残されていた「奇跡の車両」のトンネル脱出作業開始

2011年6月29日
3000人以上も集まった、宮古駅前広場での「がんばろう！三鉄のつどい」

2011 年 7 月 7 日
北リアス線、田老の防潮堤上で横浜市議会の方に説明する、フロントライン研修担当の旅客サービス課長の赤沼（左から２人目）

2011 年 8 月 18 日
10cm に切った被災レールを磨き上げ、台座に据えて完成させる「完全三鉄製」の復興祈願レールの製作作業現場

2011 年 10 月 5 日
南リアス線、盛駅前での「ふれあい待合室（盛駅）」のオープニングセレモニー

2011年11月3日
北リアス線、野田村での「三陸鉄道復旧工事安全祈願祭」鍬入れの儀

2012年1月15日
北リアス線、野田玉川駅ー陸中野田駅間の米田地区の築堤復旧工事

2012年2月18日
北リアス線、野田玉川駅ー陸中野田駅間の十府ヶ浦地区の築堤復旧工事の進捗。海岸の松の木はさらに減って5本ほどになっている（本書、33ページ参照）

2012年3月18日
待合室内に鉄道模型ジオラマを設置した南リアス線の釜石駅「ジオラマカフェ」のオープンセレモニー

2012年3月28日
南リアス線、盛駅ホーム上で、佐々木淳 綾里漁協小石浜青年部部長らから、ホタテ貝殻で作り、"吉浜から恋し浜ゆき　380円"と書かれた「恋し浜きっぷ」を受け取る南リアス線運行部長の吉田

2012年4月1日
北リアス線、田野畑駅での運転再開記念式典でのテープカット

2012年6月26日
南リアス線、唐丹駅での、吉浜～釜石間の「災害復旧工事安全祈願祭」鍬入れの儀

2012年10月19日
2011年6月から始まった「震災学習列車」は被災地を現地で体験学習する企画。右に立っているのは、列車内で高校生に説明する北リアス線運行部の二橋

2012年12月5日
三陸駅ー甫嶺駅間の泊地区で進む復旧工事

2012年12月14日
南リアス線、綾里駅付近でボランティアとして線路沿いの生い茂った樹木の伐採を行う、株式会社ユアテックの方々

2013年1月1日
北リアス線、久慈駅に早朝、「初日の出号」乗車のため集合した乗客の皆様

2013年1月1日
北リアス線、野田玉川駅で初日の出を迎える「初日の出号」の乗客の皆様

2013年1月15日
この日、豪雪が沿線一帯を襲い、運行が北リアス線では3時間以上、南リアス線では全面ストップした。三鉄社員総出での除雪作業となる（久慈の北リアス線運行部構内）

2013年2月23日
南リアス線、盛駅付近でのクウェート国からの復興支援により購入した新車両（36–702）の搬入作業。クウェート国からの支援による車両は8両となった

2013年3月4日
北リアス線、宮古駅ホームで運行車両を清掃する運転士の吉田。車両清掃は、本来、久慈の車両基地で行なわれるが、吉浜駅で折り返しとなった宮古発の車両は、ここで清掃された

2013 年 3 月 28 日
南リアス線、盛駅ー陸前赤崎駅間で新車両を使った津波避難訓練を行う

2013 年 4 月 3 日
南リアス線、吉浜駅前で『三陸鉄道南リアス線「盛ー吉浜間」運行再開記念式典』で挨拶する達増岩手県知事

2013 年 6 月 22 日
北リアス線、お座敷列車「北三陸号」で「あまちゃん」風に着飾ったアテンダントと、飛ぶように売れたウニ丼（1300 円）

2013年7月4日
南リアス線、唐丹駅南の熊の木トンネルを抜けて熊野川に架かっている荒川橋梁の復旧工事の進捗

2013年7月29日
北リアス線、島越駅—田野畑駅間にあるコイコロベ沢の橋梁の復旧工事

2013年8月10日
南リアス線、恋し浜駅に停車しているイベント列車とその乗客。随時、利用者の要望に合わせたイベント列車を走らせているのも三陸鉄道の開業時からの特徴だ

2013年8月28日
南リアス線、釜石駅近くの大渡川橋梁の復旧工事

2014年4月5日
南リアス線、釜石駅ホーム上での「南リアス線全線運行再開式典」テープカット

2014年4月6日
北リアス線、宮古駅ホームから全線運行再開記念列車に乗り込む来賓の太田国土交通大臣、根本復興大臣ら

北リアス線、十府ヶ浦付近の被災から復旧までの経過

2010年3月22日
東日本大震災前、北リアス線の陸中野田駅ー野田玉川駅間の十府ヶ浦を走る「こたつ列車」

2011年4月11日
東日本大震災1ヶ月後の、陸中野田駅ー野田玉川駅間の十府ヶ浦の被災状況

2012年4月30日
復旧した陸中野田駅ー野田玉川駅間を走るJRからの直通乗入れ列車「リゾートうみねこ」

2009年6月28日
東日本大震災前、高架橋上の島越駅ホームを発車する117D列車。左に、島越駅の旧駅舎の特徴的な屋根が見える

2011年4月11日
東日本大震災1ヶ月後の島越駅の被災状況。駅舎、橋梁、住宅など全てが破壊されている

2014年3月17日
4月6日の全線開通前にほぼ完成した築堤上の軌道を走る試験列車1D。新しい島越駅はこの手前（久慈寄り）に造られている

2014年(平成26)	3月21日	36-Z形1両、36-700形3両甲種車両輸送で久慈に深夜到着（大雪で大幅遅れ）
	3月22日	36-R3甲種車両輸送で釜石に到着
	3月29日	～3月30日　東京タワーイベントスペースで三陸鉄道運行再開PRイベントを開催
	4月1日	開業30周年 消費税引き上げに伴う運賃改定を実施
	4月3日	２日に起きたチリ北部沖地震による津波が到達。午前3時に津波注意報発表。久慈で60㎝、宮古で30㎝、釜石で20㎝の津波を観測。南リアス線では綾里駅に車両5台を避難させた
	4月5日	南リアス線運行再開記念式典（釜石駅） 南リアス線運行再開記念列車 釜石–盛 間で運転
	4月6日	三陸鉄道全線運行再開記念式典（宮古駅） 三陸鉄道全線運行再開記念列車 宮古–久慈 間で運転
	4月24日	花見カキ列車復活運転
	4月26日	さんりくはまかぜを使用したお座敷列車北三陸号運転開始

2014年4月6日、北リアス線宮古駅前での「三陸鉄道全線運行再開記念式典」

2013年（平成25）	10月 1日	第5回観光庁長官表彰（国内観光振興）
	10月 6日	盛駅周辺で3鉄まつり開催　36－700の体験運転実施
	10月 8日	田野畑ユウの車内放送、ラッピング車両お披露目
	10月19日	マクラギプレート設置式　甫嶺で開催（セゾン支援企画）
	11月 3日	あまちゃんをメインに久慈で第5回秋のさんてつ祭り開催 杉本哲太、名誉駅長に就任 第66回岩手日報文化賞受賞（産業部門）
	11月10日	日本ジオパーク認定記念企画の「三陸キッズ・ジオマスター」北リアス線で開催
	11月20日	大船渡高校で 三陸町―大船渡高校 に早朝バスを運行
	12月 1日	2013年度こたつ列車運転開始　2014年3月30日までの主に土休日 宮古駅ネーミングライツ「5きげん宮古駅」にテレビ岩手協賛 スマイルとうほくプロジェクト「被災地を見たよ！」で中学生、宮古本社へ来社　社長説明
	12月21日	南リアス線でたいへんよくできました号（園児絵画展示列車）運転開始　2014年1月6日まで
	12月24日	三鉄"じぇじぇじぇ"サンタカーニバル　宮古駅前で開催　ベイビーレイズ出演 キット、ずっと3号運転開始
	12月29日	恋するフォーチュンクッキー南リアス線バージョン　動画サイトyoutubeにアップ
	12月31日	紅白歌合戦で「北三陸駅（久慈駅）」の中継録画登場
2014年（平成26）	1月 1日	久慈―普代 で初日の出号運転
	1月31日	第7回山田線復興調整会議でＪＲ東日本が山田線 宮古―釜石 の三陸鉄道移管を提案
	2月 9日	大雪で 久慈―田野畑 間夕方から運休
	2月15日	大雪で夕方から北リアス線運休　19日に全線運転再開
	3月11日	南リアス線唐丹駅付近で「三鉄レイルトレッキング」実施 個人で参加できる「災害学習列車」運転
	3月15日	南リアス線 吉浜―釜石 間で試運転開始
	3月17日	北リアス線 小本―田野畑 間で試運転開始
	3月20日	大雪で夕方から北リアス線運休　23日に全線運転再開

2013 年 5 月 4 日、北リアス線の募集した「さんてつ車両みがき隊員」が車両を洗っている

2014 年 3 月 11 日の「三鉄レイルトレッキング」。3.11 の大震災当時の大変さを体験するイベントが催された

2013年 (平成25)	4月 1日	通学片道定期乗車券発売開始 NHK朝の連続ドラマ「あまちゃん」始まる　9月28日まで全156話
	4月 3日	南リアス線 盛—吉浜 運転再開　記念列車運転（3往復） 志村けん、吉浜駅の非常勤駅長に就任 ネスレ日本支援企画　キット、ずっと2号南リアス線に登場（36−105） 盛駅ネーミングライツ「スマイルいわて盛駅」となる（スマイルとうほくプロジェクト協賛）
	4月 4日	南リアス線 盛—吉浜 営業運転開始（7往復） 南リアス線 盛—吉浜 間運転再開記念乗車券発売（大船渡の被災松使用）
	4月27日	お座敷列車北三陸号運転開始　10月14日までの土休日および夏休み期間
	5月19日	宮古駅前でAKB48被災地支援コンサート　あわせて三陸鉄道車両清掃など行う
	5月25日	株式会社デラによる支援企画　山本潤子スペシャルコンサート（久慈市文化会館アンバーホール）開催
	6月 3日	震災学習列車南リアス線で運転開始（第1号は兵庫県の原田製作所様）
	6月 9日	日本テレビ放送開局60周年7 daysチャレンジにより、小本駅に図書館完成　生中継（田野畑、普代、久慈、陸中野田に展示図書設置）
	6月30日	マクラギプレート設置式　盛で開催（セゾン支援企画）
	7月 7日	早稲田大学ニューオルリンズジャズクラブ協力による「三鉄ジャズトレイン」運転
	7月10日	全国納豆協同組合連合会ラッピング車両「納豆列車」運転開始　久慈でセレモニー
	7月12日	デジタルサイネージ設置式（宮古駅）　盛駅、綾里駅、三陸駅、釜石駅、宮古駅、田野畑駅、普代駅、久慈駅に設置
	7月20日	小本—田野畑 間の岩手県北バス臨時増便1.5往復　7/20～8/31の毎日と11/10までの土休日に実施
	7月24日	南リアス線でランチ列車＆スイーツ列車運転開始
	7月27日	「かいけつゾロリさんてつとドラゴンのひみつ」企画実施　～9月末まで
	8月 6日	常陸宮殿下視察でレトロ列車に乗車
	8月26日	（みやこハーバーラジオ本放送開始）
	9月 3日	第17回北海道・東北知事サミット　宮古—田老 で三陸鉄道乗車　社長説明
	9月14日	南リアス線、最高速度アップでダイヤ改正を実施（45km/h → 90km/h）

2012年(平成24)	6月21日	遠野文化センターで田野畑駅、普代駅に図書寄贈
	6月26日	吉浜—釜石 復旧工事起工式
	6月29日	小学館協力で「新・鉄子の旅三陸鉄道応援きっぷ」(2,850円) 発売開始
	7月 1日	田野畑—八戸 間で三陸鉄道車両(一般車1、レトロ1、「キット、ずっと号」1の3両編成) 直通運転開始(9月末までの土休日)
	7月21日	～10月31日　相模鉄道で東北ローカル線スタンプラリー2012開催
	7月27日	国土交通大臣から復興功労で感謝状を受ける
	7月28日	ランチ列車、スイーツ列車北リアス線で運転開始　夏休みの毎日と11月10日までの土休日
	8月24日	イオン・久慈市漁協・三陸鉄道共同企画　骨取りサンマ発売開始 秋田内陸縦貫鉄道で開催された全国高校生地方鉄道交流会に参加
	10月 4日	北リアス線 田野畑—久慈 コロプラ1日フリー乗車券発売開始
	10月14日	三鉄車両が、JR線の八戸—青森 で臨時列車「こはる号」として運転のほか、青い森鉄道まつり会場での展示
	10月28日	盛駅周辺で3鉄まつり開催
	11月 4日	久慈で第4回秋のさんてつ祭開催
	11月18日	マクラギプレート設置式　野田で開催(セゾン支援企画)
	11月24日	第二回恋駅プロジェクトミーティング(川越市)
	12月 7日	三陸沖でM7.3の地震発生、久慈で20cmの津波観測　一時列車運転を見合わせ
	12月15日	久慈—田野畑 間でこたつ列車運転開始　2013年3月末まで　震災以後初の運転
2013年(平成25)	1月 1日	久慈—普代 で初日の出号運転(震災前と同じコースに復活)
	1月15日	日本に4つ恋の駅きっぷ発売(三陸鉄道、西武鉄道、JR北海道、智頭急行)
	1月19日	株式会社デラ　ラッピング車両「ココから号」運転開始　久慈で出発式実施
	2月24日	南リアス線でクウェート国寄贈の新型車両36−700形の安全祈願祭
	2月27日	イオン・久慈市漁協・三陸鉄道共同企画　骨取りサバ発売記念セレモニー　イオン品川シーサイド店で開催
	3月10日	3・11メモリアルイベントとして岩泉町が小本駅通路に東日本大震災パネル展示
	3月16日	叡山電鉄で「フランス列車～叡山電鉄＋三陸鉄道トレインびあーん」運転
	3月20日	富士急行で「福幸祈念乗車券」(1,000円) 発売開始　【三陸鉄道と富士急行の硬券きっぷセット】
	3月31日	てをつな号ファイナルイベント(久慈、宮古)

2012年4月1日に、ネスレ日本支援企画列車「キット、ずっと号」が運転を開始。

2011年3月20日、宮古発の「災害復興支援列車」の車内

2011年 (平成23)	11月21日	第3次補正予算可決　三鉄復興経費3年間で最大108億円
	11月24日	三陸鉄道復興鉄道建設所、久慈市に開所
	12月22日	復活！地デジカ列車出発式（地デジカ列車　2012年3月31日まで久慈―陸中野田で運転）
2012年 (平成24)	1月1日	初日の出号 久慈―陸中野田で運転
	1月29日	北上市の日本現代詩歌文学館でがんばろう東北の鉄道リレー写真展開催　2月5日まで　三陸鉄道グッズ販売の協力をいただく
	2月1日	宮古―小本間45㎞/h制限解除
	2月5日	三岐鉄道で「がんばろう！三陸鉄道＆三岐鉄道応援きっぷ」(1,000円) 発売開始
	2月7日	日本フィルハーモニー交響楽団のコンサートマスター木野雅之氏　宮古駅でコンサート
	3月10日	田野畑―野田玉川で確認列車を運転
	3月18日	～2013年3月31日　東北観光博開催
	3月19日	津波で被災し、ほぼ復旧した野田玉川―陸中野田間で確認列車を初めて運転
	4月1日	北リアス線田野畑―陸中野田間で運転再開 ネスレ日本支援企画「キット、ずっと号」運転開始 北リアス線不通区間の岩手県北バス臨時バス運行を小本―田野畑に変更7往復とする 岩手県デスティネーションキャンペーンオープニング　～6月30日まで 相模鉄道で「夢と希望の絆記念乗車券」(1,000円) 発売開始【三陸鉄道と相模鉄道の硬券きっぷセット】
	4月13日	フロントライン研修が第33回国際交通安全学会賞（業績部門）を受賞
	4月18日	てをつな号出発式開催（普代駅）
	4月22日	宮古小学校校庭で国労沼津が三陸鉄道支援ミニSL乗車会を開催
	4月25日	三陸鉄道復興南鉄道建設所、釜石市に開所
	4月28日	JR東日本リゾートうみねこ　八戸―田野畑で運転開始　9月までの土休日
	5月3日	～5月6日　徳間書店企画　走れさんてつ特別写真展　久慈市文化会館アンバーホールで開催
	5月5日	徳間書店企画　走れさんてつスペシャルイベント　鉄道写真家中井精也氏を招き久慈―田野畑で開催
	5月6日	三鉄利用高校生に感謝するフェスティバル　宮古駅前で開催
	5月18日	第1回恋駅プロジェクトミーティング（登別温泉）「恋」の字のつく駅を持つ鉄道4社が集まる
	5月30日	南リアス線復旧工事着工
	6月13日	震災学習列車運転開始（第1号はキズナ強化プロジェクトアメリカ訪日団）　小本―田野畑間復旧工事安全祈願祭

2011年 (平成23)	6月11日	小本―陸中野田間の岩手県北バス臨時路線バス一部土曜日運行開始
	6月17日	自衛隊三鉄の希望作戦終了式　(甫嶺駅)
	6月24日	東日本大震災発生時に南リアス線吉浜―唐丹間の鍬台トンネル内に停止した車両36－105(「奇跡の車両」)をトンネル外に移動させ吉浜駅に収容した 第64回東北鉄道協会総会　レトロ車両で開催
	6月29日	がんばろう三鉄のつどい(杉良太郎、伍代夏子、山本譲二、瀬川瑛子、清水宏保)宮古駅前で開催　観客3000人 小学館支援協力の新・鉄子の旅三陸鉄道応援乗車券発売開始
	7月 2日	早稲田大学ニューオルリンズジャズクラブ協力によるジャズトレイン初運転
	7月 8日	日本フィルハーモニー交響楽団のコンサートマスター木野雅之氏 南リアス線運行部車両基地でのコンサート開催
	7月15日	株主総会で復旧計画提示、了承を得る
	7月23日	大畠国土交通大臣視察
	7月31日	北リアス線およびJR山田線の舘合踏切復旧、使用再開
	8月 1日	IGRいわて銀河鉄道が三陸鉄道社員を期限付き(1年間)で受入れ入社式
	8月 8日	陸中野田―久慈 間JR八戸線代行バスの時刻変更により時刻修正
	8月26日	復興祈願レール発売　即日完売
	9月 7日	宮古―小本 間で使用中の車両の検査をJR盛岡車両センターで初めて実施のため盛岡へ回送
	9月28日	ヘッドマークオーナースタート　株式会社杉友(杉良太郎の事務所)が第1号
	10月 2日	東北鉄道フェスティバルで東北鉄道応援団が三陸鉄道ブースに全面協力
	10月 5日	閉鎖していた盛駅がNPO法人夢ネット大船渡による「ふれあい待合室」としてオープン
	10月 7日	民主党岡田前幹事長ら視察
	10月12日	平野防災担当大臣視察　復旧支援する方向に
	10月15日	みやこ夢レールフェスタ、宮古駅前で開催
	10月16日	田野畑村企画で田野畑駅周辺の不通区間でレールウォーキングを開催
	10月25日	岩手日報に大学職員の照井泰彦氏が三鉄復旧は借金を増やす暴挙と意見発表
	11月 1日	陸中野田―久慈 間45km/h制限を解除
	11月 3日	陸中野田で復旧工事起工式
	11月11日	近江鉄道で「がんばろう！三陸鉄道応援乗車券」(1,100円)発売開始
	11月19日	南リアス線で3鉄まつり開催

	3月11日	東日本大震災発生　地震、津波で大きな被害が発生し全線運転不能になる
	3月13日	津波警報解除　被害調査開始
	3月16日	北リアス線 陸中野田—久慈 間で運転再開（災害復興支援列車とし 3 月中は無料乗車）
	3月20日	北リアス線 宮古—田老 間運転再開（災害復興支援列車として無料乗車）
	3月29日	北リアス線 田老—小本 間運転再開（災害復興支援列車として無料乗車）
	3月31日	無料乗車終了
	4月 1 日	臨時割引運賃を設定（2012 年 3 月 31 日まで） 4 月 30 日までの期間限定で被災証明提示による無料乗車を実施 陸中野田—久慈間 5 往復に増発
	4月 7 日	不通区間の 小本—陸中野田 間で岩手県北バス臨時路線バスの運行を開始　1 日 4 往復　平日のみの運行でスタート
	4月11日	陸中野田—久慈 間 6 往復、宮古—小本 間 4 往復　最高速度を 25km/h から 45km/h に
	4月14日	東北鉄道協会加盟各社合同で国土交通省に震災復旧予算についての陳情
2011 年 （平成 23）	4月18日	19 日まで社長、沿線市町村長訪問
	4月23日	宮古—小本 間山田線接続のため時刻変更
	4月27日	明治学院大学原武史教授宮古本社へ　支援で乗車券 1000 枚購入
	5月 1 日	南リアス線不通の救済のため 大船渡—釜石 間で岩手県交通臨時路線バス運行開始　1 日 2 往復でスタート　5 月 9 日から 4 往復となる
	5月 2 日	フロントライン研修スタート（日本不動産カウンセラー協会が第 1 号）
	5月 9 日	陸中野田—久慈 間 8 往復に増発、宮古—小本 間時刻変更（高校授業開始にともなう変更）　社長、知事へ復旧に関する陳情
	5月17日	平野内閣府副大臣宮古本社へ
	5月22日	枝野官房長官三陸鉄道を視察
	5月26日	～28 日　久慈から宮古への車両輸送作業（トレーラー輸送）実施、2 両を輸送
	5月28日	北総鉄道で、震災で被災した 4 鉄道会社（三陸鉄道、鹿島臨海鉄道、阿武隈急行、ひたちなか海浜鉄道）の乗車券を北総鉄道と合わせて 5 枚セットにした支援のための「スクラムきっぷ」（1,400 円）を発売
	6月 1 日	～14 日　自衛隊が南リアス線ガレキ等除去作業「三鉄の希望作戦」
	6月 3 日	IGR いわて銀河鉄道が被災地支援の一環として宮古駅前でミニ SL 運転イベント開催
	6月 8 日	「きっと芽がでるせんべい」復刻版セット発売

2010年 (平成22)	12月18日	3月末までの予定でこたつ列車運転開始（震災のため2011年3月6日の運転が最後）
	12月31日	低気圧による暴風雪、落雷で北リアス線終日運休
2011年 (平成23)	1月 1日	暴風雪で午前中の列車に運休発生。開業以来初めて初詣号運転取りやめ
	3月 1日	「駅－1ぐるめ」パンフレット第1号発刊
	3月 5日	ダイヤ改正　南リアス線定期列車1往復削減のほか時刻の変更を実施
	3月 9日	三陸沖でM7.3の地震発生　県内各地で震度4　大船渡で60cmの津波観測　南北リアス線で運休発生

津波で全て破壊された島越地区。新しい島越駅舎、築堤と線路などは、本書表紙カバーのイラストのように再建される（2011年3月13日）

2009年 (平成21)	11月 1日	鉄道むすめをメインにさんてつ祭開催 (鉄道むすめサミットなど)
	11月27日	鉄道用地を沿線8市町村が保有するという「鉄道事業再構築事業実施計画」が認定される(若狭鉄道、福井鉄道に続く3例目)
2010年 (平成22)	1月13日	大雪で北リアス線一部運休(積雪宮古20cm、久慈57cm)
	2月10日	きっと芽がでるせんべい発売
	2月28日	2月27日にチリで発生した大地震による津波が三陸沿岸に到達 久慈1.2m、大槌1.4mなど 警戒のため南北リアス線で33本の列車が運休した。線路への被害は無し
	3月11日	地デジカ列車運転開始(地デジPRラッピング車両)
	4月 1日	組織改編で事業本部、運行本部の2部体制に 運転免許返納シルバー割引運賃設定
	4月 8日	全国旅行業協会主催の第2回地旅大賞で三鉄ツーリストのプランが優秀賞受賞
	4月17日	北リアス線野田玉川駅、田野畑駅に構内横断通路設置
	5月28日	南リアス線吉浜駅でオーバーラン事故発生
	6月23日	第7代社長に望月正彦就任
	7月 1日	いわて・平泉観光キャンペーン開幕(9月30日まで) 盛岡駅で「さんりくトレイン宮古」盛岡—宮古 間で運転の出発式 「さんりくトレイン宮古」と 宮古—八戸 で運転される「さんりくトレインうみねこ」に三陸鉄道のアテンダントが「さんりくトレインおもてなしレディー」として乗務
	7月19日	恋し浜駅駅名改称1周年記念イベント開催 バラ「恋し浜」の記念植樹
	7月26日	リアス・シーライナー運転(7月28日まで) 最後の運転となる
	8月 8日	さかなクン列車運転
	9月16日	山口団地駅の愛称公募 「黒森の鼓動」に決定
	9月25日	盛駅周辺で3鉄まつり開催(三陸鉄道、JR東日本、岩手開発鉄道共同開催)
	10月16日	北リアス線に山口団地駅開業 山口団地駅開業記念きっぷ(440円)発売
	11月 3日	秋のさんてつ祭、久慈で開催 鉄道むすめサミット開催 「久慈ありす」に特別住民票交付
	11月 6日	びはん企画主催 スイーツ列車 宮古—田野畑 で運転
	11月13日	恋し浜駅に「しあわせの鐘」設置 除幕式が行われる
	11月17日	甫嶺駅清掃を行なっている澤田夫妻に感謝状を贈呈
	12月 1日	温暖化防止月間にあわせ沿岸広域振興局と共催で乗って減らそうCO_2ダイエット事業開催
	12月15日	強風のため北リアス線で予定していたクリスマス列車の運転が中止

2008年（平成20）	7月24日	岩手県北地震発生　南北リアス線、点検のため一時運転見合わせ
	7月27日	小学生鉄道教室IN北リアス線開催（みやこ夢レール創造事業実行委員会）
	8月9日	宮古駅前広場オープニングにあわせて宮古駅リニューアルオープン 三陸鉄道新ロゴマーク制定
	9月28日	夢レールフェスタ開催（宮古駅周辺）
	10月11日	北リアス線 久慈―普代 で久慈ありすスイーツ列車運転
	10月14日	田老駅構内ポイント火災で午前中、宮古―小本 間運休
	10月15日	北リアス線 宮古―田野畑 で「もちつきとお花見列車」運転
	11月13日	北リアス線でワイン列車運転
	11月15日	第23回三鉄健康ウォーキング綾里で開催
	12月20日	久慈ありす合格祈願きっぷ発売
	12月22日	久慈―宮古 間で「こたつ列車」運転　土休日を中心に3月1日まで運転
2009年（平成21）	1月1日	初詣号運転
	2月6日	リニューアル（ブレーキ、ＡＴＳ、台車等のリニューアル）第1号車両36-208完成
	3月14日	ダイヤ改正（ＪＲ直通運転列車の見直しなど実施）
	4月1日	開業25周年
	4月18日	開業25周年記念式典　（宮古市陸中ビル）
	4月25日	2009年度のさんりくトレイン北山崎号運転スタート (GW期間毎日、その後9月まで土休日と夏休み、10月の連休運転)
	7月1日	きたいわてぐるっとパス発売開始（IGRいわて銀河鉄道、岩手県北バス、JRバス東北共同企画）
	7月18日	ＪＲ東日本の3連休パスへの当社線組込み開始
	7月19日	3鉄まつり開催（南リアス線運行本部、盛駅）　初の運転体験実施
	7月20日	小石浜駅を恋し浜駅に改称
	7月27日	～29日　リアス・シーライナー運転　1往復はJR東日本のキハ58ケンジ使用
	9月1日	北リアス線にアテンダントデビュー
	9月4日	東北ローカル線パスをＪＲ東日本で発売
	9月6日	第25回三鉄健康ウォーキング開催（田野畑北山浜）
	9月20日	宮古市で夢レールフェスタ開催
	10月9日	台風8号により南北リアス線で列車運休（野田玉川―陸中野田 で路盤に被害）
	10月10日	JR盛岡駅まつりに参加
	10月18日	三陸鉄道開業25周年記念小本鮭まつり開催
	10月24日	三陸ゴルフまつり開催

2007年（平成19）	3月17日	さんりくしおさい八戸号春の運転開始（春休みの土日とGW毎日と5月12日～27日の土日運転）
	4月1日	機構改革　本社　総務部、運輸部、営業企画部の3部体制 「久慈鉄道事務所」は「北リアス線運行本部」、「大船渡鉄道事務所」は「南リアス線運行本部」に改称
	4月16日	三鉄あら捜しツアー
	4月28日	「さんりくトレイン北山崎号」春の運転開始（JRキハ58ケンジ） GW毎日と5月12日～27日の土日運転
	5月1日	ＪＲで岩手・三陸フリーきっぷ発売開始　利用期間6月1日～10月3日
	6月24日	北リアス線久慈—普代でスイーツパーティー列車初運転
	7月15日	普代駅前でやませ朝市スタート
	7月1日	北東北デスティネーションキャンペーンスタート～9月30日まで
	7月21日	～22日　大船渡線レトロむろね号運転歓迎イベント　3鉄祭開催（盛駅）
	7月28日	～8月5日　仙台—盛—釜石—宮古—久慈—八戸に「リアス・シーライナー」運転
	8月19日	釜石市で「三鉄再出発宣言」を行う
	10月20日	北リアス線一の渡—宮古で回送列車と枕木交換作業の器具が接触
	12月15日	「三陸鉄道しおさいの旅」絵葉書発売
	12月25日	「いわて観光おもてなしマイスター」に菊池弘充社員が認定される 南リアス線で「つばきまつり」号運転（3月末まで）
	12月22日	久慈—宮古間で「こたつ列車」運転開始　土休日を中心に2月24日まで運転
2008年（平成20）	1月1日	初詣号運転　よろ昆布巻き発売
	3月20日	きらきらみちのく椿号歓迎イベント（盛駅）
	3月31日	宮古駅　レンタカー委託業務終了
	4月26日	～6月1日　盛岡—宮古—久慈で「さんりくトレイン北山崎号」運転（JRキハ58ケンジ）
	5月15日	北リアス線宮古—小本で花見かき列車運転
	5月31日	盛駅での岩手県交通バス乗車券委託販売を終了
	6月1日	ＪＲで岩手・三陸フリーきっぷ発売　利用期間7月1日～12月23日
	6月4日	ＩＧＲいわて銀河鉄道と業務連携の基本協定を締結
	6月14日	岩手宮城内陸地震で南北リアス線、点検のため一時運転見合わせ
	7月6日	第22回三鉄健康ウォーキング種差海岸で開催（初めて県外開催）
	7月22日	～24日　仙台—盛—釜石—宮古—久慈—八戸に「リアス・シーライナー」運転　リクライニング車＋レトロ車＋一般車（はじめてレトロ車が仙台へ）　24日は地震発生のため仙台→気仙沼で運転打ち切り

2005年(平成17)	7月26日	さんてつくん誕生（イメージキャラクターの着ぐるみ）
	7月30日	～8月7日　仙台―盛―釜石―宮古―久慈―八戸 に「リアス・シーライナー」運転
	9月23日	三陸鉄道、JR東日本、岩手開発鉄道共催「3鉄まつり」開催（盛駅）
	12月 6日	安家川橋梁防風柵完工
	12月17日	～2月19日　久慈―宮古 間で「こたつ列車」本格運転
2006年(平成18)	1月13日	碁石海岸つばきの里観光乗車券発売（1月～3月限定で2008年まで）
	1月29日	レトロ調気動車くろしお号ファイナル運転
	4月16日	さんりくしおさいII営業運転開始、レトロ列車増発
	4月23日	産直列車運転開始（団体ツアー向け）
	4月26日	北リアス線 宮古―小本 で花見かき列車運転
	4月28日	～5月7日　盛岡―宮古―久慈 で「さんりくトレイン北山崎」運転(JR キハ58ケンジ)
	4月29日	～5月8日　八戸―宮古 でレトロ＋リクライニング車＋お座敷の3両編成を直通運転　「お座敷&レトロ春さんりく」号
	5月20日	南リアス線で結婚式列車運転（レトロ調気動車さんりくしおさい）
	6月19日	第6代社長に山口和彦就任
	7月29日	～8月6日　仙台―盛―釜石―宮古―久慈―八戸 に「リアス・シーライナー」運転
	8月31日	女性運転士(佐々木広美）最終乗務
	10月 1日	～11月5日　土曜・休日に「さんりくトレイン北山崎」運転（JR キハ58ケンジ）
	10月 7日	低気圧被害で南北リアス線で列車運休（南は8日も運休）
	10月 9日	三陸鉄道、JR東日本、岩手開発鉄道共催「3鉄まつり」開催（盛駅）
	10月28日	宮古マリンコープDORA10周年イベントに参加
	12月 1日	106急行・三陸鉄道観光フリーパス通年化
	12月22日	赤字せんべい発売
	12月23日	海鮮アワビ弁当発売（こたつ列車及び団体用） 久慈―宮古 間でこたつ列車運転（2007年2月25日まで）
	12月27日	低気圧被害で南北リアス線で列車運休（北は28・29日一部バス代行）
2007年(平成19)	1月 1日	初詣号、こたつ列車初日の出号運転
	1月15日	～17日　深夜に「くろしお」号、「おやしお」号を陸中野田付近でトレーラーに積込　久慈港からで船で搬出（ミャンマー向け）
	1月27日	また乗れーる発売（マドレーヌ）
	3月 3日	総務省主催「頑張る地方応援懇談会IN岩手」を北リアス線お座敷列車で開催。菅総務大臣ほか乗車

2003年（平成15）	10月4日	～11月24日　土曜・休日に八戸線―三陸鉄道相互直通運転 三鉄「ノスタルジックさんりく」盛⇒八戸、ＪＲ「うみねこ」八戸⇔宮古
	10月14日	日本鉄道賞受賞　「鉄道の日実行委員会」より
	10月16日	三鉄ファンクラブネームプレート除幕式（田野畑駅）
	11月2日	三陸鉄道開業20周年記念フェスタ　宮古市シートピアなどで開催
2004年（平成16）	1月1日	初詣号(宮古、久慈)、初日の出号（宮古）運転
	2月1日	～2月29日　土曜・休日にお座敷列車「さんりくしおかぜ」を久慈―盛 直通列車で運転（こたつ列車初登場）
	3月10日	落語列車運転（柳家三太楼師匠）　お座敷列車使用
	4月1日	三陸鉄道開業20周年 開業記念列車運転、三陸鉄道20周年写真展、開業20周年記念きっぷ発売、20周年記念絵葉書、キーホルダー、ピンバッジ発売 宮古駅1日駅長に、宮古市出身の女子プロレスラーお船chan
	4月29日	～5月9日　春の企画列車　八戸―宮古 でお座敷列車「さんりくしおかぜ」とJR「うみねこ」相互直通運転
	5月22日	第16回三鉄健康ウォーキング田野畑北山浜開催
	6月13日	小本駅でステーションライブ開催
	6月30日	レトロ調気動車おやしお号サヨナラ運転
	7月31日	～8月8日　仙台―盛―釜石―宮古―久慈―八戸 に「リアス・シーライナー」運転
	8月6日	真崎トンネルミッドナイトウォーキング開催
	10月1日	宮古駅リニューアル、パート化、営業時間変更
	10月23日	第17回三鉄健康ウォーキング大船渡千丸海岸開催
	11月1日	三陸鉄道36系ぷるぷる発売
	12月1日	南リアス線で釜石のラグビーチームを応援する「がんばれ釜石シーウェイヴス号」運転（2005年1月10日まで）
	12月20日	レトロ列車「くろしお」号チョロQ発売
2005年（平成17）	1月1日	初詣号(宮古、久慈）運転
	1月30日	「マイレール三鉄沿線地域30万人運動」シンポジウム宮古で開催
	2月5日	～2月28日　土曜・休日にお座敷列車「さんりくしおかぜ」こたつ列車を 久慈―盛 直通列車「義経北行伝説」号として運転
	3月13日	新レトロ調気動車「さんりくしおさい」デビュー
	4月29日	～5月8日　八戸―宮古 でお座敷＋レトロ＋リクライニング車の3両編成を直通運転　(JRのうみねこ号も同区間直通運転)
	7月22日	真崎トンネルにイルミネーション設置

2001年(平成13)	12月 1日	ダイヤ改正
2002年(平成14)	1月 1日	初詣号(宮古、久慈)、初日の出号（宮古）運転
	6月25日	第5代社長に竹澤久嗣就任
	7月27日	リアス・シーライナー2002記念きっぷ発売 ～8月11日　仙台—盛—釜石—宮古—久慈—八戸 に「リアス・シーライナー」運転　三鉄36形2両編成
	10月 1日	ＪＲ周遊きっぷ見直し、盛岡・陸中海岸ゾーン、一ノ関・南三陸ゾーン廃止 お座敷列車さんりくしおかぜデビュー（36－110改造→36－2110) お座敷列車用料理登場 お座敷列車さんりくしおかぜ記念乗車券発売
	10月14日	さんてつ祭、大船渡鉄道事務所で開催　　さんりくしおかぜ展示
	12月 1日	東北新幹線八戸駅開業に合わせて、お座敷列車さんりくしおかぜを定期運行の114D～117Dに土曜日曜祝日に連結
	12月16日	東北の駅100選選定プレート交付式（島越駅）　三陸鉄道では、島越、田野畑、陸中野田、綾里の4駅
	12月17日	東北の駅100選選定プレート交付式（綾里駅)
2003年(平成15)	1月 1日	初詣号(宮古、久慈)、初日の出号（宮古）運転
	2月 3日	福豆プレゼント実施　　高浜児童館お座敷列車招待、福豆プレゼントお手伝い
	3月23日	綾里駅ミニ博物館オープン
	4月 1日	盛、釜石、宮古、久慈駅　駅集改札業務廃止 2,000円金額式回数乗車券を発売開始　　3,000円セット回数券廃止
	4月28日	～5月5日　開業20周年記念事業　春の企画列車ビッグウエーヴトレイン　南リアスレトロ号（釜石—盛）など運転
	5月26日	三陸南地震発生　南リアス線路盤、橋梁被災で運転中止
	5月29日	南リアス線地震被害復旧
	7月26日	～8月10日　仙台—盛—釜石—宮古—久慈—八戸 に「リアス・シーライナー」運転　※7月26日、27日は宮城北地震で仙台—宮古運休
	9月 1日	～11月30日　久慈—普代 間で「こはくシャトル」3往復運転
	10月 1日	三鉄ツーリスト久慈営業所開設 三鉄タクシープラン発売

1999年 (平成11)	12月 4日	ダイヤ改正　初の運行本数削減
	12月20日	大船渡地方振興局間伐いきいき推進事業「間伐トレインいきいき間伐号」出発式 レトロ列車を使用して2001年3月30日まで計31日運転
	12月24日	間伐材を使った記念きっぷ発売（南リアス線） 36形気動車機関更新、冷房化改造全車完了（最終改造車36-109）
2000年 (平成12)	1月 1日	三陸鉄道2000年2000円フリーきっぷ発売
	2月 3日	36形気動車安全対策サービス改善工事完成感謝の会、久慈で行われる
	4月20日	この日より全列車終日車内禁煙とした
	5月27日	第7回三鉄健康ウォーキング久慈山根開催
	7月14日	北リアス線久慈駅待合室改築
	7月26日	36-206をリクライニングシート化改造、塗装変更した36-1206公開
	7月29日	〜8月13日　仙台─盛─釜石─宮古─久慈─八戸に「リアス・シーライナー」運転 三鉄36形2両編成とＪＲキハ58エーデルワイスを相互乗入れ 三鉄編成の1両には36-1206を使用
	9月22日	〜9月25日　第11回青少年ふるさと発見銀河鉄道の旅 金ヶ崎→岩手船越、岩手船越→久慈でレトロ臨時列車
	9月23日	五葉温泉しゃくなげのお湯っこ乗車券発売開始（釜石駅）
	10月10日	三陸花と水の回廊「三陸花めぐり」号出発式
	10月25日	三陸鉄道ホームページ開設
	12月 2日	ダイヤ改正　列車増発
	12月12日	さんりく36切符発売（平成12年12月12日記念）
	12月30日	宮古路ビール発売
2001年 (平成13)	1月 1日	初詣号(宮古、久慈)、初日の出号（宮古）運転
	3月 1日	青春18きっぷ用企画乗車券三鉄1日とく割フリーパス発売開始
	4月	〜(平成15年度まで)　三陸夢紀行創造事業スタート 36−105に三陸夢紀行ラッピングを実施
	6月22日	女性運転士(佐々木広美) 乗務開始（北リアス線）
	7月20日	106急行・三陸鉄道観光フリーパス発売開始（11月までの期間限定）
	7月28日	〜8月12日　仙台─盛─釜石─宮古─久慈─八戸に「リアス・シーライナー」運転　三鉄36形2両編成 2001三陸鉄道の旅記念きっぷ、絵葉書「リアスの鉄路」発売開始
	7月29日	ふれあいフラワートレイン2001運転（宮古地方振興局福祉事業）
	8月 5日	第11回三鉄健康ウォーキング　北山崎トレッキング開催
	9月 1日	三陸鉄道チョロQ発売開始
	9月21日	〜9月24日　第12回青少年ふるさと発見銀河鉄道の旅 金ヶ崎→折壁、気仙沼→岩手船越、岩手船越→久慈でレトロ臨時列車

1998年 (平成10)	7月26日	列車に自転車を積込むサイクリングトレインを初めて運転（以後毎年実施）
	8月15日	田老町で夏に行なわれる成人式にあわせ成人式列車初めて運転（レトロ列車） 2005年8月15日まで実施
	9月25日	～9月28日　第9回青少年ふるさと発見銀河鉄道の旅 金ヶ崎→三陸、三陸→岩手船越、岩手船越→普代でレトロ臨時列車
	9月26日	第5回三鉄健康ウォーキングIN野田・久慈開催
	10月14日	北リアス線真崎トンネル内にバッカス銀河（ワイン酒蔵庫）設置
	10月15日	久慈鉄道事務所構内に車両自動洗浄装置を新設
	10月18日	大船渡鉄道事務所で「さんてつ祭」開催
	12月1日	三鉄リフレッシュフリー乗車券発売開始（後に1日フリー乗車券） 北リアス線用2,000円、南リアス線用1,100円
	12月18日	三陸鉄道・106急行まるとく往復乗車券発売開始
	12月22日	北リアス線 久慈—普代 でワイン列車運転（くずまきワインと提携企画）
1999年 (平成11)	1月1日	三陸鉄道1シリーズきっぷ1月号発売
	3月29日	南リアス線盛駅に電動アシスト自転車設置
	3月末日	レトロ調気動車（4両）リフレッシュ工事完了
	4月1日	開業15周年 開業15周年記念きっぷ、テレホンカード発売 開業15周年オリジナルラベルくずまきワイン発売
	6月6日	開業15周年記念事業　キッズ・サッカーIN大船渡開催
	6月26日	第1回三陸リアス写生会開催（島越）
	7月21日	グラフィックデザイン車両36-203（リアスエコライナー）登場
	7月31日	～8月1日　開業15周年記念事業　ソルトロードフェスタ開催（野田村） 北リアス線 野田玉川—陸中野田 に十府ヶ浦臨時駅設置 ～8月15日　仙台—盛—釜石—宮古—久慈—八戸 に「リアス・シーライナー」運転　三鉄36形2両編成とJRキハ58エーデルワイスを相互乗入れとした
	8月1日	開業15周年記念事業　にぎわい三陸交流の祭典開催（釜石市）
	8月7日	開業15周年記念事業　三陸リアス・健康ウォーキング開催（田野畑村）
	8月26日	開業15周年記念事業　リアスコンサートIN久慈開催
	9月24日	～9月27日　第10回青少年ふるさと発見銀河鉄道の旅 金ヶ崎→陸前高田、盛→岩手船越、岩手船越→陸中野田でレトロ臨時列車
	10月9日	第6回三鉄健康ウォーキングIN普代開催
	11月11日	三陸鉄道1シリーズきっぷ11月号発売

1994 年 4 月 5 日、島越駅を発車する「くろしお号」

2007 年 8 月 5 日、ＪＲ気仙沼線の大谷海岸をＪＲのジョイフルトレインこがねと併結で走るリアス・シーライナー

2009 年 11 月 15 日、釜石駅―平田駅間の大渡川橋梁を行く 5211D 列車

1997年(平成9)	1月 1日	北リアス線で列車無線運用開始
	2月 1日	節分イベント（アトランタオリンピック銅メダリストの岩手県出身の高橋馨さんの1日車掌と福豆プレゼント）
	3月22日	ダイヤ改正、北リアス線に快速サーモン運転開始
	4月 1日	消費税率引上げによる運賃改定、平均1.95%値上げ
	4月26日	～5月5日　さんてつGW乗りトクフリーパス発売（北リアス線用2,000円、南リアス線用1,000円）
	5月18日	茂市—盛 でレトロ調気動車を使用してウエディングトレイン運転
	7月12日	沿岸4地方振興局主催「うきうきわくわくお魚トレイン」運転
	7月20日	～9月28日　1日フリー乗車券発売(日曜・祝日用)　北リアス線2,000円、南リアス線1,000円
	7月26日	～8月10日　仙台—盛—釜石—宮古—久慈 で「リアス・シーライナー」を初運転　三鉄36形2両編成使用
	7月29・30日	「三陸・海の街道クルージング」、観光船はまゆりを大船渡—宮古、及び宮古—久慈—釜石 で運航し列車と組合わせた企画を行なった
	9月 9日	さんてつさんきゅう切符発売
	9月26日	～9月29日　第8回青少年ふるさと発見銀河鉄道の旅 金ヶ崎→一ノ関、千厩→岩手船越、岩手船越→小本でレトロ臨時列車
	10月 5日	第17回全国豊かな海づくり大会会場物産販売コーナーに出店
	12月 1日	南リアス線で列車無線運用開始
	12月20日	運賃改定平均11.2%値上げ シルバー回数券、通院回数券発売開始 グループ往復割引、ファミリー往復割引開始
1998年(平成10)	2月 1日	ジェイアール東日本レンタリースからの委託により宮古駅での駅レンタカー業務開始（釜石駅では3月1日から）
	4月 1日	ＪＲ周遊きっぷ発売開始　北リアス線が盛岡・陸中海岸ゾーンに 南リアス線が一ノ関・南三陸ゾーンに組込まれる
	4月24日	～5月10日　岩手菓子博'98開催、南北リアス線から最寄駅滝沢まで三鉄車両での団体専用臨時列車運転　北7回　南2回
	5月 1日	三陸鉄道の旅絵葉書発売
	6月10日	利用者補助制度スタート
	7月25日	～8月16日　仙台—盛—釜石—宮古—久慈 に「リアス・シーライナー」運転　三鉄36形2ないし3両編成使用（下り列車1両は 仙台—盛 間座席指定）

1993年（平成5）	3月21日	宮古市の千鳥保育所でレトロ調気動車を使って卒園式
	6月25日	第3代社長に専務取締役堀籠明就任（工藤社長は会長に）
	9月1日	運賃改定平均10.7%値上げ(8月24日認可)
	12月1日	北リアス線白井海岸駅と南リアス線小石浜駅のJR連絡運輸開始
1994年（平成6）	2月22日	南リアス線 小石浜―甫嶺 間で強風のため列車横転事故発生 事故車両36-108、36-204廃車
	4月1日	開業10周年 1日駅長などの記念行事、開業10周年記念きっぷ発売
	5月8日	三鉄沿線フォトラリー開催
	5月9日	取締役会で平成5年度収支について開業以来初めて赤字となることを報告
	7月17日	南リアス線吉浜駅に地区拠点センター「きっぴんセンター」落成
	10月31日	風速計増設
	11月3日	南北リアス線でレトロ調気動車で「三陸おさかな列車」運転
1995年（平成7）	2月4日	新製増備した36-501使用開始
	5月28日	南リアス線 盛―陸前赤崎 間の佐野トンネルで人身事故（自殺）
	7月10日	36形気動車機関更新、冷房化改造、第一号36-202改造完了
	9月20日	防風柵増設
	10月20日	無人駅放送設備完成
	10月22日	小本駅前で鉄道の日イベント開催
	11月11日	第1回三鉄川柳交流会
	11月12日	年金週間「世代間交流in三陸鉄道」（宮古社会保険事務所主催）開催
1996年（平成8）	6月25日	第4代社長に大内豊就任
	7月20日	第1回三鉄ウォーキング交流会開催
	8月3日	中村直初代社長逝去
	8月8日	さんてつ888記念きっぷ発売
	8月20日	セット回数乗車券（金額式　価格3,000円）を発売
	10月4日	第17回全国豊かな海づくり大会ＰＲのため36-207を塗装変更したデザイントレイン運転開始
	10月13日	久慈鉄道事務所で「さんてつ祭」開催
	11月24日	北リアス線 佐羽根―田老 の第2庄転トンネルで人身事故（自殺）
	12月1日	冬季旅行商品「陸中海岸魚彩王国」スタート　三陸鉄道フリー券組込み　毎年12月1日～3月31日の冬季間に設定される
	12月10日	旅行業部門、第2種旅行業免許取得により三鉄観光サービスから三鉄ツーリストへ名称変更

1990年（平成2）	5月 5日	久慈鉄道事務所で職場公開、レトロ調気動車一般試乗会実施
	5月10日	レトロ調気動車おやしお号、南リアス線に配置
	6月19日	第1回三鉄ゴルフコンペをグランデール久慈で開催
	7月 1日	ダイヤ一部修正、北リアス線に区間列車増発
	7月15日	～8月26日　南リアス線 小石浜―綾里 間に白浜海岸駅、北リアス線 野田玉川―陸中野田 間に十府ヶ浦駅を臨時駅として開設
	9月14日	第1回ふるさと発見銀河鉄道の旅が行われる（岩手県教育委員会） レトロ調気動車、県内のＪＲ線へ乗入れ
	11月 2日	北リアス線普代駅に待合室設置
	12月17日	宮古駅改装
	12月27日	三鉄観光サービス宮古駅1階に移転
1991年（平成3）	3月16日	ダイヤ改正、北リアス線で区間列車を直通化、通学時間ダイヤ見直し
	6月28日	第2代社長に岩手県知事工藤巌就任（中村社長退任）
	7月21日	～8月26日　南リアス線 小石浜―綾里 間に白浜海岸駅、北リアス線 野田玉川―陸中野田 間に十府ヶ浦駅を臨時駅として開設
	8月 1日	ＪＲからの南リアス線乗入車両、順次キハ58等から新型のキハ100に置換え
	8月27日	ＪＲからの北リアス線乗入車両、新型のキハ100に置換え
	10月12日	台風21号により被害　堀内―陸中野田 間で道床陥没、17日に復旧
	11月 1日	盛駅で岩手県交通バス乗車券委託販売開始
	12月 1日	宮古駅売店を直営化
1992年（平成4）	1月 1日	三陸・海の博覧会ＰＲの硬券乗車券を発売開始
	3月14日	ダイヤ改正　南リアス線運転本数見直し
	4月 1日	開業8周年記念乗車券発売
	7月 4日	三陸・海の博覧会記念乗車券発売 ～9月15日　三陸・海の博覧会開催　観客輸送で 釜石―平田・唐丹 に臨時列車運転 久慈―平田 に団体専用臨時列車運転（レトロ調気動車を使用） 三陸・海の博覧会宮古会場に鉄道模型を出展
	7月19日	～8月26日　南リアス線 小石浜―綾里 間に白浜海岸駅（8月23日まで）、北リアス線 野田玉川―陸中野田 間に十府ヶ浦駅を臨時駅として開設
1993年（平成5）	3月18日	ダイヤ改正でレトロ調気動車を 盛―久慈 直通列車に投入 南リアス線で盛駅でＪＲ快速「南三陸」に接続の列車を設定

三陸鉄道30年史年表

1987年 (昭和62)	8月19日	北リアス線 陸中野田—陸中宇部 間で大雨により災害発生、バス代行
	8月23日	8月19日に災害発生した区間で再び大雨で築堤が沈下しバス代行
	9月14日	ＪＲ東日本社長記者会見で、山田線 宮古—釜石 の経営移管を否定
1988年 (昭和63)	4月 1日	綾里駅観光センター「銀河」開業、乗車券委託販売開始
	6月12日	初の結婚式列車を北リアス線 宮古—田老 で運転
	6月14日	ダイヤ一部修正、南リアス線通学列車を増発
	6月27日	ダイヤ一部修正、南リアス線で区間列車を増発
	7月19日	～8月28日　南リアス線 小石浜—綾里 間に白浜海岸駅、北リアス線 野田玉川—陸中野田 間に十府ヶ浦駅を臨時駅として開設
	7月24日	～8月8日　仙台—盛—釜石—宮古—久慈—八戸 に「三陸パノラマ」号運転　下り、上り隔日で運転、車両はＪＲキハ58使用
	7月29日	ダイヤ一部修正、北リアス線で増発
	8月20日	一関一高ＯＢ28会の臨時列車が 一ノ関—盛—釜石—宮古 で運転 南リアス線にＪＲ秋田支社のお座敷気動車が乗入れ
	9月22日	北リアス線 陸中野田駅ホームに待合室設置
	10月11日	運賃改定平均７％値上げ
1989年 (平成元)	3月10日	ダイヤ改正、スピードアップ実施(最高速度80km/hから90km/hへ)
	4月 1日	開業５周年 開業５周年記念乗車券、テレホンカード発売 消費税導入にともない運賃改定平均3%値上げ
	4月 2日	開業５周年記念式典　１日駅長など
	4月14日	～4月15日　開業５周年記念団体臨時列車運転(三鉄36形２両編成) 久慈—宮古—盛岡—花巻、花巻—釜石—宮古—久慈
	6月 1日	ダイヤ一部修正、南リアス線で区間列車を直通化
	7月16日	～8月27日　南リアス線 小石浜—綾里 間に白浜海岸駅、北リアス線 野田玉川—陸中野田 間に十府ヶ浦駅を臨時駅として開設
	7月23日	ダイヤ一部修正、北リアス線に区間列車増発
	10月 1日	プリペイドカード三鉄銀河カード発売
1990年 (平成２)	3月10日	ダイヤ改正、北リアス線で区間列車を直通化
	3月22日	北リアス線田野畑駅に待合室設置
	4月16日	レトロ調気動車、横浜博覧会協会より岩手県に譲渡され、三陸鉄道へ貸与される　くろしお号、おやしお号の２編成

1985年（昭和60）	12月 1日	第2回グローリア賞受賞記念乗車券を発売
	12月 7日	鉄道友の会より第2回グローリア賞受賞
1986年（昭和61）	1月 1日	初日の出号初めて運転　宮古⇔野田玉川
	2月 3日	節分福豆プレゼントを実施、以降毎年節分の日に実施
	3月 3日	ダイヤ改正
	4月20日	オリジナルテレホンカード第1弾発売　三陸の風景と鉄道シリーズⅠ
	4月29日	南リアス線で結婚祝賀列車運転
	5月28日	初の三陸鉄道プロパー社員の運転士（金野淳一）誕生
	6月 1日	ダイヤ改正　増発
	7月26日	普代村の旅館清雅荘でウニ弁当の車内販売開始 ～8月20日　南リアス線 小石浜―綾里 間に白浜海岸駅、北リアス線 野田玉川―陸中野田 間に十府ヶ浦駅を夏期のみの臨時駅として開設
	8月24日	南リアス線で通学列車増発
	10月 1日	ダイヤ改正　列車増発と国鉄接続改善を実施 運賃改定で平均9%値上げ　対キロ制から対キロ区間制に変更(9/19認可)
	11月19日	盛駅で三陸鉄道（36形）国鉄（キハ58）岩手開発鉄道（キハ301）の撮影会実施
	12月 6日	オリジナルテレホンカード発売　三陸の風景と鉄道シリーズⅣ
1987年（昭和62）	1月 1日	初日の出号運転　鵜鳥神社初詣と黒崎での初日遥拝
	2月27日	山田線 宮古―釜石 一貫経営62年度中実現合意と岩手県知事発表
	3月22日	国鉄山田線・大船渡線との定期列車相互乗入れスタート
	3月23日	近畿日本ツーリスト旅行代理店として三鉄観光サービス営業開始
	4月13日	小本駅ホームの待合室使用開始
	5月 5日	久慈鉄道事務所職場公開
	6月 1日	オリジナルテレホンカード　三陸の四季と鉄道シリーズ「春」発売開始
	7月10日	動くビアガーデン列車初めて運転
	7月15日	オリジナルテレホンカード　三陸の四季と鉄道シリーズ「夏」発売開始
	7月18日	～8月20日　南リアス線 小石浜―綾里 間に白浜海岸駅、北リアス線 野田玉川―陸中野田 間に十府ヶ浦駅を臨時駅として開設
	7月20日	～10月31日　旧宮古臨港線でC10－8蒸気機関車運転　SLしおかぜ号　当社も運営協議会に参加し運転業務で協力した
	8月 8日	～9月27日　土曜・日曜に 久慈―宮古 で快速サラブレット号運転(初の快速列車）※テレトラックＭＩＹＡＫＯオープンに併せての企画

1984 年 4 月 1 日、北リアス線久慈駅での一番列車出発式

1984 年 4 月 1 日、南リアス線釜石駅での一番列車出発式

三陸鉄道宮古本社社屋前に立つ『三陸鉄道　いま成る』の石碑
悲願であった、『三陸鉄道』が全通した喜びが、力強い碑文に現れている
以下に、全文を記す

三陸鉄道　いま成る
我等の先輩が 鉄路への志を發してより九十年
その間 津波にもめげずに立ち上がり 又フェーン災害 ヤマセの悲風等幾多沿岸特有の悪条件に抗しつつ
ふるさととなる我が三陸を守り来たりたる沿岸人四十万は 今ぞ南北に鉄道を打ち貫く事を得たり
先人よ　照覧せられよ
後進よ　この業の上に 更に三陸の未來を創建せよ
この鉄路こそは沿岸住民の生活 経済文化の動脈たり而して全国遊子の陸中海岸国立公園探勝の絹路なり
ことに三陸鉄道打通に身魂を捧げたる先人の功を 碑を建てて深く頌し 更に後進我等の奮闘を決意するものなり

三陸鉄道開業30年の軌跡

1984年(昭和59)	4月 1日	開業　南リアス線（盛―釜石）36.6 km、北リアス線（宮古―久慈）71.0 km　車両 36 形 100 番台 10 両、36 形 200 番台 6 両 開業記念行事開催　出発式　宮古、久慈、釜石、盛各駅 竣工開業式、祝賀会　宮古市
	5月27日	～5月28日　三陸鉄道車両36形、国鉄線（宮古―釜石）に初乗り入れ（団体専用）(団体臨時列車)
	7月22日	～8月31日　国鉄線直通臨時列車運転（国鉄キハ58系） うみねこ号（盛岡―宮古―久慈） むろね号（一ノ関―盛―釜石） ～10月31日　国鉄盛岡鉄道管理局内で三陸鉄道組込みの企画きっぷ「陸中海岸回遊」きっぷを発売
	7月23日	礼宮様（秋篠宮様）北リアス線 宮古―小本 間の列車にご乗車
	8月11日	宮古駅売店リアスボックス開店（委託）
	12月 8日	ミス三鉄シーガル選考会でミス・シーガルに丹野ゆかりさん（久慈市）選出
	12月22日	北リアス線白井海岸駅開業（堀内―普代間）
1985年(昭和60)	3月12日	車両増備　36形200番台1両（ビデオテレビ設置）大船渡鉄道事務所到着
	3月14日	ダイヤ改正　区間列車直通化
	3月26日	車両増備　36形200番台2両（ビデオテレビ設置）久慈鉄道事務所到着
	4月 1日	開業1周年記念行事開催 開業1周年記念入場券、乗車券を発売 損害保険代理業営業開始
	7月25日	～8月21日　国鉄線直通臨時列車運転 シーガル号（釜石―宮古―久慈）三鉄36形 うみねこ号（盛岡―宮古―久慈）国鉄キハ58 むろね号（一ノ関―盛―釜石）国鉄キハ58
	8月 6日	北リアス線で雷害発生
	8月10日	～8月25日　いわてピア85に三鉄コーナー出展
	10月16日	南リアス線小石浜駅開業（綾里―甫嶺 間）
	11月20日	三陸駅に三陸町観光センター開設、乗車券委託販売開始
	11月21日	第3セクター鉄道等協議会設立総会をグリーンピア田老で開催
	11月29日	日本旅のペンクラブより、第5回日本旅のペンクラブ賞受賞

1975年(昭和50)	7月20日	久慈―普代、国鉄久慈線として開業
1980年(昭和55)	5月29日	建設中の久慈線小本川橋梁(ＰＣ斜張橋)が土木学会技術賞を受賞
	12月27日	日本国有鉄道経営再建促進特別措置法（国鉄再建法）成立　特定地方交通線の経営分離、第3セクター化またはバス転換に動き出す
1981年(昭和56)	4月14日	三陸縦貫鉄道関係市町村会議において 久慈―宮古 間及び 釜石―盛 間を第3セクターにより経営する方向で意見集約
	10月19日	三陸鉄道株式会社設立発起人会開催
	11月 4日	三陸鉄道株式会社創立総会(11月10日設立登記）代表取締役社長 岩手県知事 中村直
	11月26日	三陸鉄道株式会社が、運輸大臣あて地方鉄道事業免許申請を行う
1982年(昭和57)	2月15日	運輸大臣が三陸鉄道株式会社に対し地方鉄道事業免許
	2月18日	日本鉄道建設公団による地方鉄道新線建設申出
	3月 3日	運輸大臣が日本鉄道建設公団に免許区間の工事実施計画を指示
	3月27日	未開業区間の工事再開　田老、釜石で起工式
1983年(昭和58)	1月22日	新採用社員募集開始
	2月 5日	新採用社員募集締切（35人採用に275人応募）
	2月13日	新採用社員選考1次試験
	2月27日	新採用社員選考2次試験
	4月 8日	新入社員辞令交付式（国鉄ＯＢ関係25人）
	8月19日	開業ダイヤ、運賃を取締役会で決定
	10月 4日	新入社員入社式（新採用社員）
	10月25日	国鉄理事会で久慈、宮古、盛線の三陸鉄道への譲渡正式決定
	10月26日	小本駅構内でレール締結式
	11月15日	新潟鐵工所大山工場で新車両2両落成し報道公開
	11月28日	新車両久慈に甲種鉄道車両輸送で2両到着
	11月29日	新車両盛に甲種鉄道車両輸送で2両到着
	12月 5日	新車両試運転開始（久慈―普代、盛―吉浜）
	12月21日	シンボルキャラクター決定　盛岡市の杉本吉武さんの作品
	12月22日	釜石駅構内でレール締結式
	12月24日	ミス三陸鉄道コンテスト ミスに千田博子さん（釜石市）選出
1984年(昭和59)	1月23日	新製車両12両到着（久慈に7両、大船渡に5両）
	2月 3日	新線区間での試運転開始
	3月 5日	～3月10日　開業監査
	3月26日	運輸省監査
	3月31日	国鉄盛線、宮古線、久慈線廃止

昭和 59 年 4 月 1 日、宮古駅での「開業記念式典」

三陸鉄道開業前の軌跡

1896 年 (明治 29)	7 月 4 日	白根逓信大臣に三陸鉄道株式会社の創立申請書を提出
1922 年 (大正 11)	4 月 11 日	久慈—宮古、陸中山田—大船渡 間が鉄道敷設法による建設予定鉄道路線となる
1961 年 (昭和 36)	5 月 12 日	鉄道審議会において 盛—釜石、宮古—久慈 を調査線に編入
1962 年 (昭和 37)	3 月 29 日	鉄道審議会において 盛—釜石、宮古—久慈 を工事線に格上げ
1964 年 (昭和 39)	3 月 23 日	日本鉄道建設公団設立にともない日本国有鉄道より工事移管
1966 年 (昭和 41)	4 月 5 日	盛線　釜石—盛 の起工式
	4 月 7 日	久慈線　久慈—宮古 の起工式
1970 年 (昭和 45)	3 月 1 日	盛—綾里、国鉄盛線として開業
1972 年 (昭和 47)	2 月 27 日	宮古—田老、国鉄宮古線として開業
1973 年 (昭和 48)	7 月 1 日	綾里—吉浜、国鉄盛線の延長として開業

本文では敬称を略させていただきました。また、肩書などは取材当時のものです。

インタビューに快く応じてくださった三陸鉄道の方々、沿線・地元住民の方々、自治体関係者の方々に感謝申し上げます。

三陸鉄道情熱復活物語プロジェクトチーム

プロデューサー　草野　　悟
編集　倉又　　茂(三省堂)
組版　花村　健一(樹花舎)
デザイン　オガサワラユウダイ

30 年誌事務局（三陸鉄道）
菊池　吉則
村上　富男
冨手　　淳
北リアス線運行部
南リアス線運行部

品川雅彦（しながわ　まさひこ）
1960（昭和35）年、大分県別府市生まれ。東京品川文案所 コピーライター。著書に『超熟 ヒットの理由』（幻冬舎メディアコンサルティング）、『ニッポン、麺の細道 つるつるたどれば、そこに愛あり文化あり』（静山社）

三陸鉄道 情熱復活物語 笑顔をつなぐ、ずっと・・

2014年7月8日　第1刷発行

著者　**品川雅彦**

発行者　株式会社 三省堂　代表者　北口克彦

印刷者　三省堂印刷株式会社

発行所　株式会社 三省堂
〒101-8371 東京都千代田区三崎町二丁目22番14号
電話　編集 (03)3230-9411
営業 (03)3230-9412

振替口座　00160-5-54300
http://www.sanseido.co.jp/

落丁本・乱丁本はお取り替えいたします。

ISBN978-4-385-36584-8

〈三陸鉄道・304pp.〉